消费者权益保护法理论与实务研究

王 卉 著

中国财经出版传媒集团
中国财政经济出版社

图书在版编目（CIP）数据

消费者权益保护法理论与实务研究／王卉著．-- 北京：中国财政经济出版社，2022.6
ISBN 978-7-5223-1373-3

Ⅰ.①消… Ⅱ.①王… Ⅲ.①消费者权益保护法－研究－中国 Ⅳ.①D923.84

中国版本图书馆 CIP 数据核字（2022）第 068439 号

责任编辑：马 真　　　　责任校对：胡永立
封面设计：黄 健　　　　责任印制：张 健

中国财政经济出版社 出版
URL：http：//www.cfeph.cn
E-mail：cfeph@cfeph.cn

社址：北京市海淀区阜成路甲 28 号 邮政编码：100142
营销中心电话：010-88191522
天猫网店：中国财政经济出版社旗舰店
网址：https：//zgczjjcbs.tmall.com
北京财经印刷厂印刷 各地新华书店经销
成品尺寸：170mm×240mm 16 开 16.5 印张 265 000 字
2022 年 6 月第 1 版 2022 年 6 月北京第 1 次印刷
定价：68.00 元
ISBN 978-7-5223-1373-3
（图书出现印装问题，本社负责调换，电话：010-88190548）
本社质量投诉电话：010-88190744
打击盗版举报热线：010-88191661 QQ：2242791300

FOREWORD前言

20世纪90年代初，在我国社会主义市场经济发展初期与法治建设初期，在全球消费者运动与我国打击假冒伪劣商品行动的影响下，1993年10月31日第八届全国人民代表大会常务委员会第四次会议审议通过《中华人民共和国消费者权益保护法》，从而开启了我国消费者权益保护的历史进程。之后10年里，伴随着我国市场经济的逐步发展，该法历经两次修订。目前实施的《中华人民共和国消费者权益保护法》为2013年10月25日第十二届全国人民代表大会常务委员会第五次会议审议并修订，于2014年3月15日起实施。该法是现代经济社会保障消费者权益的基本法律，自产生以来始终具有较大的影响力。近几年来，我国的法治进程和立法的活跃度大大增加，颁布了《中华人民共和国电子商务法》《中华人民共和国个人信息保护法》和《中华人民共和国民法典》，修订了《中华人民共和国反不正当竞争法》《中华人民共和国广告法》《中华人民共和国产品质量法》《中华人民共和国食品安全法》《中华人民共和国药品管理法》等消费者保护的相关法律。2018年出台了《国务院机构改革方案》，新设立国家市场监督管理总局作为消费者权益保护的最重要的行政执法机构，各地方政府也相应调整。同时，随着消费主导时代到来以及我国经济的市场化、全球化、电子化进程的加快，电子商务活动方兴未艾，新兴的消费需求、消费方式、消费活动和商业模式层出不穷，消费结构不断升级，新的消费者问题不断涌现。消费者保护法的研究应做出回应。笔者经过多年努力，为读者奉献了这部研究成果。本书分为两大部分：第一章至第八章为消费者权益保护法的基本理论，内容包括消费者问题和消费者立法活动发展、消费者权益保护法的基本原则和消费者权益保护的各项法律制度。对于"职业打假""消费欺诈""个人信息保护"等我国消费者法立法、执法、司法相关的典型问题进行分析。第九章至第十一章为消费者权益实务问题分析。针对交通运输和物流行业中近几年存在的各种消费者问题进行阐述和分析。分别涉及航班延误、机票超售的消费者权益保护，汽车产品召回、汽车三包的消费者权益保护，快递服务合同格式条款的消费者权益保护等内容。本书本着通俗易懂又不乏理论阐述，既全面介绍基础理论知识又注重理论和实务相结合的宗旨撰写。

作者

2022 年 4 月

CONTENTS 目录

第一章　消费者问题与消费者保护立法

第一节　消费者问题和消费者运动

一、从契约当事人到消费者

1861 年，英国历史法学家梅因在其著作《古代法》一书中谈道：“我们可以说，所有进步社会的运动，到此处为止，是一个‘从身份到契约’的运动。”这句话揭示了近代社会向现代社会的整体进步。梅因所谓的“身份”，意指在社会特权统治之下，个人须依其在“家族”中的身份和地位作为进行社会活动的权利和义务的限制，如父权、夫权，奴隶制之下的个人、妇女及奴隶等因其身份而受到束缚和禁锢，这种具有人身依附性的限制使个人不能成为完全独立自主的民事主体。而“契约”则是与“身份”相对的概念，是具有完全人格和行为能力的主体，达成自主合意的结果，是摆脱外部桎梏，全权听凭自主意愿的平等自由的体现。“从身份到契约”中“身份”与“契约”各自代表着两个不同时代的社会法治模式，阐明了人类从奴隶社会、封建社会的家族、集体或等级束缚中解放出来，过渡到自由的资本主义社会的历史进步意义。

在资本主义发展初期，契约精神在推动经济社会发展中发挥着不可磨灭的重要作用，人类文明也因此进入崭新的阶段。1804 年，《法国民法典》系统提出契约自由的规范，使契约自由这个被普遍适用的概念有了确切的法律定义。契约自由也成为近代民法的三大基石。西方国家更因解脱“身份”捆绑，崇尚自由平等的人文精神，在经济发展中展现出前所未有的活力与动力。现代民法的意思自治基础，而诚实信用与公序良俗等法律原则也为契约的正义性发挥着护航作用。这一时期的交易主体形态大多以自然人或小作坊为单位，不同的交易主体之间时常角色互换，地位平等，交易的产品基本在主体的常识和认知范围之内，私法中的违约责任和一般侵权责任足以调整当事人作为平等主体之间的法律关系，维护着契约当事人的权益和实质公平、实质正义。而随着资本主义进一步发展，尤其是19世纪末以来，原有交易主体之间的地位平衡逐渐被打破，生活资料的提供方成为"法人"、社团等"人的集合体"，进一步发展为以垄断企业为主体，而生活资料的需求方为自然人，交易双方的利益形态出现差异，在社会中逐渐形成依赖非消费者提供生活资料而生存的消费者集团及向消费者提供生活资料的经营者集团，两者之间不会存在角色互换，双方有不同的利益需求，生产商品的经营者不使用产品，使用商品的消费者不生产经营商品，双方存在的利益冲突使得消费者集团受非消费集团的侵害成为可能。

二、消费者问题

（一）消费者问题产生的原因

以消费者利益集团和经营者利益集团的利益差异为前提，消费者在与经营者交易中可能会受到利益损害，这种现象如果成为普遍的社会问题，就被称为消费者问题。消费者利益普遍受到损害的问题，究其原因包括客观原因和主观原因。客观原因使消费者利益受损成为可能，而主观原因直接导致消费者利益的损害。

第一，人类认知能力有局限性。人类认知客观世界只能是循序渐进，永无止境，个人对客观世界的认知和掌握的知识更是沧海一粟。在经济生活中，无论是经营者还是消费者，均不可能突破其认知的局限性。经营者不可能对生产经营的产品的原材料属性了如指掌，消费者也不可能对其购买使用的产品的功效和各方面特征完全了解。因此，经营者生产经营的产品有可能会在安全性、实用性等方面出现质量问题而损害消费者利益，消费者的不当使用也有可能导致自我损害。这些情况都会产生消费者问题。

第二，消费者和经营者信息不对称。消费者和经营者对客观世界的认知均是有限的，但是相比之下，经营者和消费者对于双方交易的产品存在信息的不对称。商品经济发展促成了消费资料的生产经营者和消费者的分离，而作为消费资料提供方的经营者永远比购买使用产品的消费者对产品更为了解，尤其是随着社会分工的进一步发展，经济科技的不断进步，产品的专业化程度越来越高，使用这些产品的消费者对于产品的基本结构、功能、原理等问题有可能一概不知，只能依靠常识和经营者提供的信息进行消费。商品经济导致了信息的不均衡分布，信息的占有和对信息的需求之间的矛盾，使消费者对产品的无知进一步加深，消费者利益受损害的可能性也会大大增加。

第三，消费需求存在差异。不同的消费者对于产品的需求是不同的，同样的产品，对某些消费者来说可以获得满足，但对另一些消费者来说有可能会造成损害。经营者生产商品是以一般的消费者的知识构成、身体状况、风俗习惯为标准的，而且限于经营者的认知局限，完美的消费品几乎是不可能存在的。因此，消费者问题无疑是会伴随着人类社会而长期存在的。

第四，经营者与消费者利益冲突。商品经济的发展促使交易中经营者和消费者两大利益形态出现，双方在交易中追求的利益有所不同，经营者最关心的是商品的交换价值能否实现，消费者最关心的是商品是否满足生活需要，即商品的使用价值，而商品的使用价值状况完全由并不使用该商品的经营者的主观努力和客观生产条件所决定。因此，对经营者来说，商品成本越低，价格越高，对其越有利，对消费者来说，商品品质功能越高，价格越低，越能最大限度满足需求。这样就在消费者和经营者之间产生了利益冲突，经营者为追求自身利益最大化而不愿意投入更多成本时，往往就会牺牲消费者的利益，尽可能减少投入，抬高价格。

（二）消费者问题的发展和恶化

进入商品经济社会，在市场交易中形成消费者和经营者利益相互对立和冲突的两大形态后，消费者在交易中的弱势地位日益显著，资本越来越集中使得经营者获得得天独厚的经济优势和风险优势，科技更新的迅速性和复杂性越来越使个人认知难度大大增加而不得不处于信息劣势，“集合体”的组织性和趋利性又利用这种差距悬殊的优劣势，拥有了充分的市场话语权，个人在市场经济的旋涡中无计可施。特别在现代市场经济社会，消费者的弱势地位进一步恶化。

第一，人类生活方式高度依赖商品交易。随着市场经济和社会分工的进一步发展，人们都在从事专业化劳动，这些劳动与个人生活需求没有直接关系，而是通过劳动获得货币形式的劳动报酬，从而再去换取自己所需的生活消费品。现代市场经济，人们几乎摆脱了生活消费资料的自给自足而高度依赖商品交易，商品的品质也直接影响人们的生活和生命的安全健康。

第二，消费者和经营者的实力对比更为悬殊。在消费者和经营者的商品交易中，消费者在实力上总是处于弱势地位，尤其进入垄断时期，资本愈加集中，经营者不再是小作坊，而是发展为大型企业或企业集团，拥有雄厚的经济实力，有大量的专业的人才，很多企业甚至取得市场支配地位，对市场和商品价格等具有控制能力，而消费者作为自然人，面对强大的企业和企业集团，没有能力与经营者在平等地位上讨价还价，对于经营者提出的不公平交易条件往往也只能无奈接受。

第三，商品的高度技术化使消费者更难了解。市场经济时代，社会分工愈加精细，商品的专业化技术化程度越来越高，消费者对于商品的了解愈加困难，其能否依据自身需求而正确选择消费品往往依赖经营者的信息提供，对于商品的价值也不能做出准确判断。

第四，对于消费者的救济愈加困难。随着经济的全球化和商品产销的多层次化，商品从原材料生产到最终由消费者获得需要很多的环节，产业链条很长。而在产业链上，有生产商、批发商、零售商、物流运输者、仓储者等，每一环节均产生利润，到消费者获得商品时，价格已经翻了几番，而且环节越多，商品出现问题的概率越大，消费者与经营者之间的关系也越复杂。商品质量问题或其他问题究竟是哪个环节形成也越发难以判断，导致消费者在商品出现问题后的救济求偿愈加困难。

总之，市场经济的发展使消费者与经营者之间的利益冲突越发明显，消费者处境进一步恶化，此时传统私法的“契约自由”看似依然平等，但事实上在经营者与消费者的交易中已形同虚设。“从身份到契约”运动所倡导的“法律人格平等”在面对市场经济实践中的“事实人格不平等”时显得没有了底气，传统私法体系暴露出其局限性。在这种情况下，具有现实意义的“身份”再一次被发现，要求国家对经济生活进行适度干预，保护交易中弱势一方消费者的利益。这种呼声越来越高，最终在世界范围内兴起了一场消费者运动。

三、消费者运动

消费者运动是消费者自发或有组织进行的旨在维护消费者自身权益，争取社会公正，与各种损害消费者利益行为进行斗争的社会运动。消费者运动的兴起与发展，源于消费者问题的大量出现，传统私法体系无法使消费者的权益得到充分保护。由此，各国消费者运动轰轰烈烈开展起来。世界各国消费者运动的发展，一般都要经历启蒙（自发）阶段、有组织阶段、行政和法律（政府依法）保护这三个阶段。

（一）国外消费者运动概况

1. 美国的消费者运动

消费者运动开其先河者应首推美国，且其一直领导着世界消费者运动的潮流。

1891 年，世界上第一个以保护消费者权益为宗旨的消费者组织——纽约消费者协会在美国纽约市成立；随后，美国各地消费者组织纷纷成立，并于 1898 年成立了世界上第一个全国性的消费者组织——全国消费者同盟，到 1903 年，该联盟已在 20 个州设立 64 个分支机构。至此，美国消费者自身的维权运动轰轰烈烈地开展起来。

1929—1933 年，纽约股票大暴跌引发的经济不景气迅速波及全国，经济濒临崩溃，物资匮乏，市场被各种伪劣假冒商品充斥着，为此，消费者为了购买更便宜、更安全、更好的商品，进行了有组织的活动。1928 年，世界上第一个民间消费者教育机构——消费者研究所在美成立，并出版了刊物《消费者纪要》。1936 年成立的全美消费者联合会发行了《消费者月刊》，主张对商品进行公正的检验，将商品的相关信息及时告知消费者，得到广大消费者的支持，其影响日益增长。另外，有关消费者权益保护的书籍也纷纷出炉并畅销一时，对推动消费者运动的开展极具历史意义。

20 世纪 60 年代以后，美国的消费者运动开始注重培养消费者的自我保护意识。知名大学、民间企业积极投入到运动中来，纷纷设立消费者研究中心。70 年代末，30 个州的 106 所院校还成立了学生消费者组织，会员达 50 万人。全国各地消费者维权运动的全面开展，极大地促使美国政府颁布了20多部有关消费者权益保护的法律，联邦及地方各级政府也相继设立了消费者权益保护机构，联邦政府中涉及这一领域的机构达30多个。至此，引领消费者运动的组织者已由自发的民间组织发展成为由国家强制力保障的专门机构。

2. 日本的消费者运动

1945年第二次世界大战结束后，日本政府面对物资供应严重不足、物价高涨等一系列严重的社会问题，虽然设置了经济安定本部、物价厅等机构来缓解矛盾，但并没有收到立竿见影的实效，从而引发“拿出稻米来”游行示威活动，此次活动在日本消费者运动的历史上具有深远的意义。

20世纪50年代后期，随着企业垄断不断加强、生产规模持续扩大以及市场竞争的日益激化，企业家通过制造销售伪劣产品来牟取高额利润，以致危害消费者生命财产安全的事件不断发生，如1955年的森永奶粉事件、1960年的伪劣牛肉罐头事件、1962年的撒利豆迈事件等。至此，迅速制定保护消费者权益的法律已势在必行。

20世纪60年代后期，随着市民运动的不断涌现，消费者运动也推向一次又一次的高潮。1969年的缺陷汽车问题、1969年的人工甘味料（环胺酸钠）问题等，都引发消费者极度不满，促使有关安全产品诉讼的频繁发生；1972年的SF商法问题等，以攻击性、欺诈性推销方式侵害消费者的问题也日益增多。

自1980年以后，日美贸易摩擦的不断升级把消费者运动推向一个新的高度。面对来势汹汹的挑战，迫使日本政府不断强化反垄断法以及反不正当竞争法的功能，确保了市场秩序并促进了竞争。通过正当化竞争来实现消费者的利益，将消费者的利益置于宏观的竞争政策之中。

除美国、日本以外，消费者运动在其他国家也蓬勃兴起。1953年，德国消费者同盟成立，1964年，设立了商品检验财团。英国、荷兰、法国、澳大利亚等国也相继成立了消费者民间团体。1960年，由美国、英国、荷兰、澳大利亚、比利时五国消费者组织在海牙发起成立了国际消费者联盟组织（IOCU），到2004年，该组织已有250多会员。中国消费者协会于1987年被该联盟接纳为正式会员。1983年，国际消费者联盟组织将每年的3月15日定位“国际消费者权益日”。消费者运动已成为势不可当的历史潮流。

（二）我国消费者运动概况

改革开放以前，我国实行高度集中的计划经济体制，消费品主要按国家计划实行定额供应，典型商品经济关系并不普遍。同时，因为经营者没有自身的经济利益，因而缺乏损害消费者利益的内在动力。另外，由于我国长期重生产、轻消费，因此，消费品处于极其短缺的状态。消费者利益受损而成为普遍社会现象的情况并不严重。

改革开放后，商品经济得到了极大的发展，经营者自身利益的形成和消费品市场的发展，损害消费者利益的现象层出不穷，广大消费者也逐步增强了自我保护的意识。1983 年 5 月 21 日，河北省石家庄市新乐县消费者协会成立。1984 年 8 月，广州市消费者委员会成立。1984 年 12 月，中国消费者协会经国务院批准成立，这标志着我国消费者运动的全面开始，并进入有组织的阶段。之后，各级消费者协会如雨后春笋，纷纷涌上消费者权益保护的舞台。1987 年 9 月，国际消费者组织联盟接纳中国消费者协会为正式会员。1993 年 10 月 31 日，全国人民代表大会第八届四次会议通过了《中华人民共和国消费者权益保护法》，其作为我国消费者权益保护的基本法，标志着我国消费者运动进入一个新的历史时期。此后，我国的消费者协会在各地纷纷设立，从县级消费者协会到省级消费者协会共 3000 多个。各级消费者协会以保护消费者利益为宗旨，在对商品和服务进行社会监督、提供消费信息、进行消费咨询、受理消费者投诉、反映消费者意见、支持受害消费者提起诉讼方面做了大量的工作。

在我国的消费者运动中，消费者权益侵害问题引起了社会各界的广泛关注，相关行政部门和行业主管部门在各自的职责范围内，通过打击假冒伪劣、商品质量监督、物价监督管理、进出口商品检验等行政管理活动，有力地维护了消费者的权益，尤其是从 1992 年开始的由新闻单位、国家技术监督等单位联合举办的“中国质量万里行”活动和 1995 年启动的“百城万店无假货”活动。前一活动借助媒体的力量，打击各种假冒伪劣和制假售假行为，维护消费者权益，取得了良好的效果。为了适应互联网时代的消费模式，“中国质量万里行”在原有投诉网站的基础上打造了全新的“中国质量万里行消费投诉平台”，并于 2016 年 9 月 8 日正式上线。“质量在线”为企业提供投诉的在线转接、在线调解、线下调解、质量数据分析报告、市场调研报告和产品质量在线追踪等服务，并为监管部门和研究机构提供大量的大数据服务，提高了消费投诉的便捷性和解决率。后一活动由中宣部等六部门组织开展，从倡导、引导、指导经营者城市经营的角度，通过“树典型、列示范”等方式，鼓励商业企业加强自我约束，自觉遵守商业道德规范，拒绝假冒伪劣产品，净化了消费环境。通过公布“示范街”“示范店”等方式，推动商业企业树立有序竞争、文明经商、热心服务的风尚。通过设立商品质量赔偿基金、打假奖励基金，鼓励社会各界监督。这些活动有效减少了侵害消费者合法权益的现象，提高了消费者保护水平。此外，各地工商行政管理机关开通的消费者投诉热线电话“12315”为消费投诉提供方便。这些活动在强化消费者保护意识、维护消费者合法权益、改善消费环境等方面都起到了非常积极的作用。从1997年开始，中国消费者协会关注时下社会热点，并将其融入消费者权益保护运动中，每年都确立一个活动主题，指引消费者保护的重点，提高我国消费者权益保护的水平，确保消费者运动轰轰烈烈地开展，保持其旺盛的生命力。

综上所述，我国的消费者运动同步于商品经济产生和市场经济确立之时而产生，虽起步较晚，发展时间较短，但一开始就受到党和政府的高度重视，得到国家和政府的大力支持，同时也在国家和政府的组织指导下开展活动。这是我国不同于西方国家消费者运动的突出特点。

第二节　消费者保护立法

一、现代消费者保护立法的由来

现代消费者保护的立法是在市场经济条件下，基于对消费者弱势地位的充分认识，为给予消费者特殊保护而进行的立法。纵观人类社会发展史，商品的交换关系一直存在，但在商品经济不发达的奴隶社会和封建社会，交易关系中并未出现消费者和经营者对立的利益形态，当然就没有消费者保护的立法。

现代消费者保护立法始于19世纪末20世纪初，西方从自由资本主义向垄断资本主义的过渡时期。它的兴起与全球性消费者运动紧密相连，此时，传统民商法已不足以充分保护广大处于弱势地位的消费者的利益，于是，消费者保护的立法应运而生。

在自由竞争的资本主义时期，以亚当·斯密为代表的西方古典自由经济学理论对经济生活乃至法学理论产生了深刻影响，特别是亚当·斯密在《国富论》中提出“看不见的手”的理论，对经济生活产生巨大影响。这个时期，国家对经济生活实行不干预政策，认为市场机制可以自然优化配置资源。这一理论反映在法学理论中便是主体平等和契约自由，即商品交易双方法律地位平等，依据契约自由，双方可自由选择交易对象，自由协商交易条件，契约一旦成立生效，对交易双方均产生法律效力。因此，交易规则是“买者留意”“货物出门，概不退换”。这种交易规则在交易双方势均力敌且商品结构技术不复杂，无明显信息不对称的情况下不会对消费者一方造成普遍损害。但是，垄断时期的社会经济生活发生根本变化，打破了交易双方的利益平衡。

19 世纪末 20 世纪初，资本主义进入垄断时期后，社会矛盾进一步激化，连续不断的经济危机宣告了古典自由经济理论的破产。垄断的形成彻底改变了交易中消费者与经营者的力量对比，庞大的垄断组织取代中小经营者主导市场，甚至控制了整个市场。它们垄断消费品供应，单方面提出不公平交易条件、不公平的格式条款，规定不合理的价格，而消费者丧失了与垄断组织讨价还价的能力，迫于生活需要无奈接受。消费者利益普遍受损，出现了消费者问题。此时，地位平等、契约自由对消费者来说只是徒具形式而已，传统民商法显然已不足以充分保护广大消费者的利益。于是，消费者为争取权利的抗争运动日益高涨。随着消费者问题的日益严重和消费者运动的风起云涌，西方国家政府开始运用国家干预手段，通过限制作为经营者的垄断组织的权利，加强消费领域的管理，对消费者予以特别保护。

世界上最早涉及消费者权益保护的立法是美国于 1890 年颁布的《保护贸易和商业不受非法限制和垄断损害法》，即《谢尔曼法》，该法体现了国家适度干预经济、限制市场垄断行为、反不正当竞争等观念，从而间接保护了消费者的利益。之后，其他的资本主义国家也颁布了类似的法律。德国于 1894 年颁布实施了《分期付款买卖法》，1896 年颁布实施了《反不正当竞争法》。奥地利和法国也分别于 1896 年和 1900 年颁布实施了《分期付款买卖法》。这些立法对于经营者的市场行为进行规制，消费者的权益也能获得保护。由《法国民法典》最先确立的契约自由原则由此受到了挑战。

第二次世界大战后损害消费者利益的现象日益严重。各国消费者运动也呼声鹊起，并不断地向新领域扩展，最终导致各国消费者权益保护立法纷纷出台。一种是以日本为代表的一些国家制定了消费者权益保护基本法。如1968年日本的《保护消费者基本法》，1987年英国的《消费者保护法》，1980年韩国的《消费者保护法》，我国于1993年通过的《消费者权益保护法》。另一种是美国、法国、德国、意大利等国家，它们虽未制定保护消费者权益的基本法，但逐步完备了保护消费者各方面利益的民事、行政和刑事单行法规。如美国先后制定了《食品、药品和化妆品法》《消费品安全法》《消费者租赁法》《统一产品责任示范法》等。

二、外国消费者保护立法概况

（一）美国消费者保护立法

美国国会从1867年以来制定了多部消费者保护法案，很大程度上发挥了保护消费者权益的功能。如《州际商业法》（1887年）、《修曼法》（1890年）、《纯洁食物及药品法》（1906年）、《肉类检查法》（1906年）、《克莱顿法》（1914年）及《食品药物及化妆品法案》（1938年）。

自1933年国会颁布《国家工业振兴法》后，美国的工业经济得以振兴和发展，并以工业生产为目标，将企业生产置于国家监督之下，又颁布了《紧急银行法》《联邦紧急救济法》。这些新政更像实行国家资本主义。然而，这些新政很快出现问题，许多经营者利用《国家工业振兴法》大肆损害消费者利益，消费者的基本权利得不到有效维护。因为政府只允许那些获得“蓝鹰”标志的企业销售产品，消费者选择权被剥夺。经营者无法展开公平竞争，那么，经营者就会肆无忌惮采用偷工减料等方式损害消费者利益，消费者成为罗斯福工业政策的牺牲品。尤其是20世纪60年代以来，美国经济完全进入垄断状态，某些行业的垄断现象非常突出，消费者问题更为严重，消费者运动如火如荼。这一切都促使总统肯尼迪在1962年3月15日向国会提出《关于保护消费者利益的总统特别国情咨文》，明确强调了消费者的四大基本权利，1968 年，尼克松总统又提出了第五项消费者权利。这些权利现已成为各国消费者保护法的核心内容，于是美国开始了打破传统法体系，专门为消费者制定法律的立法模式。

至今，在上述情况的影响下，美国的消费者保护法案已成体系，现在联邦法律及州法律中，较为重要的有：联邦单行法中，主要有《联邦食品药物及化妆品法》（1938 年）、《易燃性纤维品法》（1964 年）、《良好包装及标签法》（1966 年）、《诚信借贷条款》（1968 年）、《扣押法规》（1968 年）、《诚信借贷记录法》（1968 年）、《消费者产品安全法》（1972 年）、《马克尤逊—摩西保证法》（1975 年）和《统一产品责任法》（1979 年）。另外，1952 年美国法律学会及国家统一州法委员会共同制定的统一商法典中的不平衡条款、担保、弃权条款、救济限制条款、相互契约关系和无过失侵权行为责任，都有对消费者合法权益的特殊保护的规定。

（二）日本消费者保护立法

1968 年，在经济高度发展但消费者权益侵害问题日益严重的情况下，日本制定了《消费者保护基本法》。该法中，对消费者具体的权利和义务并没有规定，只是粗略地规范了政府对消费者权益受损时所应采取的措施。但随着消费生活的不断变化，消费合同的日益不公平，此法已很难充分保护好消费者权益，要求修正该法的呼声不断，但并未实现。面对如此严峻的形势，日本国民生活审议会议消费者政策部会开始对“21 世纪型消费者政策的应有状态”进行讨论，对《消费者保护基本法》作了重大修改，更名为《消费者基本法》，明确了消费者的六大基本权利。至此，日本的消费者运动立法发展到一个全新的高度。

现在，以《消费者基本法》为中心的有关消费者保护法规有：（1）关于食品医药安全方面的法规：《食品卫生法》《农药管理法》《药事法》《关于化学物质审查及制造规制法》以及《毒品和剧毒物品管理法》；（2）关于家庭用品安全方面的法规：《消费生活用制品安全法》和《关于含有害物质家庭用品规制法》；（3）关于公用事业用品安全方面的法规：《电气事业法》《煤气事业法》《公路运输法》《铁道事业法》《海上运输法》；（4）关于应对新的销售方式方面的法规：《访问贩卖法》《分期付款贩卖法》《电子合同法》等。

三、消费者保护国际立法

20 世纪 80 年代以前，各国的消费者运动呈现出一种各自为政的局面，虽有一国借鉴另一国的先进经验及相关立法，但还没有形成消费者权益的全球性保护体系。因此，联合国及相关国际性组织积极发挥其职能，陆续制定了一系列保护消费者权益的国际公约。如 1980 年联合国颁布的《控制限定性商业行为的多边协议准则》，1985 年联合国制定的《保护消费者准则》，欧洲理事会制定的《消费者保护宪章》则是首次在国际范畴内对消费者结社权做出了明确的规定。

（一）联合国《保护消费者准则》

为了所有国家消费者的利益，国际消费者联盟组织（后改称为国际消费者联合会 CI）很早就拟定了一部对世界各国都具有指导意义的《保护消费者准则》，并长期致力于促使该准则被联合国通过。1985 年，联合国大会通过决议，核准了《保护消费者准则》。这是目前影响最大的全球性消费者保护方面的国际立法。该准则分为 4 部分，共 46 条。

第一部分为《保护消费者准则》的目标：（1）协助各国为本国消费者争取或保持适当的保护；（2）使生产和分配形式适应消费者的需要和愿望；（3）鼓励为消费者生产与销售商品和劳务的各方遵守道德行为标准；（4）协助各国限制所有企业在国家一级和国际上采用对消费者有不利影响的商业陋习；（5）鼓励发展独立的消费者团体；（6）推进关于保护消费者的国际合作；（7）鼓励发展市场条件，以较低价格向消费者提供更多选择。

第二部分为《保护消费者准则》的一般准则。包括：（1）各国政府应当拟定或保持有力的保护消费者政策，要考虑到各种具体准则以及各项有关国际协定。（2）准则的目的是确保下列合理需要获得满足：保护消费者的健康和安全不受危害；促进和保护消费者的经济利益；使消费者有机会取得足够资料，让他们能够按照个人愿望和需要做出知情的选择；消费者教育，包括关于消费者所做选择的环境、社会和经济影响的教育；提供有效的消费者赔偿办法；享有建立消费者团体和其他有关团体或组织的自由，而这种组织对于影响到它们的决策过程有表达意见的机会；促进可持续消费形式。（3）特别是在工业化国家内生产和消费的不可持续形式是全球环境继续恶化的主因，所有国家都应尽力促进可持续消费形式；发达国家应率先实现可持续消费形式；发展中国家应设法在其发展进程中实现可持续消费形式，同时适当考虑到同中有异的原则，应充分考虑到发展中国家在这方面的特别情况和需要。(4) 促进可持续消费政策应考虑到消除贫穷、满足社会上所有成员的基本人类需要以及减少国内和国家间的不平等。(5) 各国政府应当提供或维持适当的基础结构，以便研拟、执行和监督保护消费者政策。应特别注意确保执行保护消费者的措施以增进各阶层人民，特别是农村民众和贫困人民的福利。(6) 所有企业应遵守其营业所在国的有关法律和规章。它们也应该遵守该国主管机构同意的保护消费者国际标准的适当规定。(7) 拟订保护消费者政策时，应考虑到大学和公私营研究企业的潜在正面作用。

第三部分为具体准则，包括7个方面：(1) 身体安全上，各国政府应当许可或鼓励采取适当措施确保产品在指定用途或通常预期的用途方面安全可靠。确保制造商生产的商品在指定用途或通常预期的用途方面安全可靠。将商品向市场推销的商家确保由他们照管的商品不致因为不适当的处理或贮存方式而变成不安全。产品上市之后，制造商或经销商如果发现未曾预见的危险，应毫不迟延地通知有关当局并酌情通知消费大众。政府也应考虑保证使消费者适当获悉危险的方法。一旦发现产品有严重缺陷和（或）即使正确地使用也会造成重大危险时，制造商和（或）经销商应收回该产品，加以替换或修改，或改换另一产品。(2) 促进和保护消费者的经济利益上，政府政策应设法使消费者能够从其经济资源获得最大利益。确保制造商、经销商和其他从事提供商品和服务的人遵守既定法律和强制性标准，以防止损害消费者经济利益的做法。应鼓励公平和有效的竞争，以便能有最多种类、价格最相宜的产品和服务供消费者选择。保护消费者免于合约舞弊。促销和推销做法应以公平对待消费者的原则作为指导方针，并应符合法律规定。因此必须提供必要的资料，使消费者能够作出了解情况的独立决定，同时必须采取措施，确保所提供的资料准确无误。(3) 消费品和服务的安全和质量标准，各国政府应酌情在国家和国际各级制定或促使拟订和执行关于货物和服务安全和质量的自愿和非自愿标准，应鼓励和保证提供设施以检验和证明基本消费品和服务的安全、质量和实绩。(4) 基本消费品和服务的分配设施上，各国政府应鼓励设立消费者合作社及相关的贸易活动以及提供有关这方面的资料，制定或维持确保向消费者有效分配货物和服务的政策。(5) 帮助消费者获取赔偿的措施上，各国政府应鼓励所有企业以公平、迅速和非正式的方式解决消费者的争端，应向消费者提供关于可获取的赔偿和其他解决争端程序的资料。(6) 各国政府应从有关的文化传统出发，拟订或鼓励拟订消费者教育和宣传总方案。(7) 促进可持续消费。

第四部分为消费者保护的国际合作。这一部分的规定包含 7 方面：(1) 各国政府应当在以下方面进行合作：制定、审查、维持或加强各种机制以便于交换关于保护消费者的国家政策和措施的资料；合作建立检验设施或共同使用检验设施，共同的检验程序、交换消费者资料和教育方案、联合训练方案和共同拟订条例；联合采购必需品，交换关于各种采购可能性的资料以及关于区域产品规格的协议。(2) 发展或加强关于被禁止、收回或受严格限制的产品的资料网，以便使其他进口国能够充分保护本国不受这种产品之害。(3) 致力于确保产品质量和关于此类产品的资料不会因国而异，从而对消费者造成有害影响。(4) 为促进可持续消费，各国政府、国际组织和工商界应合作研发、转让和传播无害环境的技术。(5) 各国政府和国际组织应酌情促进和便利在可持续消费领域中的能力建设。(6) 各国政府和国际组织应酌情促进涉及消费者教育和宣传的范围。(7) 各国政府应致力于确保在执行保护消费者的政策和措施时，充分注意不使这些政策和措施妨碍国际贸易，并确保它们符合国际贸易义务。

（二）欧洲理事会《消费者保护宪章》

欧洲理事会于 1985 年通过《消费者保护宪章》，宪章以制定消费者保护的国际标准与基本准则为目标，提供了欧洲消费者最低程度的保护标准。共分为 5 个部分，详细规定了消费者的 5 项基本权利。

第一部分是消费者有受保护和得到保护的权利。宪章要求各国政府制定商品和服务的安全标准，禁止销售和提供可能危害消费者的商品和服务，必须保护消费者免遭经营者滥用实力的损害，应立法要求广告不得欺骗消费者。

第二部分是消费者有损害赔偿请求权。宪章要求各国政府保证消费者能够方便无代价地利用有关法律程序和公正的小额索赔仲裁方式，在因产品、服务的错误说明而致消费者损害的表面证据确凿时，应由业者承担举证责任。

第三部分是消费者有获得正确充分的信息的权利。宪章规定，商品和服务的购买者应有权获得包括提供者身份在内的足够信息，以便其能够在竞争的产品和服务之间作出适当的选择，购买者有权获得保证其安全满意使用产品和服务的各种信息和通知，政府应当制定有关质量、使用方法、价格等方面的强制性规定。

第四部分是消费者成立代表机构和获得咨询的权利。宪章规定，政府应当赞助消费者自愿组织，并在立法、司法、消费者的管理和咨询服务等方面征求其意见，应建立独立、有效、代表消费者利益的权力机构，对产品成分、性能、标识、用途和服务效能等事项进行调查研究，并公布结果，尽可能向消费者提供咨询服务，实施消费者保护方面的法律。

第五部分是要求西欧各国应共同促使行业团体制定高标准的行为规则，并提交给国内的消费者保护权力机构标准。

宪章所规定的权利保护范围较为广泛，因而它在世界上的影响也较大。

四、我国消费者保护立法

我国消费者保护立法相对于发达国家的消费者保护立法起步较晚，是随着我国改革开放政策的实施，我国的商品经济、市场经济逐步形成而发展起来的。我国实行高度集中的计划经济时，面临的主要问题是生活消费品普遍短缺，在商品经济形成后，商品短缺逐渐改善，反而侵害消费者权益现象越来越多。这种情况使政府认识到消费者保护问题的严重性，并促使各级立法机关通过立法保护消费者利益。目前，我国已初步形成一个以《消费者权益保护法》为中心的消费者保护法律体系。

1993 年 10 月 31 日，第八届全国人民大会常务委员会第四次会议通过《中华人民共和国消费者权益保护法》（以下简称《消费者权益保护法》）。《消费者权益保护法》成为我国消费者保护基本法，标志着我国消费者保护法治建设发展到新阶段。这部法是一部宣言性的法律，是消费者保护的总纲，其内容主要包括总则、消费者权利、经营者义务、国家对消费者合法权益的保护、消费者组织、争议的解决、法律责任和附则。颁布之后，《消费者权益保护法》历经两次修改。2009 年第一次修改仅涉及其中个别条文的表述问题，内容上并无实质性改动。2013 年，《消费者权益保护法》进行第二次修改。从 1993 年到 2013 年，我国经历了 20 年的发展，社会和经济生活发生了翻天覆地的变化，人们的消费观念和消费方式不断更新，也使消费者面临新的消费环境和问题。例如，第一，随着网络技术的发展，通过互联网购物消费已成为常见的消费方式，但相比于线下消费，网络消费者与经营者的信息不对称更为凸显，经常出现“买家秀”和“卖家秀”的巨大差异，虽不存在质量问题却又无法退货的情况。这一损害消费者利益的新问题需要做出回应。第二，购买金融产品和金融服务的自然人是否为消费者，这一问题长久以来存在争议，随着我国经济发展和消费理念的变化，金融产品和金融服务消费成为个人和家庭的重要消费内容。金融的专业性使得个人和家庭面对金融机构时信息偏在更为明显，因此，也需要进行规范。第三，近年来，消费者个人信息泄露情况日趋严重，经营者对于收集的消费者个人信息贩卖和滥用屡禁不止，成为新的损害消费者利益的问题，同样也需要规范。因此，为适应新的经济社会发展形式要求，回应新的消费者问题，2013 年 10 月 25 日，第十二届全国人民代表大会常务委员会第五次会议通过了《关于修改〈中华人民共和国消费者权益保护法〉的决定》，对该法进行第二次修订。经本次修订，《消费者权益保护法》由 55 条增加到 63 条。

除消费者权益保护基本法外，我国还颁布了众多与消费者权益保护有关的配套法律规范，共同构成我国的消费者权益保护的法律体系。主要包括：《中华人民共和国产品质量法》《中华人民共和国食品安全法》《中华人民共和国商标法》《中华人民共和国药品管理法》《中华人民共和国计量法》《中华人民共和国标准化法》《中华人民共和国广告法》《中华人民共和国价格法》《中华人民共和国反不正当竞争法》《中华人民共和国反垄断法》等。国务院颁布了《缺陷汽车召回管理条例》等行政法规，各地方还有保护消费者权益的地方性法规。

第二章 消费者权益保护法基本原理

第一节 消费者权益保护法概述

一、消费者

消费者权益保护立法为保护“消费者”权益而制定，首先应对消费者概念进行厘定。在经济学领域，消费者是和政府、企业并列的参与市场经济运行的三大主体之一，是与企业相对应的市场主体，法学领域的消费者概念来自经济学，是各国消费者权益保护立法最重要的主体。所以，无论是经济学还是法学，一般都把消费者界定为从事生活消费的主体。例如，国际标准化组织（ISO）认为，消费者是以个人消费为目的而购买或使用商品和服务的个体社会成员。泰国《消费者保护法》规定，消费者是买主和从生产经营者那里接受服务的人，包括为了购进商品和享受服务而接受生产经营者的提议和说明的人。欧洲联盟规定：消费者是指不以直接从事营利性活动而购买的自然人。《德国民法典》规定：消费者是指自然人，消费者不是以营业为目的而实施法律行为的人。我国《消费者权益保护法》第二条规定：“消费者为生活消费需要购买、使用商品或者接受服务，其权益受本法保护；本法未作规定的，受其他有关法律、法规保护。”这一条严格来说规定的是消费者权益保护法的适用范围而并非定义，没有明确回答消费者除自然人外是否还包括法人，但是却指明了消费者为生活消费进行的消费行为才受法律保护。

综上所述，发达国家对消费者的界定是非常相似的。在我国，消费者学理概念可界定为：为满足个人生活消费需要而购买、使用商品或接受服务的个体社会成员。但是，源于《消费者权益保护法》第二条的规定的这一概念在适用中产生了一系列争议和问题。例如，知假买假的职业打假人是否为消费者？个人购买的汽车既用于生活又用于生产经营是否可适用《消费者权益保护法》？这些争议一直未曾停止过。因此，本书从以下几方面对消费者概念进行厘清。

（一）消费目的为生活消费

《消费者权益保护法》第二条规定了“为生活消费”的目的，但是如何理解“为生活消费”是学术界长期以来争议讨论的焦点。而这一争议缘起于1994年《消费者权益保护法》实施后，针对惩罚性赔偿条款[①]的适用出现的知假买假的职业打假人。职业打假人知假买假购买商品，以个人名义起诉要求惩罚性赔偿，目的是否为生活消费？对于此种现象，司法机关的判决结果并不一致。2013年，基于地沟油、三聚氰胺奶粉、毒胶囊等一系列重大食品、药品安全事件频繁曝出，最高法院通过实施《最高人民法院关于审理食品药品纠纷案件适用法律若干问题的规定》规定：“因食品、药品质量问题发生纠纷，购买者向生产者、销售者主张权利，生产者、销售者以购买者明知食品、药品存在质量问题而仍然购买为由进行抗辩的，人民法院不予支持。”并在《最高人民法院办公厅对十二届全国人大五次会议第5990号建议的答复意见》（法办函〔2017〕181号）中进行答复，明确了在食品、药品领域，法院不能以知假买假为由对索赔不予支持。但不宜将食药纠纷的特殊政策推广适用到所有消费者保护领域。至此，对于知假买假行为最高人民法院通过答复的形式阐明了内涵。

但是，争议并未平息。由此可以看出，对待“职业打假人”的态度并非纯粹的法理推演，而是从社会变化或某一制度可能对现阶段社会产生影响等

① 1994年《中华人民共和国消费者权益保护法》第四十九条：经营者提供商品和服务有欺诈行为的，应当按照消费者的要求增加赔偿其受到的损失，增加赔偿的金额为消费者购买商品的价款或接受服务的费用的一倍。

角度去考虑制度价值与司法应对①。我国有学者认为不应该扩大化理解“为生活消费”的意思，主观目的只是单纯为了个人的生活需要去消费的才是消费者，其余如以营利为目的的企业采购、故意“知假买假”的职业打假人都不是消费者。也有学者认为知假买假行为对于净化市场环境有积极意义，购买使用商品和接受服务只要不用于生产经营即可认定知假买假人为消费者。而对于主观目的是用于生活消费还是用于生产经营，有些学者认为应该从购买后的行为进行判断。

本书认为，现有的司法实践中对于消费者行为目的的考量有较强的随意性，缺乏一个系统的认定标准，而生活消费目的的判断标准应当具有综合性和灵活性。综合性意味着判断标准应当多方面考查衡量：首先是商品属性。考虑商品是生活资料还是生产资料，这一标准能大概进行判断。例如，购买使用建筑机械一定不适用消费者权益保护法。购买珠宝、服装一般用于生活消费。其次是依据商品购买后使用行为和接受服务后的行为判断。这种判断不能机械解释，因为消费行为的具体目的非常复杂，我们无法穷尽所有情形。例如，购买大量商品用于收藏、转送、检验品质或破坏性试验等。从消费者需求出发，即便购买商品目的有经济利益，只要购买商品接受服务并非仅用于生产经营活动，就应当认定为消费者。因此，对于知假买假人，一般来说能得到惩罚性赔偿风险是比较高的，当“知假买假”者所购商品确定为假货，且得到经营者承认或者法院支持时，其才可能获得惩罚性赔偿，否则，其所购商品只能用于消费。知假买假人往往带有一定的投机和侥幸心理，偶尔为之，此时仍可认为其是消费者。至于能否获得惩罚性赔偿，要依据《消费者权益保护法》第五十五条规定的其他条件来认定。但是，以知假买假索赔为业，成为职业，甚至形成组织，把打假获得惩罚性赔偿演变为单纯追求容易发现问题和方便索赔的营利手段，就不应当界定为消费者。这些打假组织以营利为目的而进行组织化、职业化的活动，可能破坏市场的经营环境，扰乱正常市场秩序，并没有真正意义上的生活消费，不符合消费者的界定。

---

① 《最高人民法院办公厅对十二届全国人大五次会议第5990号建议的答复意见》（法办函〔2017〕181号）中明确说明，因食品、药品是直接关系人体健康、安全的特殊、重要的消费产品，而《最高人民法院关于审理食品药品纠纷案件适用法律若干问题的规定》亦产生于地沟油、三聚氰胺奶粉、毒胶囊等一系列重大食品、药品安全事件频繁曝出，群众对食药安全问题反映强烈的大背景之下，是给予特殊背景下的特殊政策考量。现阶段职业打假人群体及其引发的诉讼出现了许多新的发展和变化，其负面影响日益凸显。因此，不宜将食药纠纷的特殊政策推广适用到所有消费者保护领域。

（二）购买、使用商品和接受服务

首先，消费者并不局限于亲自购买商品的人，也可以是使用和消费他人购买的商品的人；既可以是服务合同中接受服务（如旅馆、运输、酒店、食品、劳务等各种服务）的当事人，也可以不是服务合同中的当事人。因此，消费者并不局限于和经营者存在消费合同关系。

其次，在商品和服务范围方面存在争议。例如，对购买汽车、住房、金融服务等是否能够适用《消费者权益保护法》？对于汽车和商品房是否能够适用《消费者权益保护法》的问题，有学者对此提出汽车和商品房作为价值庞大的动产和不动产，如果适用该法与其客体保护范围的设立初衷不符，不适合适用惩罚性赔偿。但随着时代发展，汽车早已进入千家万户，商品房虽然在司法实践中还较少实例，但目前我国部分省份已将商品房纳入地方性消费者保护法的范围。如《浙江省实施〈中华人民共和国消费者权益保护法〉办法》明确了商品房属于“消费者”行为客体。随着人民生活水平的提高，家庭财富的积累，购买金融服务也成为家庭常见的消费项目。且消费者是和经营者相对的概念，市场经济条件下，商品房、汽车和金融服务的提供者已经完全参与市场竞争，已经成为《消费者权益保护法》中的经营者。因此，对于消费者消费的商品和服务的范围宜保持开放态度，在市场经济的大环境下，商品、服务的类别都非常之广，如果将其范围一直限制在生存资料中，那么显然不符合市场发展规律，无法与我国经济发展现状相适应。

至于教育、医疗等服务客体，因为他们与诸多单行法内容有交叉且充满复杂性，其服务的提供者也并非完全的参与市场竞争的经营者，因而能否作为消费者行为客体受《消费者权益保护法》保护还有很多争议，但是也可以先采取一定的标准将这些客体里的内容进一步分化，将部分服务列入《消费者权益保护法》保护范围。

（三）主体为自然人

在消费者的主体认定方面，我国目前存在的争议也颇多，主要集中于单位是否能成为消费者。在学术界，一种观点认为消费者只能是自然人，因为消费者权益保护法的初衷为保护弱势群体，单位是社会中相对于自然人而言处于更加优势地位的一个主体，如果将其也并入消费者保护范围，就可能造成双方地位的进一步失衡，导致实践中产生对以自然人为主体的消费者不公平的待遇。另一种观点认为无论是自然人还是法人、其他社会组织均可成为消费者。例如，单位也会为分发员工福利而购买生活消费品，特别是一些小规格的单位，从一定角度上说他们也属于弱势群体，保护他们的权益也利于维护市场的公平。在立法上，我国《消费者权益保护法》未进行说明，大部分省份对于单位是否能够成为消费者在本省的消费者法中采取了和《消费者权益保护法》一样的做法，即“模糊”概念。在司法上，我国不同地区或相同地区不同层级人民法院的审判中也有所不同，甚至出现司法实践结果与当地条例也不甚相同的案例。

但在我国地方性消费者权益保护立法中明确将单位写进消费者概念的也已有十几个城市，比如《广东省保护消费者合法权益条例》第二条规定：本条例所称消费者，是指有偿获得生活消费品（以下简称商品）或接受营业性服务（以下简称服务）的个人和单位。与其相反，《四川省消费者权益保护条例》第二条把单位排除在消费者之外。

本书认为，消费者应当为自然人。因为消费者与经营者相比处于弱势地位和普遍受损害的都是消费者，这是产生消费者权益保护法的原因，是在原有民商法无法解决情况下需对消费者进行特殊保护。基于此，消费者只能是自然人。单位或法人、非法人组织等，即便是再小规格的单位，要购买生活用品，其经济规模、购买数量是自然人无法比拟的，其也易于和消费提供者形成长期、稳定的交易关系，其议价、谈判能力也是自然人无法比拟的，因此，其相比对方经营者的弱势地位是不明显的。至于单位购买生活消费品作为福利发放给职工，单位虽不是消费者，职工却是消费者，因商品的质量瑕疵，通过单位维权更为有利，如果是商品缺陷，也可直接追究经营者的产品责任。

二、消费者权益保护法的概念和特征

（一）消费者权益保护法的概念

消费者权益保护立法是一国为保护本国消费者的权益而制定、颁布一系列有关法律法规的行为，因此，消费者权益保护立法的本质是行为，是动态的。消费者权益保护法则是消费者权益保护立法行为的载体和结果，通常来说有广义和狭义之分。狭义的消费者权益保护法一般仅指国家有关消费者权益保护的专门立法，是保护消费者权益的基本法，又称形式意义上的消费者权益保护法。我国的消费者权益保护基本法就是1993年第八届全国人大常委会第四次会议通过，于1994年实施，又于2009年和2013年历经两次修订的《中华人民共和国消费者权益保护法》。广义的消费者权益保护法是由国家制定、颁布的具有保护消费者功能的各种法律规范的总称，又称实质意义上的消费者权益保护法。本书使用的消费者权益保护法除适用《消费者权益保护法》外，均为广义上的消费者权益保护法。

如何从学理上定义消费者权益保护法，我国法学界有不同认识。第一种观点是从消费者权益保护法的调整对象的角度界定。但对于调整的社会关系又有不同观点。有学者认为调整三方关系，包括经营者和消费者的交易关系、国家与消费者的保护关系以及国家与经营者的监管关系，调整三方法律关系的法律规范的总称为消费者权益保护法。也有学者认为调整双方关系，即只调整消费者和经营者之间的交易关系。调整消费者与经营者关系，以保障消费者权益的法律规范的总称为消费者权益保护法。第二种观点是从消费者权益保护法的立法目的和基本功能界定。但对于基本功能的不同认知，又有不同定义。一种认为消费者权益保护法是保护消费者避免因有偿获得的商品和服务而遭受损害的法律规范的总称。这一定义外延很窄。另一种认为凡以保护消费者权利为内容的法律规范均可成为消费者权益保护法。这一定义外延非常广，鉴于消费者的弱势地位，对消费者进行特殊保护的一切法律规范均包含其中。

本书认为，采用功能定义方法定义消费者权益保护法更为合理。对消费者利益的保护涉及民事性质、诉讼性质、行政管理性质以及刑事性质的法律规范。例如，对于格式条款的规制、消费者公益诉讼制度以及对于消费者利益的国家保护和法律责任等。这一意义上的消费者权益保护法具有极大的综合性和交叉性，如果从调整对象角度则不能准确界定消费者权益保护法立法的内在宗旨。而且参与消费者权益保护的主体还有消费者组织、社会中介机构等，从调整对象的角度定义并不周延。从立法目的和基本功能角度来定义，就能将这些不同性质的社会关系的法律规范集合串联起来，构成法律体系中的一个类别。有鉴于此，本书认为，消费者权益保护法是国家基于消费者的弱势地位而制定、颁布的对消费者予以特别保护的各项法律规范的总称。

（二）消费者权益保护法的特征

消费者权益保护法的特征，是指相对于其他法律类型所具有的特殊品质。主要具有：

1. 保护对象的特定性

消费者权益保护法是以消费者权益为保护对象的法律，这是消费者权益保护法最基本的特征。在商品活动过程中，由于信息偏在、市面商品繁杂、经济实力差别等原因，作为供求关系中的一极，消费者必然处于劣势地位，自然也就无可避免地成为商品经济条件下的“弱势群体”。如果单纯按照传统民商法的平等原则采取一体化保护，必定会将消费者推向不利地位，从而造成实质上的不平等。因此，有必要由国家出面干预，保护消费者利益，对经营者予以一定的限制，这一特点也是消费者权益保护法区别于其他法的主要不同。归纳而言，消费者权益保护法所保护的消费者利益主要有两种：其一是人身利益，即消费者对其生命权、身体权、健康权、荣誉权、名誉权、姓名权、肖像权等享有的不受经营者直接或间接侵害的权利；其二是财产利益，即指消费者的合法财产不受经营者侵犯，以及消费者在交易过程中所享有的公平交易的权利。

2. 利益的倾斜性

消费者权益保护法以保护消费者权益为立法宗旨，对双方当事人之间的利益关系调整，采取了不同于民商法对一般买卖关系调整所采用的对双方当事人利益均等保护的做法，而是赋予消费者更多权利，令经营者承担更多义务，在调整双方利益关系上更明显向消费者一方倾斜。作为强制性、禁止性规范，消费者权益保护法体现了国家对经济进行适度干预的特征，并对民法“契约自由”原则进行适当限制。伴随市场经济高度发展、社会化大生产的普及，产生了合同签订效率化的要求，格式合同日渐增多，消费者自主选择、决定合同内容的权利被商家逐渐限制、剥夺。更有甚者，格式合同中技术性条款增多，对消费者越发不利。许多国家都在本国消费者权益保护法中明文规定生产经营者的义务，要求格式合同必须经主管部门审核或批准并备案，限制有利于经营者的交易条件。

3. 功能的预防和补救性

一般而言，消费者权益保护法主要通过以下两种途径保护消费者合法权益：制定商品质量标准和提供事后救济。第一，国家通过法律对各种商品质量标准、安全卫生标准的正确标示、说明方法、传播消费知识的规定，约束经营者，使生产者生产出高质量、安全、卫生的商品，并通过正确标示，指导消费者合理地使用商品，以预防消费者损害事件的发生。第二，国家对消费者提供充分、有效的事后救济，保障消费者权益得以实现。在市场经济条件下，每当发生损害消费者利益的行为或现象时，消费者便可依照消费者权益保护法的规定，使自身所受的损失得到充分、及时的事后救济。

4. 调整方法的多样性

考虑到所调整社会关系的多样性，作为针对调节消费者与经营者利益失衡问题而制定的“对策法”，消费者权益保护法解决问题的方法往往是综合运用普通法所采用的各种方法。根据消费者权益受侵害程度的差异，生产经营者应承担的责任分为一般侵害消费者权益的民事责任、行政责任和严重侵害消费者权益的刑事责任。同时，在消费者权益保障方面，既包括鼓励消费者自我保护和自力救济，也包括国家对消费者采取的法律保护和公力救济。总之，只要是有益于消费者权益保障的方法，都会为消费者权益保护法所采用。这是一种与民法、刑法、行政法等法律所采取的单一调整方法不同的方法，这也说明消费者权益保护法调整方法、调整手段的多样性和综合性。

第二节　消费者权益保护法的理念和原则

一、消费者权益保护法的理念

消费者权益保护，是指在社会生产发展到一定阶段，在某种商品经济关系和社会制度下，消费者在进行具体消费行为和完成具体消费过程时所享受的权利和利益的综合保护。消费者权益保护的理念就是人们对消费者权益保护理性的、基本的认识和追求。消费者理念的形成，深受消费者主权和社会本位的影响。

（一）消费者主权

消费者主权是指消费者在决定某个经济体系所经营商品的种类和数量上起着支配和主导作用。即经营者需要根据消费者的需求和意愿来决定经营商品的种类、数量以及经营方式。一般认为消费者主权主要包括以下内容：第一，在消费者与生产者的关系中，消费者根据自己的意愿和偏好到市场上选购所需的商品，这样就把消费者的意愿和偏好通过市场传达给生产者，生产者要始终以消费者的需求为出发点，生产什么、生产多少、如何生产等问题都要服从于消费者需求和偏好。因此，消费既是生产的出发点，也是生产的归宿。第二，在销售者与消费者的关系中，消费者的意愿决定着销售者的销售行为，销售必须遵从"消费者是上帝"的原则。第三，在政府、经营者与消费者的三者关系中，政府的行为必须优先考虑消费者的利益，制定的计划、政策要始终以维护消费者的合法权益为出发点。

最早提出并系统阐述消费者主权理论的是20世纪著名的自由主义经济学家哈耶克，他在《通往奴役的道路》《自由宪章》和《法律、立法和自由》等著作中，全面论证了消费者在决定商品生产的种类和数量上怎样起着"至高无上"的决定作用，经营者为什么要听命于消费者。这种理论认为，从消费者主权理论的实践意义上看，消费者主权保证了经营者和消费者的利益都得到充分的满足和实现，而且有利于社会资源的优化配置，有利于社会生产终极目标全面实现。而从社会再生产角度来看，消费不仅是上个经营过程的终点，同时又是下个经营过程的起点。作为"终点"，消费不仅使人的需要得到满足，而且使经营的成果得以确证。当代西方经济学者大多认定，消费者主权是使社会资源得到有效配置的原则。即生产者按照市场上消费者的"投票"情况和选票多少判断社会的供求关系，根据供求变动和消费动向来检查生产的状况，并筹划安排人力、物力的使用，调整资金的投向和规模。

从法律的角度来看，消费者的主权具有不同的内涵：首先，它是一个与法律价值息息相关的命题。对有关经济法律制度的基本价值进行定位，并且从法律的角度来看，消费者主权本身就不是一项权利而是法律追求的价值目标，也是关乎消费者利益的法律制度的设计出发点。其次，在法律意义上消费者和经营者的关系与经济学上的关系虽然大致相同，都是消费者的需求决定经营者的行为，但是法学领域更加注重消费者需求的价值判断，其中要结合政治、伦理、道德以及一般的社会观念等因素。再次，消费者主权也与政治制度有着必然联系，如消费者可以参与有关的立法、政策制定及其修改、废止等。在经济市场中，这种必然联系可以作为消费者主权实现的手段。最后，消费者主权的实现需要依托法律与社会关系的调整。不同的法律制度的执行都会对消费者主权产生不同的影响，因此，相关学者需要讨论的是如何制定法律制度来保障消费者主权的实现。

消费者主权已然成为市场经济的重要表现之一，消费决定生产，利用好消费就能对经济起到控制作用，这样的理论无疑抬高了消费者的地位与作用。然而，消费者与经营者之间的关系始终处于一个既紧密又疏离的状态中，由于消费者获取资料困难、消费者组织的缺失、企业间竞争等因素，导致消费者在经济中处于弱势地位，且在食品安全方面更加突出。因此，强化消费者主权观念，建立切实有效的理论与措施，矫正不正当现象，维护消费者主权地位十分重要，消费和主权这个概念无论是从市场经济的角度还是从法律角度都是合法性的基础。

（二）社会本位

“本位”是一种工具性的分析方法，或者称为研究范式。就其核心内涵而言，无非是指“中心”，当然还包括基本观念、基本目的、基本作用和基本任务等派生性内涵。社会本位是指在对经济关系的调整中立足于社会整体，在任何情况下都以大多数人的意志和利益为重。在个人独立地位得到确认的同时承认社会和社会公共利益的独立地位，而不是将社会视为个体的简单相加，更不是将社会作为一种手段。它要求在权利义务设置时以社会整体利益为着眼点，在个体利益或某一部分的利益与社会整体利益不相符合时运用公权力对其进行平衡协调。这是符合公平正义的价值取向的。公平是一种以社会本位为基础，以社会整体为范畴，以公允平衡为内涵的形式与实质相统一的价值取向，而消费者权益保护法中公平价值的独特性就在于它强调的是社会公平和实质公平。在《消费者权益保护法》中也强调“在消费者与经营者的商品交易中，消费者总是处于弱势地位，这种弱势地位要求法律为了维护社会正义，必须站在消费者立场上，对消费者利益给予特殊的法律保护”。可见，《消费者权益保护法》的立法目的和终极信念无疑是通过对消费者的倾斜保护，来平衡经营者和消费者之间的不平等地位，实现实质意义上的自由和秩序、效益和公平之间的一种和谐状态。

消费者主权和社会本位都是以追求消费者权益至上为最高准则，是消费者权益保护理念的核心体现。因此，需要自上而下地灌输消费者主权和社会本位的理念。我国在进行消费者权益保护立法时，必须考虑将消费者主权、社会本位理念作为法律重心与价值取向。

二、消费者权益保护的基本原则

消费者权益保护的基本原则是指对消费者权益保护组织具有指导意义并贯穿于保护消费者权益的各项法律制度当中的根本性准则。消费者权益保护的基本原则不仅应体现于《消费者权益保护法》这一集中保护消费者利益的基本法律之中，还应当体现在与消费者权益息息相关的各种各类法律、法规、制度当中。只有明确消费者权益保护的基本原则，才有利于消费者权益保护的立法、执法和司法水平的提高，有利于我国消费者权益保护组织的建立和完善。我国消费者权益保护的基本原则应当包括：

（一）对消费者给予特殊保护原则

消费者在与经营者的交易中，其地位的特殊性决定了应当要给予其特殊的保护或者说倾斜性保护。

1. 消费者处于弱势地位，应当给予特殊保护

消费者和经营者在法律地位上属于平等的民事活动主体。但消费者在商品交易及服务的过程中往往处于相对弱势的地位。一方面，在消费领域中，经营者往往掌握着绝大部分重要的商品或服务的信息，消费者对消费信息知之甚少，也就不容易判断所购商品是否物有所值。占据信息有利地位的经营者就可以利用其优势通过损害消费者一方而取得更多的利益。另一方面，消费者属于分散的个体，而经营者多数是有组织的经济实体，有些甚至是经济实力非常雄厚的企业。而且经营者之间也可以形成利益联盟，通过联营或者合并等方式控制市场，消费者无法与之抗衡。因此，对于消费者有给予倾斜性保护的必要。

2. 消费者与经营者之间的利益需求差异，也必然要求国家对消费者给予特别保护

消费者和经营者处于相对的两个阵营，都希望通过交易达到自身利益的最大化。消费者希望用最少的钱买到最好最合适的商品或服务以实现物质、文化需求。同时，消费者希望消费品非常安全卫生，质量上有很好的性价比，有更好的使用价值，这也直接关系到消费者的生命安全与健康。而经营者想要的则是以最小的成本获取最大的利益。由于并非商品使用者，商品质量并非经营者最为关注的，除非影响到利润。很明显，消费者的质优价廉与经营者的赚取更高利润这两者之间相互对立，这就使得在实际交易中双方的利益很难达到平衡，任何一方都有可能对交易条件及结果感到不满。尤其对于经营者来说，为了追求更大的利益可能会侵害消费者权益。消费者的弱势地位决定了其很难通过互商互量来达到利益平衡点，这就需要法律进行调整，对消费者进行倾斜性保护。

我国《消费者权益保护法》就是一部保护弱者的法律，站在保护消费者权益的立场上，既专章规定了消费者的权利，同时对经营者设定了明确的义务，也规定了国家机关在保护消费者权益方面的职责，同时在消费争议的解决及消费者权益受到损害的救济问题上，规定了一系列有利于消费者的程序和措施，对消费者权益给予了特别保护。

（二）消费者权益的国家保护和社会保护原则

消费者权益保护是国家以消费者的名义所进行的经济一般元素的控制，通过国家干预实现。消费者国家保护分为立法上的保护、行政保护和司法保护。首先，加强消费者保护的立法是保护消费者权益的基础。国家应通过制定颁布一系列保护消费者权益的法律、法规、规章，不断健全和完善保护消费者权益的法律体系，体现对消费者利益的倾斜性，在立法上实现实质公平。我国目前已形成以《消费者权益保护法》为基本法的消费者权益保护法律体系。对于我国实践中存在的较为严重的消费者问题，包括食品安全、虚假广告、价格垄断、产品质量不合格等都给予回应。其次，国家行政机关为保护消费者利益，依法对消费关系进行干预，对经营者的经营活动进行规制，对消费者消费行为进行指导和保护。不仅包括国家相关行政机关依法对涉嫌损害消费者权益、破坏市场秩序的经营者进行调查，在查明事实基础上对损害

消费者权益的行为进行行政处罚，还包括市场准入和退出的行政许可、对市场秩序的日常监督管理等。行政机关的执法活动是最直接贯彻消费者权益保护法、惩罚经营者、保护消费者利益的方式。最后，人民检察院利用法律监督权，监督法院诉讼活动并对犯罪分子提起公诉，对损害不特定消费者的食品安全的经营者提起民事或行政公益诉讼，以此来保护消费者权益。人民法院则是通过刑事、民事和行政审判活动，对损害消费者权益的违法、犯罪分子进行惩处，解决消费纠纷，实现对消费者的权益保护。我国《消费者权益保护法》第五条规定：国家保护消费者的合法权益不受侵害。国家采取措施，保障消费者依法行使权利，维护消费者的合法权益。

《消费者权益保护法》第六条规定："保护消费者的合法权益是全社会的共同责任。国家鼓励、支持一切组织和个人对损害消费者合法权益的行为进行社会监督。大众传播媒介应当做好维护消费者合法权益的宣传，对损害消费者合法权益的行为进行舆论监督。"这意味着保护消费者的合法权益，不仅是国家的基本职责，还是全社会的共同责任。社会监督保护是指权力系统外部的新闻机构、社会团体和普通消费者，对市场经济活动中侵犯消费者合法权益行为的自下而上的非国家性质的监督和对消费者利益的保护，包括新闻媒体监督、社会团体监督、消费者监督。新闻媒体监督是指通过社会状况信息和舆论信息之间的沟通和互动所形成的一种对市场经济运行中侵犯消费者合法权益行为的制衡和监督机制。这种监督虽然不具有法律效力，但通过新闻形式的特殊性能够及时地反映问题并督促有关机关予以纠正，具有反应快、震动大、影响广的特点。社会团体监督是指包括消费者权益保护组织和各种行业协会在内的专门机构对侵害消费者权益的行为进行的监督。其中对于经营者监督和消费者利益保护最为专业的是消费者协会这样的消费者自益性民间性社会团体。消费者监督是指消费者有权检举、控告侵害消费者权益的行为和国家机关及其工作人员在保护消费者权益工作中的违法失职行为，有权对保护消费者权益工作提出批评、建议。

（三）保护消费者利益与促进市场经济发展相协调原则

从世界各国消费者运动发展的历程来看，对消费者保护的程度是与当时的生产力发展水平相适应的。如果不顾经济发展的客观要求，片面地、过度地强调消费者保护，不仅会严重阻碍经济的健康发展，而且也不可能使消费者的合法权益真正得到切实、有效的保护。一个国家经济越发达，其消费者的消费需求越能得到充分的满足，而在一个经济落后的国家里，消费者的各种消费需求是难以实现的。正因为如此，消费者的地位与发展生产是不可分割的。在市场经济条件下，消费者的利益和经营者的利益有些是对立的，过分强调一方利益的保护，必然会使另一方的利益受损。而消费者保护法之所以不惜牺牲经营者的部分利益，甚至放弃部分经济发展，强调对消费者的利益给予特别保护，是因为这种牺牲符合人类社会基本的价值观念——保护基本人权，因此是必要的。但经营者的利益和经济发展的牺牲应该被控制在一个合理的范围之内。

从法律经济学角度看，在法律制定时即应考虑该法律实施的成本。就消费者权益保护法而言，既要充分地维护消费者的利益，又要考虑到经营者的最大承受能力。如果过度强调消费者的保护，使经营者因负担过重而无法经营，那么，消费者应该正常得到的消费品及服务也无法满足；同时，对消费者过度保护还会加大经营者的成本和增加政府财政支出，增加的成本和加大的支出都将以消费品及服务价格提高的方式体现，最终还是转嫁到消费者身上。因此，对消费者的过度保护不仅会挫伤经营者积极性，影响经济发展，而且会反过来损害消费者利益。

因此，对消费者的保护程度，不能超越经济发展水平这一客观现实。我国的消费者权益保护水平目前也不可能达到发达国家的水平。应当依据现实情况，逐步提高消费者保护水平。同时，维护市场经济秩序，促进我国市场经济健康发展。

（四）交易自愿、平等、公平、诚实信用原则

消费者与经营者之间是交易关系，因此，首先应遵循调整交易关系的基本法律——民法的原则和规则，交易双方应遵循自愿、平等、公平、诚实信用原则。在法规层面上，消费者权益保护法中的自愿、平等、公平、诚实信用原则与民法中的原则完全一致，并没有区别。但是由于在消费领域《消费者权益保护法》对消费者的倾斜性保护，对生产者、经营者责任义务的加重，在表面上已经打破了权利义务对等的形式意义上的正义，而是在追求平衡弱势群体利益、增加经济发展持续性、符合社会秩序稳定的实质正义上更进一步。因此，消费者权益保护法中自愿、平等、公平、诚实信用原则存在

的语境与我国民法中相应原则存在的语境并不一样，内涵、特征等也会存在些许不同。例如，在消费者权益保护法中，经营者的义务较多为法定义务，与民法中由双方当事人约定不同，因此，其自愿应是一种在国家保护干预下向消费者倾斜的自愿，其范围应当有所缩小。对于平等的理解也并非形式意义上的平等，权利义务配置的倾斜性并未破坏平等性。

第三章　消费者的权利

第一节　消费者权利概述

消费者权利的概念是随着消费者运动而产生并逐步得到认同的。随着20世纪以来消费者问题的恶化，消费者自发地或者有组织地集合起来，进行旨在保护自己的合法权益，改善其经济地位的消费者运动。其主要内容包括：设立消费者组织，开展消费者保护运动，开展受理消费者投诉、揭露和批评经营者的不法行为，进行消费调查、商品比较试验以及消费者教育等消费者保护活动，促进消费者保护政策和法律的实施。在运动过程中，消费者逐渐提出消费者权利的思想，并伴随着消费者运动如火如荼地开展与“消费者主权”思想得到普遍的拥护。消费者权利逐渐从一般口号发展到由各国法律明确规定的法权。

一般认为，“消费者权利”一词的提出，是美国总统肯尼迪于1962年3月15日向国会提交的《关于保护消费者利益的总统特别国情咨文》中明确概括的。咨文中提出了消费者的四项权利：（1）获得安全商品的权利，即保护消费者生命健康避免受到危险商品侵害的权利；（2）正确了解商品的权利，即消费者有权了解商品真实情况，对欺诈、暧昧、夸大不实的广告或商标、说明书为虚伪的陈述者，消费者有权要求调查及明了事实真相的权利；（3）自由选择商品的权利，即应保证商场的自由竞争，供应同一种类不同价格的商品，确保消费者在自由竞争的价格下，自由选择商品；（4）提出意见和建议并被尊重的权利，要求政府在制定有关经济政策及立法时，首要考虑的是消费者的合法权益。1969年，尼克松总统又提出了消费者享有获得救济的权利，即厂商有义务赔偿消费者因其而遭受的损失。另外，尼克松总统在1971年的“消费者咨文”中，将此五项计划列入施政重点，从而使消费者的保护更为完善。日本于1968年制定了《保护消费者基本法》，并于2005年修改为《消费者基本法》，规定了消费者的六项权利：（1）安全的确保；（2）选择机会的确保；（3）必要情报的提供；（4）教育机会的确保；（5）消费者被害的救济；（6）消费者意见的反映。由此可以看出，日本已将消费者的权利纳入到法律中来，使保护消费者的权益合法化。

1973年，欧洲会议通过的《消费者保护宪章》规定了消费者应享有的最低标准的权利，即：（1）消费者享有受保护和帮助的权利；（2）消费者有损害赔偿请求权；（3）消费者有了解事实真相的权利；（4）消费者有受教育的权利；（5）消费者有表达意见及咨询的权利。联合国大会于1985年4月9日通过的《联合国保护消费者准则》提出要确保消费者下列合理需要获得满足：（1）保护消费者的健康和安全不受危害；（2）促进和保护消费者的经济利益；（3）使消费者取得充足信息，使他们能够按照个人愿望和需要做出掌握情况的选择；（4）消费者教育；（5）提供有效的消费者赔偿办法；（6）享有建立消费者团体和其他有关团体或组织的自由。国际消费者联盟也与时俱进，提出了消费者应享有八项权利。

对于各国立法规定的消费者权利，从属性上来说，并非民法上的权利。虽然消费者与经营者之间主要为平等主体之间的交易关系，但是民事主体之间不考量交易中的信息不对称和实际的强弱区分，对交易双方予以均等保护而非对消费者一方进行特殊保护。在现代经济生活中，消费者的生活消费权益受损而引发了消费者运动，从而促使各国对消费者权利进行明确规定，消费者权利便成为保障消费者的生存发展的基本手段，是人权与现实生活的连接点。也就是说，通过消费者权利，人权得以在现实生活中体现出来。其实质是新的历史时期人权的制度表达，体现了平等的人权观。消费者权利对于人权的现实表达主要体现在生存权和发展权。其特征主要表现为：（1）消费者权利与消费者身份联系在一起。现代消费者合同的出现反映了交易关系从契约自由到实质公平正义的价值转变。合同当事人一方成为弱势地位的消费者的身份。各国法律都基于对消费者的特殊保护规定了消费者权利。只有交易关系中的消费者才能享有消费者权利。（2）消费者权利法定。民事合同关系当事人的权利义务一般为约定，而消费者权利基于对消费者的特殊保护而由法律明确规定，是基本人权的体现，为法定权利，具强制性，任何人不得剥夺，不可未经同意而限制。(3) 消费者权利是法律对消费者特殊保护而赋予的权利。其缘起于消费者的弱势地位和消费者问题的出现，对此意思自治、形式平等的民商法无能为力。为充分保护消费者利益，各国法律将这些权利法定化。

第二节　我国消费者权利

我国的《消费者权益保护法》在吸收各国和国际消费者保护立法经验的基础上，规定了消费者九项权利，包括安全权、知情权、自由选择权、公平交易权、获得赔偿权、结社权、受教育权、受尊重权、监督权。这是我国对于消费者生存权和发展权的基本人权的现实表达。

一、消费者安全权

消费者安全权是指消费者在购买、使用商品和接受服务时享有人身、财产安全不受损害的权利。安全是消费者保护法的首要价值追求，安全权是消费者生存权的现实表达之一。我国《消费者权益保护法》第七条规定："消费者在购买、使用商品和接受服务时享有人身、财产安全不受损害的权利。消费者有权要求经营者提供的商品和服务，符合保障人身、财产安全的要求。"这是我国消费者安全权的基本法律依据。《消费者权益保护法》修订后第二十九条增加了对消费者个人信息安全的保护。《中华人民共和国宪法》中人身权和财产权的安全也是公民的基本权利。《中华人民共和国民法典》等法律规范都对自然人的人身、财产安全进行保护。

消费者的安全权具体体现为人身安全权和财产安全权：(1) 人身安全权，是消费者最基本的权利，专指消费者的生命权和健康权不受侵害的权利。例如，电器漏电、食品中毒、商场设施故障等，都会损害消费者的生命或身体健康。人身安全是消费者从事其他消费活动的前提和基础，也是消费者享受其他权利的基础。(2) 财产安全权，是为了保护消费者在消费过程中财产利益免受威胁和侵害的权利。财产利益的损害包括消费者购买使用的商品或服务本身的损害以及商品或服务以外的消费者的其他财产的损害。例如，电视机爆炸不仅使电视机本身损害，还造成消费者其他财产被炸毁损。

消费者安全权是我国《消费者权益保护法》规定的消费者首要权利，其基本特征包括：（1）广泛性。消费者的安全权利存在于消费者消费过程的方方面面，贯穿于整个消费过程；包括消费的各个领域，权利对象的范围包括所有购买、消费品的使用和服务的接受。所以，这项权利具有广泛性的特点。（2）特殊性。消费者安全权存在于消费领域这一特定环境，在消费者参与消费活动时才可能出现问题，具备消费者身份是前提，离开这一领域就没有意义。（3）主动性。为保障消费者安全，法律可以主动要求和规定经营者或者销售者作为，也就是说，这项权利并不意味着消费者只有在自己生命权、健康权或财产权遭受损害后才能向相关责任人主张。消费者有权要求厂家和经营者提供安全可靠的商品、安全优质的服务。（4）法定性和强制性。消费者安全权为消费者法定权利，也就意味着对经营者来说为法定义务，具有强制性，生产商品或提供服务应当保障消费者的安全。

消费者的安全受损，究其来源，主要来自两个方面：第一是消费者购买使用的商品和服务本身具有安全方面的风险，即存在产品质量缺陷或服务不当，导致消费者的人身或财产损害。例如，2004 年安徽阜阳市毒奶粉、2008 年三鹿奶粉等在食品中添加有害物质的案例，2018 年长生生物公司制售不符合 GMP 标准的问题疫苗等制售假药、劣药案例，还有多起家用电器漏电爆炸伤人、损害财产案，化妆品有毒有害致害案，理发师工具不消毒使顾客受伤或传染疾病的案例等。第二是经营者提供的消费场所和环境不安全，导致消费者人身财产损害。这往往是由于经营者未尽到安全保障义务而致。例如，宾馆设施年久失修，电梯老化故障致消费者人身财产安全受损，经营者管理不善致消费者财物失窃等。对于这两种来源的损害，要切实保障消费者安全权，一方面，可制定关于商品的安全标准，要求经营者提供符合安全标准或普遍公认的安全要求的商品，免于存在缺陷产品，对经营场所进行监督检查；另一方面，损害消费者安全权造成损失的，对缺陷产品生产者、销售者以及未尽安全保障义务的经营者可追究其赔偿责任。

二、消费者知情权

消费者知情权即知悉真情权，是指消费者在购买、使用商品或接受服务时，享有知悉商品或者服务真实情况的权利。知情权在整个消费者权利束中占基础性地位，是实现自主选择权和公平交易权等其他消费者权利的前提。我国《消费者权益保护法》第八条规定："消费者享有知悉其购买、使用的商品或者接受的服务的真实情况的权利。消费者有权根据商品或者服务的不同情况，要求经营者提供商品的价格、产地、生产者、用途、性能、规格、等级、主要成分、生产日期、有效期限、检验合格证明、使用方法说明书、售后服务，或者服务的内容、规格、费用等有关情况。"这是我国消费者知情权的基本法律依据。消费者的弱势地位原因之一来自其与经营者相比的信息不对称，知情权的设置是为了弥补消费者的这一弱势，避免在消费过程中受欺诈。随着社会经济发展，消费者知情权保护日显迫切：第一，科学技术进步使消费者的信息不对称越发显著，商品和服务的专业性、技术性增强，例如，金融产品消费和旅游服务消费等，如果消费者的知情权不能得到有效保护，那么消费者对商品和服务就没有正确的认知，无法判断商品能否满足需求或做出错误判断；第二，消费形式不断发生变化，传统消费转变成网络消费，例如，网络购物，消费者仅能通过经营者的文字、图片介绍判断，消费者的信息不对称进一步加剧。这种消费方式使消费者无法依据传统的认知做出正确的消费行为。因此，消费者知情权作为消费者权利的重要内容，法律应对其加以保护。

消费者知情权的内容包括三个方面：（1）消费者有权要求经营者以符合法律规定的方式表明或标明商品或服务的真实情况，包括产品包装信息、产品使用说明、产品成分信息等；（2）消费者具有询问了解真实情况的权利，在交易过程中，消费者有权了解商品或者服务的真实情况的权利，也有权要求经营者向消费者说明其所要购买的商品或接受的服务的真实情况；（3）消费者有对商品和服务进行充分了解的权利，所谓充分了解，并非要求面面俱到，也并非只涉及《消费者权益保护法》第八条第二款规定的商品和服务的信息。各种商品的形态和复杂性不同，应当披露的信息要依据与消费者正确判断、选择商品和服务直接有关的信息范围来确定。例如，消费者购买家用汽车，商品技术性很强，购买程序也比较复杂，商品购买使用周期很长，相关信息海量，消费者的充分了解应当限于影响其做出正确判断的相关信息范围。

消费者知情权的损害在实际生活中主要表现为：（1）经营者对于不特定消费者通过广告或其他方式进行虚假和引人误解的宣传；（2）经营者对特定消费者故意告知商品和服务的虚假信息或隐瞒真实信息，使消费者产生错误认知。第一种情况经营者可能构成不正当竞争或违法广告行为，可由市场监督部门追究行政责任，第二种情形可能构成欺诈，可追究民事责任。

三、消费者自主选择权

消费者自主选择权是消费者依据自己的意愿自主选择购买商品和接受服务的权利。这是民法中契约自由原则在消费者保护法中的具体体现。我国《消费者权益保护法》第九条规定："消费者享有自主选择商品或者服务的权利。消费者有权自主选择提供商品或者服务的经营者，自主选择商品品种或者服务方式，自主决定购买或者不购买任何一种商品、接受或者不接受任何一项服务。消费者在自主选择商品或者服务时，有权进行比较、鉴别和挑选。"这是我国消费者自主选择权的基本法律依据。

消费者自主选择权来源于民法中的契约自由原则，其内容主要包括：（1）消费者有权自主选择提供商品和服务的经营者；（2）消费者有权自主选择所需的商品和服务；（3）消费者有权对商品和服务进行比较、鉴别和挑选；（4）消费者有权自主做出是否购买商品或服务的决定。可见，其内容与契约自由基本一致。但是消费者自主选择权又不局限于契约自由，是在对消费者群体的社会地位进行全面考查后，立法机关赋予消费者群体的权利。因此，消费者自主选择权具有以下特征：（1）抽象性。消费者自主选择权并非仅具体针对具体合同关系，还针对在不同市场环境下的消费者群体弱势地位而提出。（2）身份性。消费者自主选择权是法律赋予消费者的独有权利，而经营者不对等享有。这与契约自由原则下的合同关系不同。

消费者自主选择权的损害在司法实践中主要表现为：（1）在消费者与经营者的个别交易中经营者欺行霸市，强制消费者购买商品或服务；（2）在消费者与经营者的个别交易中，经营者提供对消费者不公平的格式条款，消费者基于弱势地位而不得不接受；（3）占市场优势地位的经营者滥用其优势地位，实施垄断高价、强制交易、搭售等行为，损害消费者群体的利益。对于前两种行为，可分别请求撤销合同和宣告合同无效，对于第三种行为，可依据《反垄断法》由反垄断部门追究行政责任。

四、消费者公平交易权

消费者的公平交易权是消费者在与经营者进行的消费交易中所享有的获得公平交易条件的权利。我国《消费者权益保护法》第十条规定：“消费者享有公平交易的权利。消费者在购买商品或者接受服务时，有权获得质量保障、价格合理、计量正确等公平交易条件，有权拒绝经营者的强制交易行为。”这是我国消费者公平交易权的基本法律依据。

公平原则也是《民法典》规定的民事活动的基本原则。但是民法中的交易公平是建立在交易主体都是理性人的基础之上的形式公平，核心在于发生法律关系的民事主体之间的权利义务相适应和相对等。而消费者与经营者的消费交易中消费者处于弱势地位，要实现消费者与经营者之间的交易公平，就应当提高消费者的交易能力，以追求消费者与经营者交易地位的实质对等，因此，消费者权益保护法赋予消费者法定的公平交易权利，对消费者作为民事交易主体本该享有的权利予以强调或者扩大，而经营者并没有对等权利，据此以期实现消费者与经营者之间交易的实质公平。

消费者公平交易权是指交易条件的公平，内容包括：（1）消费者所购商品具有使用价值，具备一般应有的功能性；（2）消费者支付的对价合理，也就是商品的价格应与其质量相符；（3）商品在计量上标准精确，缺斤短两是绝对不可以的；（4）消费者购买商品或接受服务全凭自愿，可以选择交易，也可以拒绝交易，经营者不可以强迫消费者。可见，消费者公平交易权贯穿于交易始终，不仅交易过程要公平，而且交易结果也要公平，在消费活动中全方位体现并实现实质的公平。

现实生活中，消费者公平交易权损害的表现形式与其内容相对应，主要有：（1）商品质量存在瑕疵，以假充真，以次充好，消费者购买的商品或服务不具备应有的使用性能；（2）不实标价，相同质量的商品甚至同一件商品，不同商家的销售价格相差很多，有些夸张要价，有些是表面打折降价，实则抬高价格，近年来，随着网络购物量的大幅提升以及大数据技术的发展，出现了通过大数据统计，对不同的消费者给出不同的报价，尤其是对产生“用户黏性”或者价格敏感程度比较低的老用户给出更高报价，即实行差异化定价的情况，也就是“大数据杀熟”；（3）缺斤短两，任意克扣，计量器不标准，不法商家以在秤上做手脚等方式牟取利益，消费者支付了价款却没有得到相应的足量的商品；（4）强制交易，经营者以各种方式强行将商品或服务卖给消费者，侵犯了消费者的公平交易权。同时，滥用垄断优势地位的违法性垄断行为也会损害消费者群体的公平交易权。对此，一方面应当建立良好的市场环境和竞争环境，对相关不正当竞争行为和违法性垄断行为追究责任；另一方面加强价格、计量等方面的监管。

五、消费者获得赔偿权

消费者获得赔偿权是消费者合法权益受到损害后获得的救济权利。我国《消费者权益保护法》第十一条规定：“消费者因购买、使用商品或者接受服务受到人身、财产损害的，享有依法获得赔偿的权利。”这是我国消费者获得赔偿权的基本法律依据。消费者在交易中造成的损害如果依据其救济的请求权基础来划分，主要有：（1）经营者提供的商品或服务存在不合理危险，商品存在缺陷，导致消费者的人身和财产损失；（2）经营者提供的商品或服务不符合约定或法定的交易条件而造成消费者人身和财产损害，如商品质量有瑕疵、服务方式不当、商品价格显失公平、缺斤短两等；（3）经营者未尽安全保障义务，消费者在购买商品或接受服务时导致人身和财产损失；（4）消费者在购买商品或接受服务时，经营者侵害消费者人身财产所致的损害，如经营者对消费者搜身、殴打等。

消费者受到损害可通过协商、消费者权益保护协议协助交涉等方式救济，也可通过申诉、仲裁方式救济。最终的救济途径是诉讼。求偿权主体可以为商品购买者、商品使用者、服务接受者以及第三人。第三人为商品购买者、使用者、服务接受者以外的第三人，因他人使用、接受服务而受到损害的人。第三人受到损害并非由于自己购买、使用商品或接受服务，但是《消费者权益保护法》仍赋予其获得赔偿权。

六、消费者结社权

消费者结社权是消费者为维护自身合法权益而依法组织社会团体的权利。我国《消费者权益保护法》第十二条规定："消费者享有依法成立维护自身合法权益的社会组织的权利。"这是我国消费者结社权的基本法律依据。《宪法》规定，公民有结社自由，消费者的结社权便是宪法中公民这一基本权利在特定领域中的体现。消费者的弱势地位的表现之一就是消费者为分散的个体，而其所面对的经营者却往往是具有强大经济实力的组织。尤其是垄断时期，消费者与处于垄断地位的经营者之间关系越来越不平等，为了减少和防止侵害消费者权益的事件发生，保护消费者应有的基本权益，消费者开始联合起来，成立自己的消费者组织，依靠集体的力量开始对垄断经营者进行反击，进行自我救济和自我教育。而赋予消费者结社权是对消费者组织起来维护自身合法权益的肯定。

消费者具有结社权，形成消费者组织，能够对市场、政府及消费者三者产生的积极效应包括：（1）消费者组织可以充当社会中间主体的角色，协调消费者与经营者、政府之间的关系，以降低交易费用，提高市场运作效率；（2）调控，一方面通过其内部的自律与自治，使消费者正当合法地行使消费者权利，实现消费行为理性化秩序化，减少因消费者非理性消费所带来的冲突；另一方面通过法律所赋予消费者组织的职能及其自身优势来辅助政府进行市场调节，即代表消费者向政府提供建议、参与政府消费政策的制定，及时向政府通报消费领域中存在的问题，提高政府决策的科学性和灵活性，另外可以依照政府的要求或者授权监督生产经营者的行为，开展商品调查、检验和评议，从而减轻了国家调节经济的负担，使国家决策更加合理适时，有助于市场优化资源配置，使市场更有序的运行。

七、消费者受教育权

消费者受教育权是消费者享有获得有关消费和消费者权益保护方面的知识的权利。我国《消费者权益保护法》第十三条规定："消费者享有获得有关消费和消费者权益保护方面的知识的权利。消费者应当努力掌握所需商品或者服务的知识和使用技能，正确使用商品，提高自我保护意识。”这是我国消费者受教育权的基本法律依据。消费者教育缘于消费者问题的产生和消费者运动的蓬勃发展，其初衷在于通过向消费者传输消费者知识，从而更好地维护消费者利益。在科技不断发展、商品类型愈加丰富的当代，消费者有时在使用所购买的商品时必须具备相关的专业知识和专业技能。这些技能和知识有时依赖于经营者的告知，有时也需要消费者自身进行学习。1968 年，日本《消费者保护基本法》就消费者启发运动和教育推进问题做出规定。近年来，消费者的自我觉醒也使得受教育权越来越受重视。

消费者受教育权的内容主要包括：（1）基本的消费知识的教育。这是首要内容。主要是指与商品和服务相关的知识、消费经济学常识、消费决策知识等。例如，商品生产途径、产品功能和性质、使用方法，影响消费的市场价格机制、信息收集、购买决策和消费评价等。简单来说，就是消费者决定买什么、如何去买、何时去买、怎样去买、如何评价商品和服务方面的知识。（2）消费者维权教育。主要体现在消费者法律教育之中，它是以宣传消费者和经营者的法定权利和义务、培养消费者权利和维权意识、普及消费者的法律救济方法为主要内容的系统性社会教育活动。（3）消费观念和理念教育。消费观念是左右人的消费行为和消费习惯的思想意识，培养消费者养成良好消费习惯、摒弃消费主义、理性选择商品等教育同样是保护消费者权益的重要方面。

实现消费者受教育权的途径很多，形式灵活，可通过学校教育进行，也可通过大众传媒宣传，还可通过各种活动开展。我国每年“315”活动就是影响力较大的消费者宣传教育途径。

八、消费者受尊重权

消费者受尊重权是消费者在购买、使用商品和接受服务时享有的人格尊严、民族风俗习惯受到尊重，个人信息依法得到保护的权利。我国《消费者权益保护法》第十四条规定：“消费者在购买、使用商品和接受服务时，享有人格尊严、民族风俗习惯得到尊重的权利，享有个人信息依法得到保护的权利。”这是我国消费者受尊重权的基本法律依据。《民法典》中对于人格尊严、名誉权、荣誉权、个人信息权也作出了具体规定。这些规定是我国《宪法》规定的公民的人格尊严不受侵犯的基本权利在实际生活中的具体表现。

消费者受尊重权的内容主要包括：

第一，消费者享有在交易时人格尊严不受侵犯的权利。消费者的人格尊严，既指民法中作为自然人的人格权，又指作为弱势地位的消费者的人格尊严。人格权包括一般人格权和具体人格权，具体指姓名权、名誉权、荣誉权、隐私权以及其他人格尊严权益。对于人格尊严损害的标准，需遵循主客观标准结合。人格尊严确实具有一定的主观因素，反映出民事主体对自身价值的认识，不同的民事主体基于地位、能力、年龄以及文化程度等方面的差异，主观上尊严感会有所不同。但正如双方当事人所共同认可的那样，人格尊严是民事主体作为一个“人”所应有的最起码的社会地位并且受到社会和他人最起码的尊重，而这个“最起码”的限定，表明人格尊严具有客观的考察标准，其取决于一定时期的社会上大多数人的价值判断，并会随着社会的进步不断发生变化。消费者权益保护法强调消费者人格尊严，还在于消费者处于弱势地位，他们的权利、尊严都需要法律给予特别的对待和保护。

第二，消费者享有在交易时民族风俗习惯不受侵犯的权利。经营者在商品包装、商标及广告中不得使用有损少数民族形象的文字、图片，不得强迫少数民族消费者接受本民族禁忌的视频和其他商品。

第三，消费者个人信息受保护权。这一权利是在2013年修订的《消费者权益保护法》中增加的规定。随着互联网技术的发展，人类进入信息时代，个人信息已成为新型资产，成为经营者预测消费者用户可能感兴趣的产品并以此提高销售的手段。但消费者个人信息泄露非常严重，经营者对消费者的信息使用完全失序。例如，通过对数据的提炼、分析，基于个人信息对用户进行评分，将消费者“分级化”，“大数据杀熟”是典型。还有个人信息被滥用侵犯消费者隐私权。个人信息数据买卖是典型。因此，在《消费者权益保护法》中增加个人信息保护权利规定后，我国于2016年实施的《中华人民共和国网络安全法》，2020年实施的《中华人民共和国民法典》中都增加了对个人信息保护的规定。2021年实施的《中华人民共和国个人信息保护法》中，确立了对个人信息进行分类处理和保护制度。为保证个人信息权的实现，四部法律均对于个人信息收集处理的经营者和其他主体规定了法定义务。

九、消费者监督权

消费者监督权是指消费者对于商品和服务以及消费者保护工作进行监察和督导的权利。监察就是对不法现象的检举控告，使其昭然于世。督导就是提出意见或进行处理，以督促违法者改正。我国《消费者权益保护法》第十五条规定："消费者享有对商品和服务以及保护消费者权益工作进行监督的权利。消费者有权检举、控告侵害消费者权益的行为和国家机关及其工作人员在保护消费者权益工作中的违法失职行为，有权对保护消费者权益工作提出批评、建议。"这是我国消费者监督权的基本法律依据。我国对消费者权益的保护包括国家保护和社会保护，因此，对于消费者权益保护法的落实，不仅需要国家公权力，还需要社会力量。消费者就是广泛的社会力量，每一个人都可成为消费者，消费者保护也与每一个消费者利益相关，因此，消费者能够发挥最有效的监督作用。

消费者的监督权行使从对象来说，包括对经营者违法行为的检举控告以及对相关行政机关和消费者组织的检举控告和批评建议；监督权行使从内容上来说包括：（1）对经营者提供商品和服务的监督。如果在消费活动中发现经营者有任何损害消费者安全权、知情权、自主选择权等消费者法定权利的，均可向相关行政部门检举并要求处理。（2）对消费者保护工作的监督。我国主要是对国家机关和工作人员以及消费者组织在消费者保护工作中的违法失职行为予以检举，对其在消费者权益保护工作的问题提出批评建议，以促进消费者保护法执法工作的改善。例如，国家机关工作人员与经营者勾结，对假冒伪劣商品不查处，任由其在市场销售，损害消费者利益。消费者发现此行为后可申诉，申诉不处理可进一步检举控告。

第四章　经营者的义务

第一节　经营者及其义务概述

一、消费者权益保护法中的经营者

一般意义上的经营者就是以营利为目的，从事商品生产、经营或提供服务的人，包括自然人、法人和非法人组织。而在消费者权益保护法中，经营者是与消费者相对的概念，相比于一般的经营者的概念，其适用范围有所缩小，仅适用于向消费者提供商品和服务的经营者。因此，经营者是向消费者提供其生产、销售的商品或提供营利性服务的自然人、法人或其他经济组织。

首先，消费者权益保护法中的经营者是与消费者相对的概念，经营者是提供商品和营利性服务且商品和服务为针对消费者的生活消费资料而非生产资料。一方面，消费者权益保护法的经营者提供的是商品和营利性服务，即生产的产品并非满足自身需要而是投放市场，获取利润，获取商品的交换价值。生产产品或提供服务不是为了交换的人并非经营者。例如，为自身或家庭需要制作食品、手工产品，为家庭需要种植蔬菜、养殖家禽，均非经营者，但如果制作食品在网络售卖、种植蔬菜在市场售卖就是经营者。另一方面，消费者权益保护法中经营者的交易对象为消费者，因此，提供的商品和服务只能是为消费者使用的用于生活消费的商品和服务。例如，生产和销售工程机械、钢筋、混凝土的生产商和销售商不能成为消费者权益保护法的经营者。日化产品、食品的生产商和销售商是消费者权益保护法的经营者。如果生产销售的是家用汽车，需要在具体的法律关系中判断，如果对方当事人或使用人为自然人，则提供者为消费者权益保护法中的经营者，如果为企业公司经营使用，那么提供者为一般的经营者。值得注意的是，经营者并非一定是以营利为目的的公司、企业。只要存在通过交易提供商品或服务给消费者，而消费者提供对价的行为，即便并非企业，在具体法律关系中就是经营者。

其次，其他法律中对经营者的界定非《消费者权益保护法》中的经营者。《中华人民共和国反不正当竞争法》（以下简称《反不正当竞争法》）第二条第三款规定了经营者的定义："本法所称的经营者，是指从事商品生产、经营或者提供服务（以下所称商品包括服务）的自然人、法人和非法人组织。"《反不正当竞争法》也保护消费者利益，属于消费者保护法律体系的组成部分，但是其最主要的立法宗旨是维护市场秩序，规制有竞争关系的经营者之间的竞争行为。其更接近于经济学中的经营者概念，考量的基础是经营者之间的竞争关系是否存在。而消费者权益保护法考量的基础是经营者的交易对象是否为消费者。例如，生产工程机械的甲公司的商业秘密被另一家生产工程机械的乙公司窃取，乙公司属于《反不正当竞争法》意义上的经营者，但并非《消费者权益保护法》中的经营者。

二、经营者义务概述

（一）经营者义务种类

基于消费者权益保护法中经营者与消费者的法律关系，经营者的义务是指法律规定或者消费者与经营者约定的，在消费过程中经营者应当对消费者作出一定行为或者不作出一定行为的约束。如果依据经营者义务来源分类，经营者义务可分为合同义务和消费者保护法的义务。如果依据经营者义务性质分类，经营者义务可分为约定义务和法定义务。首先，消费者与经营者之间为交易关系，经营者作为合同当事人与对方当事人在合同中有权利义务的约定，经营者有约定的合同义务。而合同义务主要为约定义务。例如，家用汽车买卖中，经营者与消费者在买卖合同中约定交货日期、汽车保养、随赠物品和服务、违约责任等条款，都属于经营者合同约定义务。其次，消费者相对于经营者处于弱势地位，为保护消费者利益，消费者权益保护法中规定了经营者的义务，为法定义务。虽然合同义务中也存在法定义务，但法定义务主要是由消费者权益保护法规定。例如，在《家用汽车产品修理、更换、退货责任规定》中，对于经营者交付汽车存在质量问题的情形下，修理、更换、退货的违约责任的承担有明确的强制性规定。

经营者约定义务与法定义务性质不同，但相互联系。如果就同一项内容既有消费者权益保护法中规定的法定义务，消费者与经营者又在合同中约定了相应的义务，应当如何处理？消费者权益保护法为经营者规定的法定义务是法律对于经营者的基本要求，因此，当约定义务相较于法定义务对经营者更宽松时，约定义务不得与法定义务抵触。这意味着不得通过合同约定排除更严格的法定义务的要求，约定内容不产生法律效力。例如，我国《微型计算机商品修理更换退货责任规定》中对于卫星计算机的“三包”期限作出规定：自售出之日起7日内，微型计算机主机、外设商品出现性能故障时，消费者可以选择退货、换货或者修理。这是对于微型计算机商品实行“三包”的最基本要求。因此，如果经营者与消费者约定微型计算机主机出现性能故障退货期限为售出之日起3日内，那这样的约定为无效约定。但是，经营者与消费者可约定相较于法定标准更为严格的经营者的义务。例如，经营者与消费者约定，消费者支付延保金，经营者的“三包”期限延长一年。

（二）经营者法定义务的特征

消费者与经营者的法律关系首先为交易关系，两者的权利义务必然由《民法典》来调整。合同双方的权利义务主要为约定，其规定大多为任意性条款。这意味着“买者需自己当心”。而消费者的弱势地位决定了在交易中仅依合同约定无法保护自身权益。于是，出现消费者权益保护法对消费者进行特殊保护。因此，消费者权益保护法中的经营者法定义务具有以下特征：

第一，经营者义务具有法定性和强制性。消费者权益保护法对消费者权益保护措施包括规定经营者的法定义务，一般与消费者的权利相对应。这些义务为强制性规范，一般不得通过约定而排除。消费者的弱势地位体现在信息不对称，商品专业知识和相关法律知识都处于劣势，还有消费者经济实力弱，为分散的个体，救济维权之路不平坦。因此，与经营者交易时消费者往往容易被“忽悠”，或不明确在合同中如何写入保护自身的条款，或者面对不公平格式条款而无奈接受。消费者权益保护法将经营者义务法定化就是省去消费者与经营者的谈判而直接将经营者基本义务固定，从而保护消费者的基本权利。

第二，经营者义务与消费者权利的对应性。消费者权益保护法对消费者与经营者的权利义务进行倾斜性配置。我国《消费者权益保护法》中只规定消费者权利而未规定消费者义务，只规定经营者义务而未规定经营者权利，从形式上来看，权利义务不对等。经营者的法定义务与消费者权利相对应，与相应的违法法定义务的责任规定一起，都是为消费者权利的救济提供方便，以保证消费者获得及时、充分的救济。

第三，经营者义务具有基础性。消费者权益保护法规定的经营者义务是对经营者的基础性要求。因为消费者权益保护法对消费者与经营者的权利义务的配置虽然向消费者倾斜，但是也应当进行利益的平衡。消费者与经营者的形式平等实质不平等导致了消费者的弱势，才产生了消费者权益保护法，立法目的是通过权利义务的倾斜性配置达到消费者与经营者的实质平等，实现实质公平，意味着不能通过经营者法定义务的规定而使消费者享有超出合理性的权利。因此，消费者与经营者的权利义务的配置从立法目的出发进行利益平衡。另外，消费者需求与偏好应否得到法律的支持与保护还要结合政治、道德、伦理及一般正义的观念等因素进行考虑。相对的经营者法定义务为强制性义务，对经营者具有法律约束力，违反要承担责任。基础性要求达到就能够保证消费者在交易中的基本权利的实现。至于对消费者更有利的经营者的义务，可以通过个别交易的协商来达到，而不适于规定为经营者的法定义务。例如，我国《消费者权益保护法》于 2013 年修订时增加了远程购物消费者无理由退货的规定，消费者在冷静期内无须说明理由即可退货。这一规定相对于“三包”规定商品需出现性能故障才能退货更加向消费者一方倾斜。其主要原因在于远程购物的消费者相较于普通交易的消费者，其与经营者的信息不对称更为严重，出现了“买家秀”和“卖家秀”的巨大差别。基于此，远程购物消费者应进行更进一步的保护。但是，在司法实践中也出现了这样案例：消费者为去西藏旅游拍照而在淘宝某商家购买了 18 件衣服，未剪吊牌穿着，“五一”小长假后利用“无理由退货权利”将衣服全部申请退货退款。这一现象的出现主要是无理由退货规定中对于“商品完好”的具体内涵并未做出明确的阐述。因此，立法上应当对于无理由退货制度进行完善，从而维护消费者与经营者之间的利益平衡。

第二节　经营者的法定义务

我国经营者的法定义务的规定主要见于《消费者权益保护法》。该法第十六条至第二十九条规定了经营者的一般义务。这些一般义务是所有经营者的法定义务，而对于某些行业和领域的经营者，除应当履行一般义务之外，其他法律中还规定了特殊的法定义务。例如，《药品管理法》中对药品经营者规定了特殊义务。特殊法定义务另外章节简述，本节仅对经营者的一般法定义务进行阐述。

一、经营者应履行法定和约定义务、恪守社会公德、诚信经营

我国《消费者权益保护法》第十六条规定了此项义务。其实这是总括性规定了经营者在经营中的基本准则，包括三个方面：第一，经营者应当履行法定义务。法定义务规定于整个消费者权益保护法体系中。主要包括：《消费者权益保护法》规定了所有经营者的一般义务，《中华人民共和国产品质量法》（以下简称《产品质量法》）规定了经营者在产品包装外观和内在质量上的义务，《价格法》规定了经营者在商品和服务定价和价格竞争中的义务，《广告法》规定了经营者的广告宣传应履行的义务和准则，《标准化法》规定了经营者在产品质量上应遵循的标准，《食品安全法》规定了食品行业经营者在食品安全风险检测、食品生产经营、食品进出口等方面的义务，《药品管理法》规定了药品经营人在药品研制、生产经营、上市管理和储备供应等方面的义务。《民法典》《反不正当竞争法》《反垄断法》《电子商务法》《商标法》等均从不同侧面规定了经营者的义务，保护消费者权利。第二，经营者应当履行约定义务。约定义务由消费者与经营者的合同约定。第三，经营者向消费者提供商品和服务时应当恪守公德、诚信经营。这是任何交易关系都应遵循的基本原则。《民法典》中明确规定。在消费者与经营者的交易中由于经营者的优势地位而易出现不遵守公德和诚信原则，损害消费者利益的情形，因此，《消费者权益保护法》中再予以强调。

二、经营者接受消费者监督的义务

我国《消费者权益保护法》第十七条规定："经营者应当听取消费者对其提供的商品或者服务的意见，接受消费者的监督。"这是基于消费者监督权对经营者提出的要求。消费者监督是督促经营者改善经营管理，提高产品和服务质量，实现消费者主权的最有力的保证。经营者也应当主动采取措施，为消费者行使监督权提供便利。例如，建立消费者对于产品和服务提供意见和建议的适当方式，及时了解消费者需求；提供更完善的处理和反馈机制，使得消费者提出的问题和建议能得到及时有效的处理。对于消费者来说，除向经营者提出意见和建议之外，也可以向相关国家机关反映情况，检举揭发经营者的违法行为，由国家机关对经营者的违法行为进行处罚。

三、经营者保证商品、服务安全和经营场所安全的义务

我国《消费者权益保护法》第十八条规定："经营者应当保证其提供的商品或者服务符合保障人身、财产安全的要求。对可能危及人身、财产安全的商品和服务，应当向消费者作出真实的说明和明确的警示，并说明和标明正确使用商品或者接受服务的方法以及防止危害发生的方法。宾馆、商场、餐馆、银行、机场、车站、港口、影剧院等经营场所的经营者，应当对消费者尽到安全保障义务。"第十九条进一步规定："经营者发现其提供的商品或者服务存在缺陷，有危及人身、财产安全危险的，应当立即向有关行政部门报告和告知消费者，并采取停止销售、警示、召回、无害化处理、销毁、停止生产或者服务等措施。采取召回措施的，经营者应当承担消费者因商品被召回支出的必要费用。"这是基于消费者安全权对经营者提出的要求。与消费者安全权对应，经营者的安全义务包含四个方面：

（一）商品和服务的安全义务

经营者有商品与服务的安全义务意味着经营者应当保证其所提供的商品和服务符合消费者的安全性需求。不符合安全性的商品为缺陷产品，经营者应避免生产销售缺陷商品。如何判断商品不存在缺陷而符合安全性？各国标

准不一。有一种标准为“一般消费者的合理期待标准”，即虚拟一个抽象的一般人，对该产品特性的了解以一般人的常识所能预见为判断标准，假如该产品具有的危险程度未超过一般人常识所能预见的程度，则表明该产品安全。这一标准主观性较强，对于判断复杂的技术性产品不好把握。另一种标准为“风险效益分析标准”，即为减少产品发生损害而产生的成本超过其所造成的损害，则认定产品安全。这一经济学分析忽略了经营者社会责任以及人的生命价值无法预估与比对。也有将两种标准结合使用。我国《产品质量法》第四十六条规定了安全性的双重标准：第一，如果该产品有保障人体健康和人身、财产安全的国家标准、行业标准，那么，符合国家标准或行业标准的产品具备安全性。第二，如果产品无国家标准和行业标准，那么，不存在危及人身、他人财产安全的不合理的危险的产品认为具备安全性。不存在不合理危险标准与消费者期待标准类似，存在不合理危险的产品不符合消费者合理期待，不能认定为安全产品。而将技术标准作为判断产品安全的标准存在较大问题，技术标准一般具有滞后性，往往落后于技术发展速度，符合技术标准但存在危险造成损害的产品不应当认定为安全产品。例如，2008 年的毒奶粉案件中，三鹿奶粉检验结果显示各项标准符合国家的质量标准。但是造成全国多名婴儿患肾结石。三鹿奶粉显然不能认定为安全性商品。因此，应当修改完善我国产品的安全性标准，技术性标准可作为参考，标准主要依据是否存在不合理危险判断。

（二）对具有潜在危险性的商品和服务进行警示和说明

此项义务进一步强调要求经营者避免生产和销售具有警示缺陷产品。产品缺陷依据缺陷原因，可分为设计缺陷、制造缺陷和警示缺陷。设计缺陷和制造缺陷分别由于产品设计不合理或者产品制造过程管理不善、原材料不合格、工艺水平差等原因而使产品存在不合理危险。警示缺陷是产品的提供者对产品的潜在危险性没作必要的说明、指导或警告，或者说明的内容出现错误而造成了不合理的危险。现代社会产品和服务的技术性复杂性增强，如不按照正确使用方法使用或予以足够注意易出现不合理危险。警示的目的是引起一般消费者的注意，并使消费者对产品的危险性形成合理的预期。例如，药品、家电、杀虫剂、美容服务等，经营者应当通过说明书、外包装警示符号或者其他方式警告消费者注意使用方法。药品应标明成分、药理作用、适应症、适用对象、用法用量、不良反应、禁忌症等，食品应标明主要成分、生产日期、保质期等，杀虫剂为易燃易爆产品，应当标明正确使用方法和易燃易爆的警示标志。

（三）缺陷商品和服务危及消费者安全时应采取必要措施

缺陷商品和服务一旦进入流通，可能会对消费者安全造成威胁。经营者发现之后应当立即采取必要的措施，防止缺陷产品造成损失或进一步扩大损失。《消费者权益保护法》中规定了经营者应当采取以下措施：（1）向相关行政机关报告，便于行政机关进一步进行处理；（2）将产品和服务的危险信息告知消费者，以便消费者引起注意；（3）采取停止销售、警示、召回、无害化处理、销毁、停止生产和服务的措施。这些措施依据商品和服务取消的严重程度采取，以消除缺陷为标准。

以上措施中，缺陷产品召回作为国际通用的产品安全管理制度，在我国通过专门行政法规和规章已经确立起来。主要有《缺陷汽车产品召回管理条例》（2019）及《消费品召回管理暂行规定》（2020）。召回是因设计、制造、警示原因引起某个型号或同一批次的产品出现普遍存在的具有同一性的危及人身和财产安全的缺陷，并且该产品已进入流通领域，生产商通过补充或修正警示标识、修理更换、退货等方式消除产品缺陷或降低安全风险的活动。我国的产品召回制度的内容包括：（1）确立了消费品生产商的召回的第一义务人的地位；（2）确立了国家级和省级对消费品召回的监督管理体制，主要由省级市场监督管理部门负责监督；（3）确定了所有消费品的召回范围；（4）对于消费品缺陷产生重大损害和境外的召回信息生产者有报告义务，以便于启动缺陷调查认定程序；（5）确立了生产者主动召回和监督管理部门的责令召回两种召回程序；（6）规定了消除缺陷的措施和对违法行为的行政处罚。这一制度的确立完善了我国对于商品和服务的安全管理制度。

（四）公共营业场所经营者的安全保障义务

对于这一义务，我国《民法典》第一千一百九十八条也有规定，宾馆、商场、银行、车站、机场、体育场馆、娱乐场所等经营场所、公共场所的经营者、管理者或者群众性活动的组织者，应尽到安全保障义务。这是作为经营者的一般注意义务，即应当为公共营业场所安全采取相应措施。

商场、宾馆、银行等公共场所需要保证设施正常运转，地面不湿滑，有保安进行正常秩序维护，排除火灾等隐患。这是判断经营者主观上是否存在过错的因素。

四、经营者的真实和全面信息提供义务

我国《消费者权益保护法》第二十条规定："经营者向消费者提供有关商品或者服务的质量、性能、用途、有效期限等信息，应当真实、全面，不得作虚假或者引人误解的宣传。经营者对消费者就其提供的商品或者服务的质量和使用方法等问题提出的询问，应当作出真实、明确的答复。经营者提供商品或者服务应当明码标价。"这是基于消费者知情权对经营者提出的要求。除此之外，《广告法》第三条、第四条对利用虚假广告欺骗和误导消费者的行为作出了禁止性的规定，并对广告真实义务做了规定。《电子商务法》第十七条明确电子商务活动中的经营者应当全面、真实、准确、及时地披露商品或者服务信息，《产品质量法》第二十七条要求产品及其包装上的标识要真实准确。

商品和服务的专业性和复杂性以及网络消费的发展决定了消费者除自主了解部分商品和服务的相关知识以外，关于商品和服务主要的信息是由经营者提供的。而经营者提供的信息往往对于消费者购买商品和服务起到重要的影响作用。因此，要求经营者提供信息需真实且全面。首先是真实性要求，主要包含三个方面：其一，经营者通过广告、发布会等形式向不特定消费者公开宣传介绍商品和服务时应当传达真实信息，如果故意传达虚假信息或引人误解的消息造成消费者的错误认知，构成虚假宣传；其二，经营者向特定消费者介绍商品和服务情况或回答消费者询问时，经营者应当传达真实信息，如果故意告知虚假信息或隐瞒真实信息，构成欺诈；其三，经营者提供真实性信息要求包含价格信息，应当明码标价。其次是全面性要求，这是经营者和特定消费者在交易协商阶段的要求。所谓全面性要求经营者提供与消费者购买商品和服务有关的信息。当然，消费者权益保护法不可能将所有应告知进行规定，而且消费者不同，影响其购买商品的因素和信息存在个性化差别。对此，消费者权益保护法仅规定概括性条款，具体到不同的交易和交易方式再具体分析告知范围。

五、经营者真实标识义务

我国《消费者权益保护法》第二十一条规定："经营者应当标明其真实名称和标记。租赁他人柜台或者场地的经营者，应当标明其真实名称和标记。"经营者的真实标识其实也是保障消费者知情权，经营者应当提供的信息之一，其意义一方面使消费者明确商品提供者，便于进行决策。例如，品牌商品其生产者有较高的商誉，消费者会对其生产的商品产生购买意愿。另一方面，便于消费者救济，明确责任主体。

六、经营者出具凭证、单据的义务

我国《消费者权益保护法》第二十二条规定："经营者提供商品或者服务，应当按照国家有关规定或者商业惯例向消费者出具发票等购货凭证或者服务单据；消费者索要发票等购货凭证或者服务单据的，经营者必须出具。"这是保障消费者求偿权对经营者的要求，是消费者与经营者之间存在合同关系以及合同履行的直接证据，保障消费者在权益受到损害时得以救济。

经营者应当主动出具凭证、单据有两种情况：(1) 依照法律规定应当出具的，如发票、"三包"凭证；(2) 法律并无规定但依照商业惯例应当出具的。同时，消费者有权向商家索要发票等凭证和单据。

七、经营者对商品和服务的质量担保义务

我国《消费者权益保护法》第二十三条规定："经营者应当保证在正常使用商品或者接受服务的情况下其提供的商品或者服务应当具有的质量、性能、用途和有效期限；但消费者在购买该商品或者接受该服务前已经知道其存在瑕疵，且存在该瑕疵不违反法律强制性规定的除外。经营者以广告、产品说明、实物样品或者其他方式表明商品或者服务的质量状况的，应当保证其提供的商品或者服务的实际质量与表明的质量状况相符。经营者提供的机动车、计算机、电视机、电冰箱、空调器、洗衣机等耐用商品或者装饰装修等服务，消费者自接受商品或者服务之日起六个月内发现瑕疵，发生争议的，

由经营者承担有关瑕疵的举证责任。”这是基于消费者公平交易权对经营者提出的要求。

质量保证义务源于民法中的物的瑕疵担保义务。出卖人应当担保出卖之物具有该物通常所具有的或出卖人所保证的品质。如不具备这样的品质，可认定出卖人违法物的瑕疵担保义务。消费者的这项义务除商品外还包括服务，因此，称之为商品和服务的质量担保义务。依据上述规定，此项义务内容包括两个方面：

第一，经营者应保证商品和服务的质量。在普通合同关系中，商品和服务质量往往由双方当事人约定、补充约定或交易习惯和任意性条款确定。但是，经营者与消费者的交易为消费者合同关系。其特征为商品和服务质量往往不是双方约定的，经营者的商品和服务的质量保证义务一般通过以下方式确定：一是经营者对商品和服务的质量通过广告、产品说明、实务样品等方式做出许诺，经营者就应当按照其许诺承担质量担保义务。也就是经营者向消费者做出的明示担保。例如，经营者在产品说明中明确表示其所售卖的保温杯能保温 12 小时，那么就应当保证保温 12 小时，如果只保温 6 小时，可认定为经营者违反质量保证义务。二是经营者对商品和服务质量并未做出许诺，也并未与消费者约定质量，经营者就应当保证商品和服务具有该商品和服务应当有的消费者观念中的一般质量。例如，经营者没有对其所售卖的保温杯做出任何保温方面的具体承诺，经营者就应当按照保温杯的一般的质量承担质量保证义务，即保温杯应具备一般的保温性能，因此，保温 6 小时也是符合质量要求的。

另外，经营者对商品和服务的质量保证义务并非适用于任何情况。经营者出售法律允许出售的瑕疵商品和服务，如果消费者在购买该商品或者接受该服务前已经知道其存在瑕疵，经营者不承担质量保证义务。因为双方在都知情情况下协商交易的本就是瑕疵商品和服务，经营者也就不存在瑕疵担保义务。那么，司法实践中“知假买假”交易中经营者一方是否承担瑕疵担保义务？《消费者权益保护法》第二十三条第一款的立法原意为：经营者销售时明示表明商品存在瑕疵，而消费者知道产品存在瑕疵而进行交易，即双方本来就明确知道是对瑕疵商品协商和交易，经营者免除瑕疵担保义务。因此，“知假买假”交易中经营者仍有瑕疵担保义务。

第二，经营者提供的家庭耐用商品或者装饰装修等服务，在一定期限内瑕疵的举证责任倒置。家庭耐用消费品技术含量高，装饰装修服务的隐蔽工程较多，消费者往往并不能在短期内发现和认定瑕疵。因此，为更充分保护消费者利益，消费者权益保护法2013年修订时增加了举证责任倒置条款。对于这两类商品和服务的合同在6个月内产生纠纷实行举证责任倒置，由经营者举证自身提供的商品和服务无瑕疵。6个月后产生的纠纷，举证责任仍是“谁主张，谁举证”，由消费者一方举证。因为6个月后，由于消费者使用不当造成商品瑕疵的可能性大大增强，为平衡消费者与经营者利益，仍由消费者承担举证责任。例如，家用汽车使用者发现车辆防冻液减少很快，感觉异常，但提出证据证明汽车存在瑕疵是比较困难的，可6个月内提起诉讼举证责任由经营者承担。

八、经营者退货、更换、修理的义务

我国《消费者权益保护法》第二十四条规定：“经营者提供的商品或者服务不符合质量要求的，消费者可以依照国家规定、当事人约定退货，或者要求经营者履行更换、修理等义务。没有国家规定和当事人约定的，消费者可以自收到商品之日起七日内退货；七日后符合法定解除合同条件的，消费者可以及时退货，不符合法定解除合同条件的，可以要求经营者履行更换、修理等义务。依照前款规定进行退货、更换、修理的，经营者应当承担运输等必要费用。”第二十五条进一步规定经营者远程销售商品的无理由退货规则，“经营者采用网络、电视、电话、邮购等方式销售商品，消费者有权自收到商品之日起七日内退货，且无须说明理由。”这些规定主要包含三项内容：

（一）经营者的“三包”义务

“三包”制度是我国消费者权益保护法律体系中独具特色的一项制度。“三包”义务实际上是一种民事责任，是经营者对消费者负有的免费“修理、更换、退货”的质量瑕疵担保责任的简称。之所以在消费者权益保护法中专门规定“三包”制度，目的是更加充分保护消费者利益，将消费者合同中的质量瑕疵担保责任更为细化。我国“三包”制度的法律依据除《消费者权益保护法》外，还有《产品质量法》和国家经贸委、国家技术监督局、国家工商局、财政部在1995年联合发布的《部分商品修理、更换、退货责任规定》

以及《微型计算机商品修理更换退货责任规定》《家用汽车产品修理、更换、退货责任规定》等。目前，被纳入“三包”规定的商品包括自行车、电视、家用冰箱、计算机、家用汽车等产品。这些产品的经营者应当对其提供给消费者的商品的质量瑕疵承担不低于“三包”规定标准的责任。

不同商品的“三包”规定标准有所不同，但是基本内容包括：首先，责任主体为产品销售者，基于合同相对性，消费者购买商品的质量瑕疵问题只能请求相对方，即销售者承担责任；其次，责任方式为免费修理、更换、退货，为合同违约责任；最后，责任承担条件主要是售出的产品在一定期限内出现质量瑕疵，各类产品的期限有所不同，一般如产品售出后 7 日内发生性能故障，消费者可选择退货、更换或修理，产品售出后 15 天内出现性能故障，消费者可选择更换或修理。当然，消费者与经营者之间也可就商品质量瑕疵的责任承担进行约定，但是“三包”规定标准为商品修理、更换或退货的最低标准，为强制性规定。因此，如约定的“修理、更换、退货”责任比法定标准严格，更有利于消费者，那么应按照约定承担责任，如约定的“修理、更换、退货”责任低于法定标准，那应当按法定标准承担责任。

需要注意的是，由于经营者违约提供了质量瑕疵商品，除承担退货、更换和修理的责任之外，消费者因此而产生的费用属于因违约而造成的损失，可要求经营者承担。

（二）无“三包”规定的商品和服务的退货、更换、修理

无“三包”规定的商品的退货、更换、修理无法依据“三包”规定标准进行，但《消费者权益保护法》也给予规定，以填补对使用无“三包”规定商品的消费者权益保护的不足。无“三包”规定的商品退货、更换、修理主要分两个阶段：首先，自商品售出 7 日内发现质量存在瑕疵，可要求销售者退货；其次，7 天之后发现产品质量瑕疵问题，就应当按照民法规则要求承担质量瑕疵担保责任。依据《民法典》第六百一十条规定：“因标的物不符合质量要求，致使不能实现合同目的的，买受人可以拒绝接受标的物或者解除合同。”退货即解除合同，如产品质量瑕疵构成根本违约，消费者合同目的无法实现，符合合同解除法定条件，可要求退货；如果商品的质量瑕疵不符合法定解除条件，可要求采取补救措施，即修理或更换。因商品退货、更换、修理所产生的费用同样要由经营者承担。

（三）远程销售商品的无理由退货

依据《消费者权益保护法》第二十五条规定，经营者远程销售商品，消费者在收到商品后一定期限内可无须任何理由就能要求经营者退货并得到全部价款。这是对于远程购物形式退货的特殊制度，被称为“无理由退货制度”“冷静期制度”“消费者反悔权制度”。这一制度产生于西方国家的经营者为了追求自身利益更大化而采取“无因退货”，后被各国法律规定为冷静期制度和撤回权制度。我国于 2013 年修订《消费者权益保护法》时确立这项制度。这一制度立法目的在于远程购物的特征使得消费者与经营者信息不对称更为显著，为保护消费者免受冲动决定的危害，消费者可在一定时期内再次审慎地思考他之前所作出的缔结合同的决定，消费者可以“反悔”，经营者应“无理由退货”。当然，无理由退货并非真正无任何条件和理由就可退货，而是要保证商品完好。

经营者的无理由退货制度的内容包括：

第一，主体和交易方式。根据《消费者权益保护法》第二十五条的内容，我们可以知道，这一权利主要是为保护消费者利益而设立的。如果经营者也拥有这一权利的话，那么无疑会使得本就处于强势地位的经营者在消费者面前更加强势。因此，消费者反悔权的行使主体特定为消费者。交易方式为远程购物，即采用网络、电视、电话、邮购等方式销售购买商品。远程购物模式下，目前其对应的交易方式主要是线上交易。

第二，适用商品。我国《消费者权益保护法》第二十五条第一款的内容显示，商品在其法律排除情形内的，消费者不得行使反悔权。该条同时还规定：除了前款所列商品，在被消费者购买时确认性质不宜退货的其他商品，不适用退货的无理由性。这意味着我国对于适用反悔权的商品范围界定采用了排除法。明确不适用反悔权的商品，除此之外均可适用。不适用反悔权的商品分为两类：一是法律明确规定的不适用无理由退货的商品，这些商品包括：消费者定做的；鲜活易腐的；在线下载或者消费者拆封的音像制品、计算机软件等数字化商品；交付的报纸、期刊。它们的共同特点是易变质、易腐烂商品，个性化商品，特定化商品，时效性强、不能再次销售、易于复制的商品。二是依据商品性质并经消费者确认的不适宜无理由退货的商品，这种商品如果排除适用无理由退货，需要经营者事先说明，并按照格式条款的生效规则，以足以引起消费者注意的方式进行公告说明，而且要消费者进行确认同意。这类商品往往在性质上不宜采用无理由退货，例如，内衣、司法拍卖物品。

第三，7天冷静期。我国《消费者权益保护法》规定的7天无理由退货期限，也可以称为消费者行使反悔权的冷静期。由于经营者会为了追求利益而采取营销手段吸引消费者进行消费，加上消费者和经营者信息不对等，以及远程消费增加的时间成本和金钱成本，大部分时候都沉没在了消费者身上。这就使得消费者在交易双方的弱势地位十分明显。这种情况下，冷静期的设置无疑可以缓解时间的紧张，加强消费者和经营者之间的交流和沟通，还可以节约消费者的资金，更好地保障消费者的权益。

第四，商品完好。消费者反悔权是否适用还取决于商品的完整程度。只有在商品完整完好的情况下，消费者才可以行使消费者反悔权。那商品的完好程度如何判断呢？实践中的远程交易均按商品不影响二次销售来判断。同时也要根据不同类型商品的特点来判断。大概能分成以下几种：（1）一般生活用品：这类物品只要未使用不影响经营者二次销售，是可以认为商品完好的；（2）机动车：从生活经验得知，机动车一旦开始使用，即使不影响二次销售，这辆车也已然是有使用痕迹了，因此，销售出去的车就不能算完好；（3）商品房买卖：基于市场上房子的特殊性——好地段的房子甚至会升值，所以即使目前房子买卖分为期房和现房，或者是新房和二手房，只要房子未受到影响造成损失，不影响二次销售，都可以算作完好。

第五，费用负担与退款金额。从《消费者权益保护法》第二十五条规定的内容来看，消费者由于自身原因导致退货的，并非是经营者违约，因此由消费者承担退货运费，经营者于7日内退回商品全部价款。但是经营者与消费者有其他约定的，则依照约定处理。

随着网络购物的普及，在适用网络交易中经营者无理由退货制度时产生了适用上的问题，于是，原国家工商局于2017年颁布了《网络购买商品七日无理由退货暂行办法》，并于2020年进行修订。这一规定对经营者的无理由退货制度进行了细化：

第一，对于依商品性质并经消费者在购买时确认，可以不适用7日无理由退货的商品进行规定：拆封后易影响人身安全或者生命健康的商品，或者拆封后易导致商品品质发生改变的商品；一经激活或者试用后价值贬损较大的商品；销售时已明示的临近保质期的商品、有瑕疵的商品。

第二，对于商品完好进一步解释和细化：（1）商品能够保持原有品质、功能，商品本身、配件、商标标识齐全的，视为商品完好；（2）消费者基于查验需要而打开商品包装，或者为确认商品的品质、功能而进行合理的调试不影响商品的完好；（3）对超出查验和确认商品品质、功能需要而使用商品，导致商品价值贬损较大的，视为商品不完好。具体判定标准如下：食品（含保健食品）、化妆品、医疗器械、计生用品：必要的一次性密封包装被损坏；电子电器类：进行未经授权的维修、改动，破坏、涂改强制性产品认证标志、指示标贴、机器序列号等，有难以恢复原状的外观类使用痕迹，或者产生激活、授权信息、不合理的个人使用数据留存等数据类使用痕迹；服装、鞋帽、箱包、玩具、家纺、家居类：商标标识被摘、标识被剪，商品受污、受损。

第三，对于网络平台经营者规定了义务。网络平台经营者虽非商品销售者，但基于其为销售者提供交易平台，对销售者交易活动有一定的监督义务。

九、使用格式条款应遵循公平原则

（一）格式条款的概念及发展

格式条款又称为定式条款，是指当事人为重复使用而预先拟订并在订立合同时未与对方协商的条款。生活中常见的格式合同和条款如保险合同、快递服务合同和条款、各类会员卡办理合同等。其最实质的特征为：格式条款是单方事先制定的定型化条款，对方当事人不能就合同条款进行协商。“要么同意，要么走开”。格式条款的出现是现代经济活动的产物，在存在大量交易的社会，个别磋商的传统缔约方式无法适应现代交易的需要。交易条件的定型化，可以减少交易成本，当事人不必费心费力地就交易条件讨价还价。于是，格式条款和合同现在大量使用，尤其是用于消费合同之中。但与此同时，格式条款也存在诸多弊端。这种条款订立，形式上看符合合同自由，但如果提供格式条款一方为经济优势方或垄断一方而另一方为弱势方，往往弱势方因无奈而接受并不愿意订立的条款。从实质上这违背了合同自由原则，损害了弱势一方利益。而消费合同中存在强势方与弱势方，经营者往往利用其优越的经济地位，制定不利于消费者的格式条款。因此，应对格式条款运用进行法律上的控制。

（二）格式条款的法律控制

我国《消费者权益保护法》第二十六条规定：“经营者在经营活动中使用格式条款的，应当以显著方式提请消费者注意商品或者服务的数量和质量、价款或者费用、履行期限和方式、安全注意事项和风险警示、售后服务、民事责任等与消费者有重大利害关系的内容，并按照消费者的要求予以说明。经营者不得以格式条款、通知、声明、店堂告示等方式，作出排除或者限制消费者权利、减轻或者免除经营者责任、加重消费者责任等对消费者不公平、不合理的规定，不得利用格式条款并借助技术手段强制交易。”这是消费者权益保护法中对经营者提供格式条款的法律控制依据。除此之外，《民法典》第四百九十六条至第四百九十八条也对合同中格式条款进行了规范。

对于格式条款的控制，总的原则和标准是公平合理。其具体内容包括：

第一，经营者应以显著方式提醒消费者注意与其有重大利害关系的格式条款，否则消费者可主张该条款不成为合同内容，不对其产生拘束力。消费者与经营者的信息不对称使得消费者面对专业化和复杂化的格式条款和格式合同时非常可能未注意到条款内容而签字订立合同，为保护消费者利益，为经营者设定了订立合同时对格式条款的提示、说明义务。对于商品或者服务的数量和质量、价款或者费用、履行期限和方式、安全注意事项和风险警示、售后服务、民事责任等与消费者有重大利害关系的条款，经营者应当提醒消费者注意。而格式条款也并非一定通过合同书中的书面条款形式展现，对于消费者合同中的格式条款，往往表现为通知、声明、店堂告示等方式，都包含在需提醒消费者注意的范围内。例如，饭店中的告示“禁止自带酒水”，超市中张贴的声明“货物出门，概不退换”，干洗店张贴的注意事项“洗衣造成毁损，赔偿洗衣费用”。

经营者应当让消费者明确知道该格式条款的存在，即经营者应当以显著方式提醒消费者注意。何谓显著方式？足以引起对方注意的文字、符号、字体等特别标识，并按照对方的要求对该格式条款予以说明。此时，对方具知悉可能。经营者未以显著方式提醒以至于消费者不知道该项与其有重大利益关系的格式条款存在，可视为条款未订入合同，对消费者不产生效力。如果以显著方式提醒消费者注意，即便消费者提出不知道该项条款，该条款依然对消费者生效。

第二，经营者不得对消费者使用不公平不合理的格式条款，否则条款无效。不公平不合理的条款一般包括经营者不合理地免除或者减轻其责任条款、加重消费者责任条款、排除或限制消费者主要权利条款。以上条款会导致经营者与消费者权利义务的失衡，对消费者利益造成损害，违反公平原则。例如，饭店中的告示“禁止自带酒水”不合理地限制了消费者的自由选择权，强制交易，属于不公平条款。超市中张贴的声明“货物出门，概不退换”免除了经营者的强制性法定义务，即商品退货、更换、修理的强制性规定，属于不公平和违法条款。干洗店张贴的洗衣须知“洗衣造成毁损，只赔偿洗衣费用”减轻了洗衣店的违约赔偿责任，属于不公平条款。

第三，经营者不得利用格式条款并借助技术手段强制交易。这一规定主要针对越来越普遍的网络交易，网络经营者往往利用技术手段设定格式条款，要求消费者提供个人信息，为经营者设定访问权限等，而为消费者设定的条件往往对消费者的个人信息过度使用，但如果不勾选同意，则无法使用该网络产品；或者适用“二选一”格式条款要求消费者必须放弃某一其他经营者的产品或服务，而接受其提供的产品或服务。经营者正是利用了其在网络技术上的优势地位而损害消费者利益。针对这些行为，《消费者权益保护法》于 2013 年修订时专门增加了此项要求。但该法并未对经营者适用该项格式条款的效力做出规定。此时，可适用《民法典》规定来判断，这类强制交易行为或者具有欺骗性，或者其权利义务显失公平，属于可撤销的法律行为。消费者可请求法院撤销交易。

（三）格式条款的解释

一般认为，格式条款解释应当遵循两个原则：一是不得无限制扩张原则。格式条款的解释应根据表述词句，按照一般消费者通常理解的含义进行解释，不得无限制扩张解释。对于相关术语，在必要时进行限缩解释。这一原则是从消费者角度出发，按照一般消费者对格式条款的理解程度来解释，充分考虑作为弱势一方的消费者利益。二是由格式条款提出者承担不利解释后果的原则。这是在格式条款文义表达不清晰，有可能存在两种以上解释时，应当做出对经营者不利的解释。这一原则还是从经营者和消费者的强弱地位考量。

经营者作为强势方，格式条款又由其提出，本身应当是经过深思熟虑后提出的，相反，消费者无论是经济实力还是专业知识都处于弱势，且仅是条款的接受者，为防止出现经营者利用合同解释损害消费者利益，所以，文义不清，由经营者承担后果。

《民法典》第四百九十八条规定："对格式条款的理解发生争议的，应当按照通常理解予以解释。对格式条款有两种以上解释的，应当作出不利于提供格式条款一方的解释。格式条款和非格式条款不一致的，应当采用非格式条款。"

十、尊重消费者人格的义务

我国《消费者权益保护法》第二十七条规定："经营者不得对消费者进行侮辱、诽谤，不得搜查消费者的身体及其携带的物品，不得侵犯消费者的人身自由。"这是基于消费者受尊重权对经营者提出的要求。不尊重消费者人格的行为构成侵犯人格权，消费者可要求经营者承担民事责任。这一义务具体内容包括：第一，不得对消费者进行侮辱、诽谤。侮辱、诽谤行为使消费者遭到贬低，造成对消费者名誉权和荣誉权的侵权。例如，经营者无证据而认定消费者偷盗超市物品，可能会造成消费者被认为是小偷。对此，经营者应承担侵权责任。第二，不得搜查消费者身体及携带物品。经营者无搜查权，无权搜查他人身体和物品，否则构成侵权。例如，超市工作人员怀疑某购物的消费者偷盗超市物品而对其进行搜身，即属于侵权。第三，经营者不得侵犯消费者的人身自由。人身自由表现为一般人格权，对消费者实施扣留、关押、软禁等行为，构成侵权，也可能构成犯罪，应进行赔偿，受到制裁。

十一、特定经营者的信息提供义务

我国《消费者权益保护法》第二十八条规定："采用网络、电视、电话、邮购等方式提供商品或者服务的经营者，以及提供证券、保险、银行等金融服务的经营者，应当向消费者提供经营地址、联系方式、商品或者服务的数量和质量、价款或者费用、履行期限和方式、安全注意事项和风险警示、售后服务、民事责任等信息。"该义务涉及两类主体，对于远程销售和服务来说，消费者与经营者的信息不对称更为严重，消费者对经营者主体及商品和服务的了解完全来自经营者的单方阐述，具有很大的不确定性和模糊性，可能购买商品和服务时对对方提供的信息存在误解或被对方欺骗。因此，特别规定信息提供义务。对于金融服务来说，专业性非常强，消费者往往对于相关信息并不理解也容易遗忘，对消费者判断是否接受此项服务造成障碍，因此，金融机构应全面提供相关信息，还应解释说明，减小信息不对称，保障消费者权利。

十二、合法收集、利用消费者信息的义务

个人信息是以电子或者其他方式记录的与已识别或者可识别的自然人有关的各种信息，不包括匿名化处理后的信息。随着计算机和网络技术的发展，消费者的个人信息的商业化价值逐渐体现，致使出现经营者泄露以及大量非法使用消费者个人信息的情况。我国于修订《消费者权益保护法》时增加第二十九条规定："经营者收集、使用消费者个人信息，应当遵循合法、正当、必要的原则，明示收集、使用信息的目的、方式和范围，并经消费者同意。经营者收集、使用消费者个人信息，应当公开其收集、使用规则，不得违反法律、法规的规定和双方的约定收集、使用信息。经营者及其工作人员对收集的消费者个人信息必须严格保密，不得泄露、出售或者非法向他人提供。经营者应当采取技术措施和其他必要措施，确保信息安全，防止消费者个人信息泄露、丢失。在发生或者可能发生信息泄露、丢失的情况时，应当立即采取补救措施。经营者未经消费者同意或者请求，或者消费者明确表示拒绝的，不得向其发送商业性信息。"这是经营者对消费者个人信息收集利用的基本规则。除此之外，《民法典》《个人信息保护法》中也有对消费者个人信息的处理规则。个人信息的处理包括个人信息的收集、存储、使用、加工、传输、提供、公开、删除等。个人信息处理规则主要内容包括：

（一）经营者处理消费者个人信息的一般要求

第一，遵循合法、正当、必要原则。所谓合法，是经营者对消费者个人信息的处理应当符合法律规定的要求，采集、使用、传输等处理不得违反法律的强制性规定。《消费者权益保护法》《民法典》《个人信息保护法》等法

律中对经营者处理消费者个人信息均有强制性规定。正当是指处理的目的正当。为了更好地提供服务、日常运营、数据分析、营销活动，为消费者用户提供安全保障等。必要的原则在《个人信息保护法》第六条有所体现。包含：一是目的必要，即为了合法业务的开展，处理的个人信息是合理相关而且必要的；二是范围必要，在处理个人信息时应当以实现收集目的所必需为限，不可过度收集；三是时间必要，即对个人信息的存储时间有限制，完成收集目的后且超出保存期限的个人信息应及时删除，该举措同时也可减轻电商经营者的维护负担；四是方式必要，处理信息的方式应当以实现目的为限，可以参照行政法中的比例原则，应当采取对信息主体权利限制最小、影响最小的方式。

第二，经营者有告知同意义务。在互联网空间，大众普通人对于个人信息的收集问题，常常存在着不可知性和不确定性。他们并不知道是谁、为何在收集他们的个人信息，收集后又会如何处理等一系列问题。对于个人信息的收集行为，如果从经济学的视角去观察，可以发现该领域存在着信息不对称的问题。从我们的生活经验来看，在现代信息社会，微信、支付宝以及网上银行等应用平台已经融入我们的日常生活中，成为不可或缺的必需品，逐渐成为一种稳定的“生活依赖”和“人身依附”。它们虽然为我们的日常生活和工作提供很大的便利，但是作用是相互的，用户的广泛使用也为电商经营者收集信息提供了方便条件。

大多数情况下，用户很少会关注服务条款的具体内容而直接勾选“同意”按钮，如若不同意该协议，便无法进入电商平台，故用户的意愿实际上是无从表达的。由此便形成了一种“信息悖论”：一方面，私人空间与隐私意识的觉醒，使人们越发强调安全感、关注个人信息保护；另一方面，消费者用户很少甚至不去阅读电子商务经营者发布的相关隐私政策。因为消费者用户与经营者之间天然存在着信息不对称，导致双方地位不平等，由此滋生不确定性风险侵害个人信息及隐私。要想解决信息不对称的问题，赋予用户可以平等抗争的“有力武器”，强化经营者的告知义务，强制其向用户明示收集个人信息的目的、用途，并要求获取用户的明确同意，以此来强化消费者用户的地位，促进双方权利义务平衡。

第三，经营者的其他义务。除对消费者个人信息的采集、使用、传输等义务之外，我国《消费者权益保护法》第二十九条第二款规定：“经营者及其工作人员对收集的消费者个人信息必须严格保密，不得泄露、出售或者非法向他人提供。经营者应当采取技术措施和其他必要措施，确保信息安全，防止消费者个人信息泄露、丢失。在发生或者可能发生信息泄露、丢失的情况时，应当立即采取补救措施。”《个人信息保护法》细化规定了经营者正确使用消费者信息的方法和制度，以及如何建立相应管理制度防止泄露。这种正确使用和保密的义务可以看作消费者与经营者交易的法定附随义务。

（二）经营者应保证消费者信息安全

经营者有保障消费者个人信息安全的义务，其原因在于：其一，经营者处理消费者的个人信息属于商业利用，有商业目的，可从中获取利益或资源。据此，经营者对消费者用户的个人信息负有信息安全保管及防止泄露、严防危险的义务。其二，消费者从合同成立那刻起已对经营者产生了合理信赖，相信自己的信息不会被泄露、滥用。因此基于保护用户信赖利益的角度，法律也应对电商经营者提出安全保障的义务。

经营者对消费者信息安全义务内容包括：(1) 对收集的消费者个人信息必须保密；(2) 不得泄露、出售或者非法向他人提供消费者个人信息；(3) 经营者应当采取技术措施和其他必要措施，防止个人信息泄露；(4) 在发生或者可能发生信息泄露、丢失的情况时，应当立即采取补救措施，避免危险扩大，并救济受害者权益。并且应当通知消费者事件情况、已采取的补救措施、可能面临的风险，防止危害扩大的建议等，并向相关部门报告情况。

（三）不得利用曾获得的消费者个人信息向其发送商业性信息

经营者利用曾获得的消费者个人信息向其发送商业性信息，其目的是通过推送商品和服务信息，希望消费者能够再次与之交易。这一行为可能会对消费者产生滋扰，属于消费者个人信息的不当利用。

第五章　消费者权益的国家保护和社会保护

国家对消费者权益的保护一般是通过国家机关的职权活动实现的。国家机关依据其形式权力的性质不同，可以划分为立法机关、行政执法机关和司法机关。对消费者权益的保护是通过这三种不同国家机关的职权活动而实现的。与此适应，消费者权益国家保护分为立法保护、行政保护和司法保护。而社会对消费者权益保护是支持社会一切组织、个人对损害消费者合法权益的行为进行社会监督。大众传媒需做好宣传。而在各种消费者权益的社会保护力量中，各种消费者组织起到至关重要的作用。

第一节　国家对消费者权益的立法保护

依法保护消费者合法权益是法治建设的必然要求和组成部分。依法就要有法可依，因此，加强消费者权益保护的立法是保护消费者权益的基础。国家通过颁布制定一系列保护消费者权益的法律、法规、规章，不断健全和完善保护消费者权益的法律体系。我国目前已形成以《消费者权益保护法》为基本法的消费者权益保护法律体系。从立法的效力等级上来看，包括法律、行政法规、行政规章和地方法规等，从立法保护的消费者权益来看，包括商品服务质量法律制度、消费者安全保障法律制度、消费者公平交易法律制度等。

一、法律保护

在我国，全国人民代表大会及其常务委员会通过制定法律向社会宣示消费者的合法权利以及法律对于各种侵犯消费者权益的禁止，从而警示经营者不得实施侵犯消费者合法权益的行为，促使人们自觉遵守法律规定而防止侵害消费者权益的行为发生。通过法律规定，为国家行政机关及司法机关的执法和司法活动提供依据，以便行政、司法机关能准确地判断某种行为是否违反法律对消费者权益保护的规定，并在侵害消费者利益的行为发生时予以及时、有效地制止、补救。通过对行政、司法机关的法律监督，保证消费者权益保护法的全面落实。目前，全国人大及其常委会制定的保护消费者合法权益的法律包括：作为保护消费者合法权益基本法的《消费者权益保护法》，以及消费者权益保护相关法，有《产品质量法》《食品安全法》《药品管理法》《广告法》《价格法》《反不正当竞争法》《反垄断法》《民法典》《民事诉讼法》《仲裁法》等。

二、法规保护

法规分为行政法规和地方性法规两种。行政法规是由国务院发布或经国务院批准由有关部、委、办、局发布的规范性文件。地方性法规是由省、自治区、直辖市人民代表大会及其常务委员会制定，并由其批准颁布的规范性文件。行政法规的效力及于全国，地方性法规仅在本行政区域内有效。目前，我国有关消费者权益保护的行政法规主要包括：《食品安全法实施条例》《药品管理法实施条例》《缺陷汽车产品召回管理条例》等。地方性法规主要有：《福建省实施〈消费者权益保护法〉办法》《浙江省实施〈消费者权益保护法〉办法》《安徽省实施〈产品质量法〉若干规定》《山东省实施〈产品质量法〉办法》《湖南省实施〈广告法〉办法》《上海市实施〈中华人民共和国食品安全法〉办法》等。

三、行政规章的保护

行政规章是由国务院各部、委、办、局和省、自治区、直辖市人民政府发布的规范性文件。行政规章一般是在制定法律、法规条件不成熟但又急需对某些社会关系进行规范，或某些规范不需要持久效力的情况下，由上述部门以决定、命令、办法等形式发布的规范性文件。这类规范性文件的数量众多。目前，有关消费者权益保护的行政规章有：《市场监督管理投诉举报处理暂行办法》《互联网广告管理暂行办法》《侵害消费者权益行为处罚办法》《部分商品修理更换退货责任规定》《家用汽车产品修理、更换、退货责任规定》。行政规章的作用在于当法律、法规没有做出规定或规定得较为原则而不具有操作性的情况下，可以填补这方面的空白或使原则性规定具体化，使无法可依的领域能有章可循。

通过立法保护消费者利益，必须保证法律本身的公开性、科学性和可执行性。为此，必须研究我国的基本国情，借鉴国外立法经验。然而，法律要充分保护消费者权益，必须首先反映消费者呼声，反映消费者要求和愿望。我国《消费者权益保护法》第三十条规定，国家制定有关消费者权益保护的法律、法规和政策时，应当听取消费者和消费者协会等组织的意见。只有在广泛听取消费者意见和要求的基础上制定出来的法律才能充分体现对消费者利益的保护。因此，国家在制定消费者权益保护法时应尽可能吸纳消费者协会的代表以及从事消费者保护工作的有关人员参加法律起草工作。在法律草案草拟过程中，应当进行调查工作。草案形成后，应当广泛邀请消费者参与讨论，公开征求消费者意见。

第二节　国家对消费者权益的行政保护

一、消费者权益行政保护概述

消费者权益行政保护是指国家行政机关为保护消费者利益，依法对消费关系进行干预，对经营者的经营活动进行规制，对消费者消费行为进行指导和保护的活动。简言之，即是国家行政机关为保护消费者权益而采取的各种行动的总称。这是国家对市场经济活动中经营者与消费者之间实质不平等交易的干预，更加侧重于对作为弱势一方的消费者利益的保护。

《消费者权益保护法》第三十一条规定：“各级人民政府应当加强领导，组织、协调、督促有关行政部门做好保护消费者合法权益的工作，落实保护消费者合法权益的职责。各级人民政府应当加强监督，预防危害消费者人身、财产安全行为的发生，及时制止危害消费者人身、财产安全的行为。”各级政府负有对消费者权益保护的领导职责和监督职责。但是，各级政府为综合管理机构，不可能事无巨细对保护消费者权益的各项工作全面负责。消费者权益行政保护具体工作要由各级政府的行政职能部门来负责。《消费者权益保护法》第三十二条规定：“各级人民政府工商行政管理部门和其他有关行政部门应当依照法律、法规的规定，在各自的职责范围内，采取措施，保护消费者的合法权益。”2018 年，《国务院机构改革方案》实施，国务院进行机构改革，各级政府也进行相应改革，形成与中央对应的地方各级行政管理机构。工商行政管理部门职责由市场监督管理部门承担。因此，我国目前消费者权益行政保护部门为：以各级市场监督管理部门为主，同时包括食品和药品监督管理部门、农业行政管理部门、交通运输管理部门、人民银行等。

消费者权益行政保护的特点包括以下几方面：

第一，行政机关对消费者权益的保护力度相对较强。行政机关注重谋求国家、集体和社会的公共利益，其权力的行使以法律授权为依据，以国家强制力作保障，具有直接支配他方当事人的强制命令力量，可以强行调查经营者的行为，可以通过警告、罚款、责令停业、吊销营业执照等手段对侵犯消费者利益的经营者进行制裁，并制止其侵权行为的再度发生，能够从更高的层面为消费者提供强有力的保护。

第二，行政机关对消费者权益的保护是实现“弥补市场缺陷”职能的重要途径。商品经济的基本矛盾决定了市场经济中商品生产者的利益与社会利益既存在一致性又存在矛盾性。在单纯市场机制调解下，商品生产者和经营者有可能通过生产销售假冒伪劣产品、进行虚假宣传等手段达到快速营利的目的，采取牺牲社会利益和消费者利益的办法增进自身利益，市场本身是难以解决这些问题的。对此情况，行政机关通过行使行政权力，严厉打击和制裁侵犯消费者合法权益的行为，弥补市场机制的缺陷，推动市场经济健康有序的发展。

第三，行政机关对消费者权益的保护范围更广、手段快捷多样。行政机关可以通过制定行政法规、规章、条例和相关政策的形式对市场交易行为进行管理和规制，通过制度设计尽可能预防制假售假、欺诈消费者等行为的发生，与针对具体消费关系的司法调整相比范围更为广泛。同时行政机关可根据消费者的投诉、举报及时查处生产者、经营者的不法行为，也可以依职权主动对经营者侵犯消费者权益的行为进行监督和管理，既可采取行政手段，也可采取民事手段，体现了快捷性与多样性。

第四，行政机关可以协调市场经济活动主体形成消费者权益保护的合力。市场经济的活动主体形式多样，国家行政机关在政治、经济生活中的主导地位，使其可以协调、引导和运用企业的、消费者个人的、群众团体的保护消费者利益的力量，弥补自身在保护消费者权益能力和手段上的不足，形成全社会保护消费者权益的合力，为消费者筑起一道抵御侵害的无形屏障。

二、消费者权益行政保护职责

1. 研究和制定、修订行政法规、规章、标准，完善保护消费者合法权益的法律法规

《消费者权益保护法》规定了消费者权益保护的基本原则和精神，是保护消费者合法权益的重要法律依据。然而，市场经济活动中侵犯消费者合法权益的行为形式多样且不断翻新，消费者权益保护法律对此不可能一一制定详细和具体的规定。这就需要有关行政机关根据自己的执法经验，及时制定保护消费者权益的行政法规、规章、标准、指南和规范性文件，并对已有规定依据现实情况进行进一步细化和可操作化，将消费者权益保护进行落实。

2. 通过市场主体准入和退出管理维护消费者权益

任何企业或个人要想成为市场活动的主体，必须依法获得合法的市场主体资格；任何市场活动主体发生了严重违反市场管理法规的行为，都有可能丧失市场主体资格。市场主体准入和退出管理就是对市场主体资格进行控制和监督，有关行政机关通过执行市场主体准入和退出管理法律法规的规定，支持一切符合国家和社会需要的企业健康发展，赋予他们经营主体资格，制止和查处违法经营活动并吊销营业执照，为各类市场主体营造公平公正的竞争环境，从而为消费者带来更大的利益。

3. 通过监督管理市场秩序维护消费者权益

市场监督管理部门依法监督市场的交易，网络交易和相关服务行为。通过对市场交易行为的日常监管，维护市场交易秩序，鼓励和倡导诚信经营，对市场交易中的涉嫌违法行为进行调查，维护市场运行的安全稳定。具体包括：组织指导查处价格收费违法违规、不正当竞争、违法直销、传销、侵犯

商标专利和知识产权和制售假冒伪劣行为；指导广告业务发展，监督管理广告活动；指导查处无照经营和无证生产经营行为；指导中国消费者协会开展消费者维权工作。通过市场管理和经济监督来维护市场交易秩序。通过对制假售假、虚假宣传、欺诈消费者的行为及时制止并予以严厉打击，对不法经营者给予警告、罚款、没收违法所得、责令停产停业、吊销营业执照、行政拘留等行政处罚，对于触及刑法的严重违法行为人移送司法机关予以惩处，防止损害消费者合法权益的违法现象蔓延和扩大，有效地维护消费者合法权益。

4. 通过对经营者竞争秩序的维护来保护消费者权益

统筹推进竞争政策的实施，指导实施公平竞争的审查制度。依法对经营者集中行为进行反垄断审查，负责垄断协议、滥用市场支配地位和滥用行政权力排除限制竞争等反垄断执法工作。指导企业在国外的反垄断应诉，承担国务院反垄断委员会日常工作。

5. 通过产品质量安全监督管理保护消费者权益

拟订推进质量强国战略的政策措施并组织实施，承担统筹国家质量基础设施协同服务及应用工作，提出完善质量激励制度措施；拟订实施产品和服务质量提升制度、产品质量安全事故强制报告制度、缺陷产品召回制度，组织实施重大工程设备质量监理和产品防伪工作，开展服务质量监督监测，组织重大质量事故调查。

6. 通过食品生产和经营安全监督管理保护消费者权益

食品经营安全监督管理包括分析掌握流通和餐饮服务领域食品安全形势，拟订食品流通、餐饮服务、市场销售食用农产品监督管理和食品经营者落实主体责任的制度措施，组织实施并指导开展监督检查工作；组织食盐经营质量安全监督管理工作；组织实施餐饮质量安全提升行动；指导重大活动食品安全保障工作；组织查处相关重大违法行为。食品生产安全监督管理包括分析掌握生产领域食品安全形势，拟订食品生产监督管理和食品生产者落实主体责任的制度措施并组织实施；组织食盐生产质量安全监督管理工作；组织开展食品生产企业监督检查，组织查处相关重大违法行为；指导企业建立健全食品安全可追溯体系。

7. 通过计量、认证、标准、检验检测监督管理保护消费者权益

包括承担国家计量基准、计量标准、计量标准物质和计量器具管理工作，

组织量值传递溯源和计量比对工作；承担国家计量技术规范体系建立及组织实施工作；承担商品计量、市场计量行为、计量仲裁检定和计量技术机构及人员监督管理工作；规范计量数据使用。拟订实施认可与检验检测监督管理制度；组织协调检验检测资源整合和改革工作，规划指导检验检测行业发展并协助查处认可与检验检测违法行为；组织参与认可与检验检测国际或区域性组织活动。拟订标准化战略、规划、政策和管理制度并组织实施；承担强制性国家标准、推荐性国家标准（含标准样品）和国际对标采标相关工作；协助组织查处违反强制性国家标准等重大违法行为；承担全国专业标准化技术委员会管理工作。

8. 通过违法行为的惩处维护消费者权益

市场监督管理部门在其职责范围内，定期或不定期对经营者的经营行为进行监督检查，对其提供的商品和服务进行抽查检验，并及时向社会公布抽查检验结果，发现经营者有违法损坏市场秩序行为，采取相应的措施，对于制假售假、虚假广告宣传、欺诈消费者的行为及时制止并予以严厉打击，对不法经营者给予警告、罚款、没收违法所得、责令停产停业、吊销营业执照、行政拘留等行政处罚。对于商品和服务存在缺陷，应立即责令经营者采取停止销售、警示、召回、无害化处理、销毁等措施。对于触及刑法的严重违法行为人移送司法机关予以惩处，防止损害消费者合法权益的违法现象蔓延和扩大，有效地维护消费者合法权益。

9. 通过行政执法信息公开制度保护消费者权益

近年来，导致制假售假、欺诈消费者事件频发的原因之一，就是市场信息不对称，消费者因难以获取行政执法信息而处于盲目消费的境地，上当受骗也就在所难免。因此，行政执法部门应当及时公布企业信用信息、产品质量信息、申诉举报反馈信息、违法处罚信息及执法信息，帮助消费者对自己的交易行为作出选择，了解不合格产品的名称、生产企业、投诉数量，为消费者提供预警信息，保持信息渠道畅通，减少公众的盲目猜测和恐慌心理，避免“抢盐”等类似事件的发生，同时还能促进“阳光执法”建设，降低腐败概率。通过消费者权益保护执法信息公开可以让广大消费者掌握企业信用情况、了解产品的质量信息，同时企业要想占有市场就必须实现诚信经营、严把产品质量关，最终必将达到根治假冒伪劣、商业欺诈、食品安全等严重侵害消费者权益的行为的目标。

10. 受理和处理消费者的投诉和举报

行政机关通过及时受理和处理消费者投诉和举报，强化综合分析和消费引导功能，有针对性地开展消费引导、消费提示和消费警示。接到消费者的申诉和举报后，有关行政机关在调查、了解、查清事实的基础上，对消费者和经营者之间的消费者权益争议采用调解的方式，帮助双方在平等的原则下自愿达成协议。同时，对查证属实的经营者的违法行为，依照国家有关法律、行政法规及规章予以行政制裁。这样既可以解决消费者权益争议的问题，也能及时制止和惩处经营者的违法行为，从而达到保护消费者合法权益的目的。

第三节　国家对消费者权益的司法保护

司法保护是对消费者权益保护的最后一道防线，包括行使法律监督权的国家各级检察机关以及行使审判权的各级人民法院。

一、人民检察院对于消费者权益保护的职责

人民检察院是国家的法律监督机关，其在消费者权益保护方面的职责主要包括以下几方面：

（一）立案侦查侵害消费者合法权益的违法犯罪行为，维护消费者合法权益

侵害消费者合法权益的行为大多发生在经济领域、市场交易和市场竞争中。人民检察机关的职责之一是对于经济领域的犯罪行为进行法律监督。这类经济犯罪的特征是：主体为经营者，客观上首先违反了消费者权益保护的相关法律，构成违法行为。例如，商业贿赂，假冒商标，虚假宣传，在产品中掺杂、掺假，以假充真，以次充好或者以不合格产品冒充合格产品等，违反《反不正当竞争法》《产品质量法》等。其次，这些行为如果情节严重，同时也触犯《刑法》，构成犯罪，应当受到刑事处罚。这些行为均有可能作为刑事案件由人民检察院实施侦查，通过对这些案件的立案侦查活动，及时揭露、制止侵犯消费者权益的行为。

（二）提起公诉、支持公诉，使严重侵害消费者权益的行为受到刑事处罚

通过《刑法》对严重侵害消费者合法权益的犯罪行为进行处罚对于消费者权益保护来说并非主要，应用并不广泛，大多数违反消费者权益保护相关法律的行为，行政规制已经足够。但是，对于严重的犯罪行为的惩处，其威慑力还是不够的，刑事制裁也是大多数其他规制手段的后盾。而人民检察院便是提起公诉，对严重侵害消费者权益的犯罪的经营者追究其刑事责任的部门。无论是人民检察院自行立案侦查还是公安机关立案侦查的案件，构成犯罪的，人民检察院都可以提起公诉，并在法院审理这些案件时派人出庭支持公诉。通过提起及支持公诉，进一步揭露犯罪行为，陈述惩治的必要性，协助法院弄清楚犯罪事实、情节，以保证法院正确适用法律，定罪量刑，使侵犯消费者合法权益的犯罪分子受到法律的应有惩罚。

（三）监督法院审判活动，维护法律权威，保护消费者合法权益

人民检察院是我国的法律监督机关，对诉讼活动进行监督是其一项重要工作。监督不仅包括对于刑事案件诉讼活动的监督，还包括对于民事、行政案件的诉讼活动的监督。可以对诉讼活动包括公益诉讼活动进行调查核实，并在此基础上提出抗诉、纠正意见和检察建议。具体来说，针对事实较为复杂不清的违法案件启动调查，可以采取查询、调取、复制相关证据材料；询问当事人或者案外人；咨询专业人员、相关部门或者行业协会等对专门问题的意见；委托鉴定、评估、审计；勘验物证、现场，查清案件事实后，决定采用抗诉、纠正意见或检察建议的方式行使监督职责。例如，《中华人民共和国行政诉讼法》第二十五条第四款规定：人民检察院在履行职责中发现食品药品安全领域负有监督管理职责的行政机关违法行使职权或者不作为，致使国家利益或社会公共利益受到侵害的，应当向行政机关提出检察建议，督促其依法履行职责。

（四）通过针对侵害不特定消费者合法利益的行为提起公益诉讼保护消费者合法权益

2017 年 7 月 1 日，人大常委会修订《民事诉讼法》第五十五条增加一款；修正《行政诉讼法》第二十五条增加一款，明确授予检察院消费民事公益诉讼和消费行政公益诉讼的起诉主体资格。首次将消费公益诉讼区分为消

费民事公益诉讼和消费行政公益诉讼。对于民事公益诉讼，如发现破坏生态环境和资源保护、食品药品安全领域以及损害不特定消费者权益的案件，消费者协会不能提起诉讼的情况下，检察院可以作为原告向人民法院提起诉讼。在行政公益诉讼中，如生态环境和资源保护、食品药品安全、国有财产保护、国有土地使用权出让等领域负有监督管理职责的行政机关违法行使职权或者不作为，致使国家利益或社会公共利益受到侵害，行政机关不依法履行职责的，人民检察院依法向人民法院提起诉讼。

（五）通过法律监督活动，保证消费者保护法的全面、正确实施

人民检察院作为国家法律监督机关对法律的实施负有全面的监督职责。通过各方面的监督活动，督促经营者自觉履行义务，各国家机关自觉履行法律规定的保护消费者权益的职责，保障消费者合法权益能够全面实现。

二、人民法院对于消费者权益保护的职责

人民法院作为国家审判机关，通过行使审判权保护消费者合法权益。

（一）法院通过采取措施，便利消费者诉讼

有关消费者的纠纷往往具有金额小、案情简单的特征，消费者往往不愿意投入大量的时间、精力和金钱去提起诉讼。因此，在立法上以及司法上有通过某些措施来便利消费者的诉讼。我国《消费者权益保护法》第三十五条规定：“人民法院应当采取措施，方便消费者提起诉讼。对符合《中华人民共和国民事诉讼法》起诉条件的消费者权益争议，必须受理，及时审理。”目前，我国部分地方基层人民法院便利消费者提起诉讼采取的措施主要有：第一，设立消费者法庭护或消费巡回法庭，便利消费者提起诉讼，而且一般当场立案、审理、执行，缩短了诉讼时间，提高了工作效率；对审理的纠纷实行简易诉讼程序，最快能实行即时速裁。第二，即便没有巡回法庭，也可适用小额诉讼简易程序。对事实清楚、权利义务关系明确、争议不大的简单的消费案件适用小额诉讼，快速解决纠纷。也有的地方对于小额、案情简单的案件不收取诉讼费或少收诉讼费。这些措施应当在总结经验的基础上加以普遍推广，提高消费纠纷审理的效率。

（二）通过对消费者刑事、民事和行政案件的审理，维护消费者合法权益

首先，严重侵犯消费者合法权益的犯罪行为集中体现在经济领域，包括：生产、销售伪劣产品型犯罪；扰乱市场秩序型犯罪；侵犯知识产权型犯罪；危害公共卫生型犯罪；渎职型犯罪。通过对这些犯罪案件的审理，追究犯罪分子的刑事责任，维护社会经济秩序，保护消费者合法权益。其次，侵害消费者权益的行为大多为侵权行为和违约行为，例如，经营者提供的商品和服务存在缺陷，导致消费者人身或财产权益受到损害，经营者提供给交易相对方的消费者的商品存在瑕疵，不具有商品应有的使用性能，损害消费者权益等。法院在审理这些侵害消费者权益的民事案件时，大多是让经营者承担退货、换货、损害赔偿甚至惩罚性赔偿的民事责任，从而弥补消费者的损失，对经营者进行惩戒。最后，对于经营者违反消费者权益保护法的行为，相关行政机关依法应当对经营者进行行政处罚，而有可能被提起行政诉讼；消费者与经营者的纠纷，相关行政机关也有可能因对经营者或消费者进行不当处理而被提起行政诉讼，法院通过对案件审理，一方面维护消费者合法权益，另一方面，也防止国家行政机关滥用行政权力，侵害消费者利益，督促行政机关正确履行保护消费者的职责。

第四节　保护消费者权益的社会监督

一、保护消费者权益的社会监督概述

（一）保护消费者权益的社会监督的含义

保护消费者权益的社会监督是指权力系统外部的新闻机构、社会团体和普通消费者，对市场经济活动中侵犯消费者合法权益行为的自下而上的非国家性质的监督。保护消费者的合法权益是全社会的共同责任。

国家鼓励、支持一切组织和个人对损害消费者合法权益的行为进行社会监督。大众传播媒介应当做好维护消费者合法权益的宣传，对损害消费者合法权益的行为进行舆论监督。

目前我国处于社会主义初级阶段，市场经济还不成熟、不完善，一些法律制度存在着空白或不完善，企业的管理和服务经验、产品质量、公平竞争意识明显不足，对消费者合法权益的保护与国际先进水平差距较大，无法满足市场经济发展要求。在这种情况下，不仅要加强行政部门的监督执法力度和司法部门的司法救济职能，还需要充分发挥新闻媒体、社会团体和消费者个人的作用，强化社会监督的重要功能。

（二）保护消费者权益的社会监督体系的构成

1. 新闻媒体监督

所谓的新闻媒体监督是指通过社会情况信息和舆论信息之间的沟通和互动所形成的一种对市场经济运行中侵犯消费者合法权益行为的制衡和监督机制。这种监督虽然不具有法律效力，但通过新闻形式的特殊性能够及时地反映问题并督促有关机关予以纠正，具有反应快、震动大、影响广的特点。主要监督形式有报纸、电视、广播、杂志、书籍、网络等，其中报纸、电视、网络由于传播速度快、覆盖范围广、影响力大，是最主要的新闻媒体监督形式。

2. 社会团体监督

社会团体监督是指包括消费者权益保护组织和各种行业协会在内的专门机构对侵害消费者权益的行为进行的监督，是通过商品和服务，对经营者实施的一种外部监督。社会团体监督的形式可以分为事前监督、事中监督和事后监督。发生在对消费者侵权行为发生之前的消费教育引导和向消费者提供消费信息和咨询服务，是一种事前监督形式；开展消费调查、消费体验、商品比较实验、评议商品和服务，是一种事中监督形式；大量发生在对消费者侵权行为发生之后的接受处理投诉、消费提示、消费警示，公开批评等权利的行使，是一种事后监督形式。我国的消费者组织主要指消费者协会，其是依法成立的对商品和服务进行社会监督的保护消费者合法权益的社会组织。消费者协会虽然具有半官方的特征，但从性质上仍然属于社会团体。因此，消费者协会总体来说仍然属于社会团体监督的范畴。本节主要阐述的对消费者社会保护为消费者保护组织。

3. 消费者监督

消费者享有对商品和服务以及保护消费者权益工作进行监督的权利。消费者有权检举、控告侵害消费者权益的行为和国家机关及其工作人员在保护消费者权益工作中的违法失职行为，有权对保护消费者权益工作提出批评、建议。消费者监督是指普通消费者以消费为目的，在消费过程中对所接受的产品和服务质量、经营者和销售者侵犯消费者权益的行为进行的监督与举报。消费者监督权的行使，既可以与购买、使用商品或接受服务行为有关系，也可以毫无关系。消费者购买、使用某种商品或接受某种服务时当然可以提出批评、建议或进行检举、控告。没有进行某种消费的也可以提出批评、建议或进行检举、控告。消费者监督对于维护广大消费者自身的合法权益有着非常重要的作用，具有广泛性和基础性的特点。

（三）保护消费者权益的社会监督体系的建设原则

社会监督体系不能游离于社会或自成一体，它的建设原则是必须配合政府管理部门工作，目的是全社会形成一股合力，更有力地打击违法行为。其建设原则如下：

1. 合法性原则

保护消费者权益社会监督权的行使，必须符合相关法律法规的要求，不能突破法律的界限，毫无限制、肆意妄为。合法性原则是行使社会监督权的前提，如果背离合法性原则，不但无法保护消费者的合法权益，还有可能侵犯其合法权益。

2. 透明性原则

监督机构的职权范围、履行其职权的程序以及其所监督的内容，都应该完全对社会尤其是被监督对象和所涉利益群体高度公开。同时，对监督的结果也要进行公开评议，让被监督行为影响的利益群体获得信息知情权和充分参与权。

3. 相对独立性与可信性原则

新闻媒体、消费者权益保护组织和行业协会在组织上应当与政府管理部门分离，能够独立地行使监督权而不受主管部门的干涉和妨碍，且要保持客观性、真实性，不能为了制造轰动效应而歪曲事实真相，误导公众，从而损害社会监督体系的可信性。

4. 可问责性原则

可问责性原则应该包括两个方面的内容：一是对社会监督范围内的问题，有权要求具体管理部门进行查处、纠正、说明和管理；二是对失职部门或人员，管理部门应该对其问责，监督部门有了解情况和处理结果的权利。

二、消费者组织

（一）消费者组织的概念

对于消费者组织的概念，可以从三种意义上理解。第一种观点，最广义的消费者组织是指一切具有消费者保护功能的组织。根据这种观点，任何组织，不论其性质属于国家机关还是社会团体、以营利为目的还是不以营利为目的，不论其为消费者组建成立还是由国家依法设立或由经营者建立，只要具有消费者保护功能都属于消费者组织的范围。第二种观点认为，消费者组织是具有消费者保护功能的民间团体。根据此观点，具有消费者保护功能的国家机关被排斥在“消费者组织”的范围之外，但企业设立的消费者服务机构以及以营利为目的的消费者服务组织仍然属于消费者组织的范围。第三种观点，最狭义的消费者组织是消费者自己组织起来的以保护其自身利益为宗旨的社会组织。它由消费者组成，是消费者行使结社权的结果。它既不同于保护消费者利益的国家机关，也不同于为消费者提供保障服务的经营者。本书是从最狭义的消费者组织这个观点出发的。从消费者组织的发展历史来看，最初的消费者组织都是由消费者自发组织的、与经营者对抗的社会组织，就如同工会组织作为劳动者的集合体而与资本家集团相对应一样。它不是一个国家机构，也不是一个政党，更不是一个企业，而是消费者为了更好地维护自己的利益与经营者做斗争的一种组织形式。同时，消费者组织应当是消费者行使结社权的结果，唯有消费者才能成为消费者组织的成员。经营者设立的各种团体以及为防止消费者利益受损害而设立的机构，虽然具有消费者利益的保护功能，但它或是经营者的集合体或是其自行设立的分支机构，因而与消费者的结社权根本无任何联系，不应视为消费者组织。

（二）消费者组织的特征

消费者组织除了具备一般社会团体之共性特征外，其个性特征是：

1. 消费者组织是社会团体，具民间性

这一法律特征把消费者组织与国家机关区分开来。社会团体就是由自然人或法人自愿组成，为实现会员的共同意愿，按其章程开展活动的非营利性组织。消费者组织成立的基础来源于消费者所享有的结社权，消费者组织应当是消费者行使结社权所形成的产物。因此消费者组织应当具有民间性。其职责并非来自公权力，经费也并非来自公权力，其行为一般不受国家公权力机关的干涉。消费者组织伴随着消费者运动在各国的自发产生和发展就体现出这种民间性。随着各国制定消费者权益保护法，将结社权作为消费者的基本权利明确规定，消费者组织以此为依据纷纷成立，标志着权利本位与个人自由基础上的现代政府、现代企业、消费者组织在消费领域三分天下格局的正式形成。消费者行使结社权而形成的消费者组织，不仅对其自身权益保护有重要意义，同时也为社会自治化过程所不可缺少。我国消费者组织即消费者协会虽然在性质上被认为是社会团体，是消费者行使结社权的产物，但是我国消费者协会是在公权力指导下成立的，具有“官办”组织的性质，无论在地位上还是资金上都受到政府的一定制约，民间性和独立性有一定欠缺。

2. 消费者组织应以保护消费者合法权益为宗旨

由一定的社会成员按照共同的目的依法成立的社会团体，由于其追求的目的不同，因而在表现形式上是多种多样的，如我国的工会、妇联、青联等人民群众团体，律协、记协等职业团体，各类因志向、兴趣而成立的学术研究团体等。消费者组织的宗旨在于保护其成员，即消费者的合法权益，为消费者发声，为消费者争取利益，代表消费者向经营者追诉，这些都体现了消费者组织的自益性。自世界上第一个消费者组织——纽约消费者协会的发起成立，到 1960 年国际消费者组织联盟（IOCU）的成立，从 1984 年我国消费者协会的成立到如今，消费者组织一以贯之地演绎着同一主题——代表消费者、保护消费者。我国消费者协会虽不是纯民间的消费者组织，但《中国消费者协会章程》第三条明确表态：“中国消费者协会的宗旨是：对商品和服务进行社会监督。保护消费者的合法权益；引导广大消费者合理、科学消费，促进社会主义市场经济健康发展。”也正是此规定，使得各界人士均认为中国消费者协会是不容置疑的消费者组织。

3. 消费者组织具有非营利性

从微观上看，它是按一定的程序组织起来的非营利性的社会团体，不同于企业具有的营利性。非营利性是消费者组织实现其保护消费者合法权益宗旨的有效保障，也是将其归属于社会团体的基本判断标准。消费者组织成立及进行的活动只有唯一的终极目标，即保护其成员——消费者的合法权益，而非进行商业活动赢取自身利益。我国《消费者权益保护法》第三十三条对消费者组织的行为进行了两个限制：一是消费者组织不能从事营利性活动。二是不能以牟利为目的向消费者推荐商品。一旦非营利性消失，消费者组织即演变为经济组织，会丧失中立性和独立性。当然，强调消费者协会的非营利性，只是表明消费者协会不以营利为目的，但这并非意味着消费者协会不能与金钱有涉。相反，事实上社会团体必须要有经费来源，并通过对财物的运营体现其存在的意义。

（三）国际消费者联盟组织

国际消费者联盟简称 ICOU，是一个独立的、非营利的、非政治性的组织，是消费者结社权实现的国际化成果。1960 年由美国、英国、澳大利亚、比利时和荷兰五个国家的消费者组织发起成立，总部设在伦敦。它是由世界各国、地区消费者组织参加的国际消费者问题议事中心，现有 57 个国家的 169 个消费者组织会员。其中正式会员 51 个，同心会员 117 个，赞助会员 1 个。总部原设在海牙，现迁至伦敦。在马来西亚设有亚洲与太平洋地区分部。中国消费者协会于 1987 年被接纳为正式会员。

国际消费者联盟组织的宗旨是：协助并积极提倡全世界消费者组织的真诚努力和政府努力来促进消费者利益；促进消费者商品和服务在比较监测方面的国际合作，为检验方法和计划的交流提供方便；促进消费者情报、教育和保护等所有其他方面的合作，在世界范围内收集和传播有关消费者法律和实践的情报；为专门为消费者利益而工作的国家机构提供一个讲坛，使他们可以就消费者问题以及可能对这些问题作出的决议进行讨论；充当这些机构的出版物交换所，并对这些出版物的使用作出规定；出版与消费者利益有关的情报资料；代表消费者利益与联合国及其代理机构和其他国际组织保持有效联系，通过联合国及代理机构和其他合适的凡是对发展中国家的消费者教育和保护计划提供各种实际的援助和鼓励。

国际消费者联盟的活动经费主要来源于会费和出售出版物。其成立的目的是在全世界范围内做好消费者保护工作，在国际机构中代表消费者说话，具体包括协助并积极推动各国消费者组织及政府做好消费者权利保护工作、促进对消费者服务进行比较试验的国际合作、对发展中国家有关消费者教育和保护的计划给予一切实际的援助和鼓励等。

国际消费者联盟的主要活动有设立小组委员会或工作组负责检测商品，进行教育、发展、法制医疗等活动；设立图书馆以搜集和传播与消费者有关的立法、技术、教育等资料；成立警告组织，就禁止、限制出售的产品或在世界任何地方应予收回的产品向消费者提供警告；积极推动三种公民运动，即反对使用农药活动、国际健康活动、国际婴儿食品活动，并制定公民宪章，以唤起公民的批评和诉讼意识、社会责任和团结意识。

三、我国的消费者协会

（一）消费者协会设置和机构

我国消费者协会于 1984 年成立，由政府发起，经国务院批准成立，于 1987 年 9 月被国际消费者联盟吸收为正式会员，是对商品和服务进行社会监督的保护消费者合法权益的全国性社会团体。截至 2020 年底，县级以上人民政府批准设立的消费者协会 3276 个，乡镇和街道分会 25770 个。

在我国，中国消费者协会和地方消费者协会均为独立的消费者组织，其按照行政区划分，由中国消费者协会和地方各级消费者协会组成。其间没有组织上的隶属关系，中国消费者协会对地方消费者协会负有工作指导责任。其组织结构为理事制，理事会由下列各方面代表组成：工商行政管理、技术监督、物价、卫生、商业、政法机关等政府机关领导人员；工会、妇联、共青团、文联等群众团体代表；报纸、广播电视等新闻媒体代表和工人、农民、城镇居民、文艺工作者、律师等各方面群众代表。理事会设理事长一人，副理事长若干人，秘书长一人，副秘书长若干人。秘书长和副秘书长负责日常事务。理事会每年举行一次会议，理事会闭会期间由常务理事会负责有关决策工作，常务理事会可以根据需要随时召开临时会议。常设机构为办公室，下设宣传教育部、投诉处理部和消费者指导部，并配备经济、食品、电器、纺织、药品及法律等方面的专业顾问。

我国的消费者协会由政府发起，主要依靠国家财政或者地方政府财政运作。这与我国消费者协会设立时国情相关。在当时的历史背景下，很难依靠消费者自身的意愿和力量形成自我保护的社会团体。因此，中国政府为了尽快唤醒消费者自我保护意识，方便与国际消费者组织和国外消费者机构交流合作，跟上时代的步伐，发起成立了我国消费者权益保护组织——中国消费者协会。我国消费者协会属半官方性质，不可否认它在保护消费者权益方面发挥了巨大作用。消费者协会成立以来开展了各种各样的消费者权益保护运动；我国消费者保护事业在具有政府扶持的消费者协会的组织领导下，发展迅速。

（二）消费者协会的职能

根据《消费者权益保护法》第三十七条的规定，我国各级消费者协会具有下列公益性职责：

1. 向消费者提供消费信息和咨询服务，提高消费者维护自身合法权益的能力，引导文明、健康、节约资源和保护环境的消费方式

消费者信息包括：商品和服务生产者及销售者的基本情况、现状、发展趋势、表现形式等资料和信息；咨询服务是就有关消费即消费者权益保护方面的问题进行解答，消费者协会提供消费信息即咨询服务是其日常工作的重要内容。消费者协会提供上述信息和服务的方式包括设立热线咨询电话、咨询窗口、举办宣传专栏，举办讲座、培训班、展览、社会咨询等；向消费者解答问题，公布调查及测试结果，开展推荐活动，通过这些方式经常性为消费者服务。

2. 参与制定有关消费者权益的法律、法规、规章和强制性标准

作为解决消费纠纷，奋战于实践一线的组织，消费者协会掌握了一手实践情况，积累了大量的经验，拥有参与制定有关消费者权益保护的法律、法规、规章和强制性标准的理论和现实基础。

3. 参与有关行政部门对商品和服务的监督、检查

对商品和服务的监督和检查是国家赋予有关行政机关如市场监督管理、卫生管理部门的法定职权，消费者协会不直接享有这种权力。但是，消费者协会的宗旨是保护消费者利益，而保护消费者利益的主要方式之一就是对商品和服务的监督。除了依照法律、法规、规章及章程实施监督外，消费者协会还可以依照《消费者权益保护法》的规定参与有关国家行政机关的监督、

检查活动。通过这种参与活动，消费者协会既可以更充分了解、掌握有关商品和服务的基本情况、基本知识，保证其更好地为消费者提供服务，还可以督促有关职能行政机关严格履行保护消费者权益的职责。为了保证消费者协会这一职责的实现，有关国家行政机关在对关系到消费者切身利益的商品和服务进行监督、检查时，应当主动吸收消费者协会参加，消费者协会也可以依法主动参加。在监督、检查中，消费者协会应当从消费者立场出发，若发现侵犯消费者权益的行为，应及时向有关机关反映，并提出意见和建议，督促有关机关及时采取有效措施予以制止。

4. 就有关消费者合法权益的问题，向有关部门反映、查询，提出建议

这里的有关部门是指具有保护消费者权益责任和职能的行政机关和行政机构。消费者问题主要有：商品和服务的质量、价格、计量、包装、经营者违法行为的处理意见。消费者的要求和愿望反映是指向有关部门告知有关情况和问题，使引起重视。消费者协会在反映上述问题时，应做到客观、真实、全面。查询是指向有关部门调查、询问有关消费者权益保护工作的进行情况，既包括消费者协会如何工作，也包括有关部门如何处理。建议是指提出解决问题的方式和设想。消费者协会的这项职能对相关行政部门的工作起到较好的辅助作用。它既有利于更好保护消费者权益，又能起到连接消费者与政府的桥梁作用。《产品质量法》第二十三条规定“保护消费者权益的社会组织可以就消费者反映的产品质量问题建议有关部门负责处理……”。

5. 受理消费者的投诉，并对投诉事项进行调查、调解

受理消费者投诉并进行处理是消费者协会直接帮助消费者，为消费者排忧解难并维护其合法权益的一项重要日常工作。消费者在购买、使用商品或接受服务的过程中，其权益受到损害时，有权向消费者协会反映并要求其帮助解决。消费者协会对消费者的投诉不得拒绝，即使不属于消费者协会受理范围内的投诉，也应该及时告知消费者应当投诉的部门、途径。消费者协会受理投诉后，应当在查清的基础上分清责任，对消费者与经营者的争议进行调解。经调解不能达成协议或达成协议后一方反悔，消费者协会应告知消费者有权继续寻求其他途径解决争议，如申请仲裁或向人民法院起诉。对非争议的投诉事项，消费者协会应当认真听取消费者陈述，认真进行调查，核实情况，并督促经营者改正或提请有关行政机关处理。

6. 投诉事项涉及商品或服务质量问题的，可委托具备资格的鉴定人鉴定，鉴定人应当告知鉴定意见

商品或服务如果有质量问题，则需要有关部门鉴定，以便查清事实，确定责任承担者。消费者协会在受理消费者投诉时遇到此类情况，应当及时委托具有资格的鉴定人进行鉴定，鉴定人对消费者协会委托的鉴定不得无故拖延或者无理拒绝，在鉴定结论作出后，鉴定人有义务将结论尽快告知消费者协会。对有疑问的或者不能据以认定事实和分清责任的鉴定结论，消费者协会有权再次委托鉴定，鉴定人仍有义务再次进行鉴定。

7. 就损害消费者合法权益的行为，支持受损害的消费者提起诉讼或者依法提起诉讼

消费者协会对于消费者诉讼支持主要体现在两个方面：第一，消费者在购买、使用商品或者接受服务时，其合法权益受到损害，有时或者因法律知识缺乏，或者因权利意识及自我保护意识淡薄，或者考虑维权成本，或者出于经济困难，或者因外在压力等原因不能或者不敢向法院起诉。遇到这些情况时，消费者协会就应当积极支持受损害的消费者提起诉讼。我国《民事诉讼法》第十五条规定：“机关、社会团体、企业事业单位对损害国家、集体或者个人民事权益的行为，可以支持受损害的单位或者个人向人民法院起诉。”消费者协会支持消费者起诉既包括支持提起民事诉讼，也包括支持消费者对某些行政机关不依法履行保护消费者职责提起行政诉讼，还包括支持提起刑事附带民事诉讼。消费者协会支持起诉的方式是多方面的，包括提供法律上、经济上、道义上的帮助，还包括接受消费者的委托，由消费者协会内有法律专业知识的工作人员以委托代理人的身份参加诉讼。第二，对侵害众多消费者合法权益的行为，中国消费者协会以及各省、自治区、直辖市设立的消费者协会，可以向人民法院提起诉讼。这一职责最早于 2012 年修订《民事诉讼法》增加，2014 年《消费者权益保护法》修订时，第四十七条具体规定了消费者协会的该项职责。这使得消费者权益保障措施更为周全。

8. 对损害消费者合法权益的行为，通过大众传播媒介予以揭露、批评

大众传播媒介众多，形式多样，如报纸、杂志、广播、电视、互联网等。这些传媒具有传播速度快、覆盖面积广、影响大等特点。因此，大众传播媒介是消费者协会最可充分利用以发挥其自身作用、保护消费者合法权益的有

效方式，也是消费者协会联系广大消费者并获得广泛社会支持的重要途径。消费者协会针对损害消费者合法权益的行为，充分利用这些媒介对不法经营者给予曝光、批评，使他们的行为受到社会的普遍谴责，并使其在社会舆论的压力下改正其错误做法，也以此来警示、规范其他经营者。通过对损害消费者合法权益行为的揭露、批评，也可以对广大消费者起到普遍的教育作用，有利于提高消费者的自我保护意识和自我保护能力。消费者协会在履行这项职责时，应当做到事实清楚、证据确凿，揭露准确、批评得力，运用法律、法规正确。

（三）政府对消费者协会的鼓励和支持

在消费者权益保护的发展过程中，一方面，消费者组织对于国家消费者政策产生了极大的影响，同时也减轻政府管理的负担，因此政府愿意采取各种方式鼓励和支持消费者组织履行职能，让更多的消费者参与到保护队伍中来；另一方面，由于消费者组织自身的缺乏，如经费、人员、技术上的不足，消费者组织也需要国家采取必要的帮助才能在维权服务当中占据主动。因此形成一种“消费者组织—政府机构”和谐互动的保护消费者权益的模式。而政府的鼓励和支持往往体现在经费资助以及赋予其更多的维护消费者权益的法定职能上。我国消费者协会本就是在政府主导下设立的，具有半官方特征。因此，政府的鼓励和支持均能在《消费者权益保护法》中体现。我国《消费者权益保护法》第三十七条第二款规定：“各级人民政府对消费者协会履行职责应当予以必要的经事费等支持。”同时赋予消费者协会参与制定法律、法规、规章以及参与对商品和服务进行监督检查的权力和提起公益诉讼的权力。

第六章　消费者权益保护相关法律制度

第一节　商品和服务质量法律制度

消费者购买、使用商品，接受服务都是为了满足一定的需求，商品和服务的优劣程度关系到消费者的需求是否能得到充分的满足。而商品的质量问题也是最常见的消费者问题。为了确保经营者提供的商品和服务质量满足消费者的需求，各国都通过法律的手段规定各种质量管理制度，规定经营者的质量义务以及各种法律责任。

一、质量管理制度

质量管理制度是国家为了提高商品和服务质量的普遍水平，防止不符合质量要求的商品流入市场，损害消费者利益，而对商品的生产、流通及服务提供管理的制度。我国已经颁布了大量商品和服务质量管理方面的法律。

（一）标准化管理

产品的标准化管理是指规定产品和服务标准，并对标准的实施进行监督，是国家对社会产品和服务进行管理的一项重要措施。标准，指农业、工业服务业及社会事业等领域需要统一的技术要求，它以科学、技术和实践经验的综合成果为基础，经有关方面协商一致，由主管机构批准，以特定形式发布，作为共同遵守的准则和依据。标准一旦为国家制定、认可、颁布，就具有普遍约束力。标准可以从不同的角度进行分类。依据《标准化法》，我国通常采用的标准分类有两种：

一种是根据标准的制定者与实施范围，把标准分为国家标准、行业标准、地方标准、企业标准和国际标准。国家标准是由国家技术监督管理部门统一制定、颁布的在全国范围内普遍适用的标准。行业标准是指行业主管部门在没有国家标准的情况下制定的、在某一行业内普遍适用的标准。在没有国家标准的情况下，才能制定行业标准。地方标准是由省级地方标准化部门在没有国家标准或行业标准的情况下，制定的适用于本地区的标准。企业标准是企业制定的仅适用于本企业的标准。国际标准是由相关权威性国际标准化组织制定并由有关国家采用的标准。

另一种是根据标准的效力不同，将标准分为强制性标准和推荐性标准。强制性标准是指由国家、行业主管部门和地方标准化部门制定的具有强制实施效力的标准。推荐性标准是指不具有强制实施效力，仅由国家推荐有关企业采用的标准。国家强制性标准包括：药品国家标准，食品卫生国家标准，兽药国家标准，农药国家标准，产品及产品生产储运和使用中的安全、卫生国家标准，劳动安全卫生国家标准，运输安全国家标准，工程建设的质量、安全、卫生国家标准，环境保护的污染排放国家标准和环境质量国家标准，重要的、涉及技术衔接的通用技术术语、符号、代号、文件格式和制图方法国家标准等。从事科研、生产、经营的单位和个人必须严格执行强制性标准，不符合强制性标准的产品，禁止生产、销售和进口。企业执行国家、行业、地方和企业标准，应当在产品或其说明书、包装物上标明所执行的标准代号、编号和名称。生产、销售、进口不符合强制性标准的产品，要承担行政责任；造成严重后果构成犯罪的，由司法机关追究直接责任人员刑事责任。

（二）产品质量认证

产品质量认证，是指认证机构确认某种产品符合相应的标准和技术要求，并通过颁布认证证书和认证标志予以证明的活动。通过产品质量认证，可以促使经营者严格按标准进行设计、生产、施工，以保证商品的质量，并通过价格优惠、评优等方式，鼓励企业不断提高产品质量，争取获准认证。同时，通过产品质量认证书的颁发和认证标志的使用，还可以使消费者明确产品的质量状况，在购买商品时作出正确的判断和选择。我国的产品质量认证分为两种类型：一是安全认证；二是合格认证。安全认证是确认并证明产品符合强制性标准要求的安全性的认证。合格认证是确认、证明产品符合国家标准和行业标准要求的认证。对有国家标准和行业标准的产品，企业可以向国家标准化主管部门或其授权的部门设立的认证委员会申请认证。国家强制认证的产品，按有关法律、法规、规章规定强制执行认证。企业申请认证时，首先应提出申请，然后由认证委员会通知承担认证检验任务的检验机构对产品进行检验，再由认证委员会对生产企业的质量体系进行审查。对认证合格的产品，颁发认证证书，并允许使用认证标志。已经授予认证证书的产品不符合认证时采用的标准而使用认证标志出厂销售的，由标准化行政部门责令停止销售，并处以违法所得 2 倍以下的罚款。产品未经认证或认证不合格而使用认此标志出厂销售的，责令停止销售，处以违法所得 3 倍以下的罚款，并对该单位负责人处以 5000 元以下罚款。经认证的产品出厂销售，不符合认证要求时，生产企业应当负责包修包换包退，给用户和消费者造成损害的，应当承担赔偿责任。

（三）产品质量监督检查

产品质量监督检查由市场监督部门统一管理。国家市场监督部门管理全国的质量监督工作，省、市、县市场监督管理部门负责管理本地区的产品质量监督工作。产品质量监督检查的重点是有关人体健康和人身、财产安全的产品，关系国计民生的重要产品，以及用户、消费者、有关组织反映有质量问题的产品。产品质量监督检查以抽查为主，质量抽查的结果应当公布。

国家市场监督部门在监督检查中，发现不按产品技术标准生产的产品，有权制止出厂销售，追回已售出的可能危及人身安全和健康的不合格产品。对不执行产品技术标准，以次充好、弄虚作假、粗制滥造，严重违反产品技术标准以及不具备基本生产条件、产品质量低劣的，可以分情形，给予批评、警告、通报、限期改正，情节严重的，可以处以罚款，并可提请有关主管部门责令停产整顿、吊销产品生产许可证、营业执照。对获得国家质量奖或优质产品标志的产品，如质量下降，可责令其停止使用国家质量奖和优质产品标志，并限期达到原有水平，逾期未达到的，提请有关主管部门取消优质荣誉标号，收回国家质量奖或优质产品证书、标志，并予以通报。

（四）进出口商品检验

为了保证我国消费者不受外来劣质商品的损害，同时，防止我国国内生产的不合格商品流入国外，损害外国消费者的利益，提高我国产品的国际信誉，国家建立进出口商品检验制度，对进出口商品进行检验，保证进出口商品质量。国家海关根据对外贸易发展的需要，制定、调整并公布《商检机构实施检验的进出口商品种类表》，对列入种类表的进出口商品和法律、行政法规规定需检验的其他商品，必须由检验机构进行检验。对进口上述产品，未经检验的，不准进口、销售、使用；出口上述产品，未经检验的，不准出口。但应收货人、发货人申请，并经国家商检部门审查批准的，可以免检。进出口商品检验的内容包括商品的质量、规格、数量、重量、包装等是否符合安全卫生要求。法律、法规规定有强制性标准或其他必须执行的检验标准的进出口商品，依照法定标准检验。检验合格的进出口商品，商检机构可根据需要加施商检标志或封识。须经检验的进口商品的收货人，必须在卸货口岸或到达站的商检机构办理进口商品登记。对必须检验的商品未经检验而擅自进口、销售、使用、出口的，以及对抽查检验不合格的产品擅自出口的，由商检机构处以罚款；情节严重的，造成重大经济损失的，对直接责任人追究刑事责任。伪造、变造商检单证、印章、标志、封识、质量认证标志构成犯罪的，追究直接责任人员刑事责任。

二、经营者的质量义务

《产品质量法》第二十六条至第三十六条对于生产者、销售者的产品质量义务作出规定。

（一）生产者、服务提供者的质量义务

生产者、服务提供者的质量义务可以分为三方面：第一是提供的商品、服务应当符合质量要求。不存在不合理危险，有保障人体健康和人身、财产安全的国家标准、行业标准的，应当符合该标准，保证正常使用商品的应具有的性能、用途，保证以实物样品、广告、产品说明书等方式表明的商品和服务的质量状况。第二是遵守产品质量标识义务。产品或者其包装上的标识

必须真实，并符合下列要求：(1) 有产品质量检验合格证明；(2) 有中文标明的产品名称、生产厂厂名和厂址；(3) 根据产品的特点和使用要求，需要标明产品规格、等级、所含主要成分的名称和含量的，用中文相应予以标明；需要事先让消费者知晓的，应当在外包装上标明或者预先向消费者提供有关资料；(4) 限期使用的产品，应当在显著位置清晰地标明生产日期和安全使用期或者失效日期；(5) 使用不当容易造成产品本身损坏或者可能危及人身、财产安全的产品，应当有警示标志或者中文警示说明。裸装的食品和其他根据产品的特点难以附加标识的裸装产品，可以不附加产品标识。第三是禁止性义务。生产者不得生产国家明令淘汰的产品，不得伪造冒用认证标志、名优标志等质量标志，不得伪造产地，不得伪造冒用他人的厂名、厂址、产品的产地，不得掺杂、掺假，不得以假充真、以次充好，以不合格产品冒充合格产品。

（二）销售者的产品质量义务

销售者的产品质量义务第一是执行进货检查验收义务，验证产品合格证明和其他标志，减少或者杜绝假冒伪劣产品流入市场；第二是保护销售产品原有的质量；第三是不得销售失效变质的产品。

第二节　商品安全管理法律制度

食品、药品、农产品、化妆品等部分商品的质量直接关系到消费者的人身健康安全，因此，对于这些商品的质量安全的监督管理相较于普通商品更为严格。我国制定了《食品安全法》《药品管理法》等专门法，对于产品安全管理进行规定。

一、食品安全管理法律制度

（一）食品安全最严监管制度

一是完善、统一了权威的食品安全监管机构。终结了“九龙治水”的食品安全分段监管模式，从法律上明确由市场监督管理部门统一监管。二是建立最严格的全过程的监管制度。对食品生产、流通、餐饮服务和食用农产品销售等环节，食品添加剂、食品相关产品的监管以及网络食品交易等新兴业态进行了细化和完善。三是更加突出预防为主、风险防范。进一步完善了食品安全风险监测、风险评估制度，增设了责任约谈、风险分级管理等重点制度。四是建立最严格的标准。明确了食品药品监管部门参与食品安全标准制定工作，加强了标准制定与标准执行的衔接。五是对特殊食品实行严格监管。明确特殊医学用途配方食品、婴幼儿配方乳粉的产品配方实行注册制度。六是加强对农药的管理。明确规定，鼓励使用高效低毒低残留的农药，特别强调剧毒、高毒农药不得用于瓜果、蔬菜、茶叶、中草药材等国家规定的农作物。七是加强风险评估管理。明确规定通过食品安全风险监测或者接到举报发现食品、食品添加剂、食品相关产品可能存在安全隐患的，必须进行食品安全风险评估。八是建立最严格的法律责任制度。从民事和刑事等方面强化了对食品安全违法行为的惩处力度。

（二）食品安全社会共治制度

一是行业协会要当好引导者。《食品安全法》规定，食品行业协会应当加强行业自律，按照章程建立健全行业规范和奖惩机制，提供食品安全信息、技术等服务，引导和督促食品生产经营者依法生产经营。二是消费者协会要当好监督者。《食品安全法》明确规定，消费者协会和其他消费者组织对违反《食品安全法》规定，损害消费者合法权益的行为，依法进行社会监督。三是举报者奖励和特殊保护制度。《食品安全法》规定，对查证属实的举报应当给予举报人奖励，对举报人的相关信息，政府和监管部门要予以保密。同时，参照国外的“吹哨人”制度和公益告发制度，明确规定企业不得通过解除或者变更劳动合同等方式对举报人进行打击报复，对内部举报人给予特别保护。四是新闻媒体要当好公益宣传员。媒体应当开展食品安全法律、法规以及食品安全标准和知识的公益宣传，并对食品安全违法行为进行舆论监督。同时，规定对在食品安全工作中做出突出贡献的单位和个人给予表彰、奖励。

（三）互联网食品交易监管制度

一是明确网络食品第三方交易平台的一般性义务，即要对入网经营者实名登记，要明确其食品安全管理责任。二是明确网络食品第三方交易平台的管理义务，即要对依法取得许可证才能经营的食品经营者许可证进行审查，特别是发现入网食品经营者有违法行为的，应当及时制止，并立即报告市场监督管理部门。对发现严重违法行为的，应当立即停止提供网络交易平台的服务。三是规定消费者权益保护的义务，包括消费者通过网络食品交易第三方平台购买食品，其合法权益受到损害的，可以向入网的食品经营者或者食品生产者要求赔偿，如果网络食品第三方交易平台的提供者对入网的食品经营者真实姓名、名称、地址和有效方式不能提供的，要由网络食品交易平台提供赔偿，网络食品交易第三方平台提供赔偿后，有权向入网食品经营者或者生产者进行追偿，网络食品第三方交易平台提供者如果作出了更有利于消费者承诺的，应当履行承诺。

（四）企业主体责任制度

一是要求健全落实企业食品安全管理制度。提出食品生产经营企业应当建立食品安全管理制度，配备专职或者兼职的食品安全管理人员，并加强对其的培训和考核。要求企业主要负责人对本企业的食品安全工作全面负责，认真落实食品安全管理制度。二是强化生产经营过程的风险控制。提出要在食品生产经营过程中加强风险控制，要求食品生产企业建立并实施原辅料、关键环节、检验检测、运输等风险控制体系。三是增设食品安全自查和报告制度。提出食品生产经营者要定期检查评价食品安全状况；条件发生变化、不再符合食品安全要求的，食品生产经营者应当采取整改措施；有发生食品安全事故潜在风险的，应当立即停止生产经营，并向市场监督管理部门报告。

（五）地方政府属地管理责任

一是强化食品安全保障能力。针对一些地方不重视食品安全工作、食品安全监管能力不足的问题，《食品安全法》提出县级以上人民政府要将食品安全工作纳入本级国民经济和社会发展规划，将食品安全工作经费列入本级政府财政预算，加强食品安全监管能力建设。二是实行食品安全管理责任制。要求上级人民政府对下一级人民政府和本级食品安全监管部门的工作作出评议和考核。三是强化对小作坊、食品摊贩等监管。四是强化食品安全责任追究。

（六）食品检验制度

一是规定了食品检验机构资质认定制度。食品检验机构按照国家有关认证认可的规定取得资质认定后方可从事食品检验活动。而且规定，检验人独立进行检验，保证出具的检验数据和结论客观公正，不得出具虚假的检验报告。食品检验报告应当加盖食品检验机构公章，并有检验人签名或盖章，食品检验机构和检验人对出具的检验报告负责。二是任何食品都不能免检。“免检”并不一定都是安全的，有时它会麻痹消费者。而质检部门因企业既往“产品质量长期稳定”而予以免检，容易导致企业在没有监督的情况下，放松对自身的质量要求，食品安全监督管理部门对食品不得实施免检，将此前国务院废除免检的措施法制化。而进行抽样检验，应当购买抽取的样品，不收取检验费和其他任何费用。三是确立了食品召回制度。食品生产者发现其生产的食品不符合食品安全标准，应当立即停止生产，召回已经上市销售的食品。消费者还可以向生产者或者销售者要求支付价款10倍的赔偿金。任何食品添加剂目录外的物质都不能使用。

（七）食品生产经营管理制度。

1. 食品生产经营实行许可制度

从事食品生产、食品流通、餐饮服务，应当依法取得食品生产许可证、食品流通许可证、餐饮服务许可证。未取得许可证从事食品生产经营活动的，属于非法经营，应予取缔，并依法追究责任。同时，食品生产经营实行进货查验制度。食品生产企业应当建立食品原料、食品添加剂、食品相关产品进货查验记录制度，如实记录食品原料、食品添加剂、食品相关产品的名称、规格、数量、供货者名称及联系方式、进货日期等内容，进货查验记录应当真实，保存期限不得少于两年。

2. 出厂检验记录制度

食品生产企业应当查验出厂食品的检验合格证和安全状况，并如实记录食品的名称、规格、数量、生产日期、生产批号、检验合格证号、购货者名称及联系方式、销售日期等内容。食品出厂检验记录应当真实，保存期限不得少于两年。这是为了在食品安全事故处置时，能够追根溯源，防止事故进一步扩大。

3. 食品安全标识制度

食品和食品添加剂的标签、说明书，不得含有虚假、夸大的内容，不得涉及疾病预防、治疗功能。所以，保健食品不能宣传治疗功效。具有特定保健功能的食品，在标签、说明书上不得涉及疾病预防、治疗功能，内容必须真实，应载明适宜人群、不适宜人群，功效成分或者标志性成分及其含量等。这一法律条款，给保健食品设定了必须遵守的“硬杠杠”：如果是按照保健食品审批的，宣传过程中就不能对消费者说服用后能预防、治疗某种疾病。

4. 进出口食品安全管理制度

首先，进口的食品应当符合我国食品安全标准，经出入境检验检疫机构检验合格后，海关才能放行。其次，向我国境内出口食品的境外食品生产企业应当经国家出入境检验检疫部门注册。最后，进口食品应当有中文标签、中文说明书。标签和说明书应当符合我国法律、法规的相关规定。

二、药品管理法律制度

药品是指用于预防、治疗、诊断人的疾病，有目的地调节人的生理机能并规定有适应症或者功能主治、用法和用量的物质，包括中药材、中药饮片、中成药、化学原料药及其制剂、抗生素、生化药品、放射性药品、血清疫苗、血液制品和诊断药品等。我国对药品监督管理包含以下方面：

（一）药品企业管理

药品企业管理包括药品生产企业的管理和药品经营企业的管理。药品生产企业开办应符合两方面的特殊要求：第一，必须具备开办药品生产企业的条件，即具有与所生产药品相适应的药师或助理工程师以上技术人员及技术工人，具有与所生产药品相适应的厂房、设施和卫生环境，配置输液剂、粉针剂的必须具备超净条件，具有能对所生产药品进行质量检验的机构、人员以及必要的设备，具有保证药品质量的规章制度。第二，必须取得《药品生产许可证》，即必须经所在地的药品生产经营主管部门审查同意并核发。药品生产企业组织生产活动，应当遵循《药品生产质量管理规范》，生产记录必须完整准确，并必须对其生产的药品进行质量检验。药品经营企业开办要具有依法经过资格认定的药品技术人员；具有与经营药品相适应的营业场所、设备、仓储设施、卫生环境；具有与所经营药品相适应的质量管理机构和保证所经营药品质量的规章制度；取得《药品经营许可证》。药品经营企业在经营活动中应当按照《药品经营质量管理规范》经营药品，建立并执行进货检查验收制度，验明药品合格证明和其他标识，不符合要求的不得购进。药品经营企业购销药品必须要有真实完整的购销记录，注明药品的通用名称、剂型、规格、批号、有效期、生产厂家、购（销）货单位、数量、购销价格、购销日期等，调配处方药必须经过核对，对处方所列药品不得擅自更改或者代用，对有配药禁忌或者超剂量的处方应当拒绝调配，药品出库和入库必须执行检查制度等。

（二）药品管理

药品必须符合国家药品标准。我国对药品的生产、包装、广告、价格、进出口有以下严格的规定：

1. 生产管理

生产新药或者已有国家标准的药品的，必须经过国家药品监督管理部门批准，并发给药品批准文号。药品生产企业在取得药品批准文号后方可生产该药品。国家禁止生产、销售假药、劣药。有下列情形之一的，为假药：(1）药品所含成分与国家药品标准规定的成分不符的；(2）以非药品冒充药品或者以他种药品冒充此种药品的。有下列情形之一的药品，按假药论处：(1）国务院药品监督管理部门规定禁止使用的；(2）依照《药品管理法》必须批准而未经批准生产、进口，或者依法必须检验而未经检验即销售的；(3）变质的；(4）被污染的；(5）使用依法必须取得批准文号而未取得批准文号的原料药生产的；（6）所标明的适应症或者功能主治超出规定范围的。药品成分的含量不符合国家药品标准的，为劣药。有下列情形之一的药品，按劣药论处：(1）未标明有效期或者更改有效期的；(2）不注明或者更改生产批号的；(3）超过有效期的；(4）直接接触药品的包装材料和容器未经批准的；(5）擅自添加着色剂、防腐剂、香料、矫味剂及辅料的；(6）其他不符合药品标准规定的。

2. 进出口管理

药品进出口管理是药品管理中的重要组成部分。药品进口，须经国务院药品监督管理部门组织审查，经审查确认符合质量标准、安全有效的，方可批准进口，并发给进口药品注册证书，按照有关规定办理进口手续，禁止进口疗效不确定、不良反应大或者其他原因危害人体健康的药品。

3. 包装管理

直接接触药品的包装材料和容器，必须符合药用要求，符合保障人体健康安全标准，并适合药品质量要求，方便储存、运输和医疗使用。包装必须印有或者贴有标签并附有说明书，注明通用名称、成分、规格、生产企业、批准文号、产品批号、生产日期、有效期、适应症、功能主治、用法、用量、禁忌、不良反应和注意事项等。麻醉药品、精神药品、医疗用毒性药品、放射性药品、外用药品和非处方药的标签和说明书，必须印有规定的标志。

4. 广告管理

药品广告必须经所在省、自治区、直辖市药品监督管理部门颁发的药品广告批准文号，未取得药品广告批准文号的，不得发布药品广告。处方药只能在国家卫生部门和药品监督管理部门共同指定的医学、药学专业刊物上介绍，不得在大众传播媒介发布广告或者以其他方式进行以公众为对象的广告宣传。药品广告不得含有不科学的表示功效的断言和保证，不得利用国家机关、医疗科研单位、学术机构或者专家、学者、医师、患者的名义和形象作证明。

（三）药剂管理

医疗机构设立制剂室，应当向所在省、自治区、直辖市卫生行政部门提出申请，经审核同意后，报同级药品监督管理部门审批，验收合格后予以批准，发给《医疗机构制剂许可证》。

医疗机构配制制剂，必须向药品监督管理部门报送有关资料和样品，并取得批准，而且配制的制剂不得在市场上销售或者变相销售，不得发布医疗机构制剂广告。医疗机构审核和调配处方的药剂人员必须是依法经资格认定的药学技术人员，非药学技术人员不得直接从事药剂技术工作。医疗机构购进药品，必须有真实、完整的药品购进记录。医疗机构必须制定和执行药品保管制度，采取必要的冷藏、防冻、防潮、防虫、防鼠等措施，保证药品质量。

（四）药品监督

药品监督管理部门有权按照法律、行政法规的规定对报经其审批的药品研制和药品的生产、经营以及医疗机构使用药品的事项进行监督检查，有关单位和个人不得拒绝和隐瞒；也有权根据监督检查的需要，对药品质量进行抽查检验，对有证据证明可能危害人体健康的药品及其材料可以采取查封、扣押的行政强制措施，直至作出行政处罚决定。

（五）特殊药品管理

某些药品由于本身的毒性或副作用比较大，按一般要求进行管理，不足以充分有效地防止其可能对人民身体健康和生命安全造成的危害，为了保证此类药品正常发挥治疗、预防和诊断疾病的作用，控制其危害，国家对这一类药品实施特殊管理。根据现有法律规定，目前我国实行特殊管理的药品包括麻醉品、精神药品、放射性药品，对其生产、收购、供应、运输、进出口、使用都作出了特别规定。法律法规有：《麻醉药品和精神药品管理条例》《放射性药品管理办法》等。

一是实行计划控制、定点生产。生产、收购、供应、配制毒性药品的计划由省级医药管理部门制定，经省级卫生行政部门审核后，由医药管理部门下达给指定的单位，生产单位不得擅自改变生产计划，自行销售。

二是实行严格的规范化生产。对于毒性药品，药厂必须由医药专业人员负责生产、配制及质量检验，并建立严格的管理制度，严防与其他药品混杂。每次配料必须经两人以上复核无误，并详细记录。每次生产所用原料和成品数，经手人要签字备查。加工炮制毒性中药，必须按照国家药典及炮制规范规定进行。精神药品的生产单位必须建立严格的管理制度，设立原料、制剂的专用仓库，并指定专人管理等。

三是强化流通环节的控制。毒性药品的收购、经营由各级医药管理部门指定的药品经营单位负责，配方、用药由国营药店、医疗单位负责。医疗单位供应和调配毒性药品，应凭盖有医生签名的正式处方。国营药店供应和调配毒性药品，应凭医生所在医疗单位公章的正式处方。科研和教学单位所需的毒性药品，必须持本单位的证明信，经所在地县以上卫生部门批准后，供应部门方能发售。群众自配民间单、秘、验方需用毒性中药，购买时要持本单位或街道办事处、乡镇人民政府的证明信，供应部门方可发售。

四是严格药品标识和广告管理。对实行特殊管理的药品必须使用国家规定的标识，发布广告应经有关卫生行政部门的特别批准。

五是强化特殊药品使用管理。除特殊需要外，第一类精神药品的处方每次不超过三日常用量，第二类精神药品的处方每次不超过七日常用量，处方应当留存两年备查。毒性药品每次处方剂量不得超过两日服量。放射性药品的使用，必须由与其医疗任务相适应的并经核医学技术培训的技术人员进行。

第三节 消费者公平交易保障法律制度

影响公平交易的因素多种多样，市场供求状况、市场竞争程度、交易双方的实力对比、交易双方对市场信息的了解程度以及对交易物的了解程度都有可能影响交易公平。在现代工业社会，弱小、分散的消费者一方往往处于非常不利的地位，易导致不公平交易发生。这种不对等地位需要通过国家干预来矫正。我国已经颁布实施《反垄断法》《反不正当竞争法》《计量法》《价格法》，通过法律手段来约束经营者的市场行为，保障消费者的公平交易。

一、竞争法律制度

对消费者有利的市场环境通常包括两个方面：一是商品的供应大于需求；二是市场的充分竞争。只有满足这两方面，消费者自由选择商品、获得合理的价格以及有利的交易条件才有保障。市场充分竞争能够使资源得以最有效配置，也给消费者带来利益。因此，维护消费者合法权益，需维护良好竞争环境。而竞争法便以此为目的，包括《反垄断法》《反不正当竞争法》，主要规制市场的垄断行为和不正当竞争行为。

（一）垄断行为规制

《反垄断法》素有“经济宪法”之称，是维护市场竞争秩序、充分发挥市场配置资源作用的重要法律。建立平等竞争的市场环境，消除垄断对市场经济造成的破坏，有效维护消费者合法权益，成为保护公平竞争市场秩序的立法目的。《反垄断法》对于以下垄断行为进行规制。

1. 垄断协议行为

垄断协议，是指排除、限制竞争的协议、决定或者其他协同行为。禁止具有竞争关系的经营者达成下列垄断协议：（1）固定或者变更商品价格；（2）限制商品的生产数量或者销售数量；（3）分割销售市场或者原材料采购市场；（4）限制购买新技术、新设备或者限制开发新技术、新产品；（5）联合抵制交易；（6）国务院反垄断执法机构认定的其他垄断协议。禁止经营者与交易相对人达成下列垄断协议：（1）固定向第三人转售商品的价格；（2）限定向第三人转售商品的最低价格；（3）国务院反垄断执法机构认定的其他垄断协议。

2. 滥用市场支配地位行为

市场支配地位，是指经营者在相关市场内具有能够控制商品价格、数量或者其他交易条件，或者能够阻碍、影响其他经营者进入相关市场能力的市场地位。认定经营者具有市场支配地位，应当依据下列因素：（1）该经营者在相关市场的市场份额，以及相关市场的竞争状况；（2）该经营者控制销售市场或者原材料采购市场的能力；（3）该经营者的财力和技术条件；（4）其他经营者对该经营者在交易上的依赖程度；（5）其他经营者进入相关市场的难易程度；（6）与认定该经营者市场支配地位有关的其他因素。有下列情形之一的，可以推定经营者具有市场支配地位：（1）一个经营者在相关市场的市场份额达到1/2的；（2）两个经营者在相关市场的市场份额合计达到2/3的；（3）三个经营者在相关市场的市场份额合计达到3/4的。有上述规定的情形，其中有的经营者市场份额不足1/10的，不应当推定该经营者具有市场支配地位。

禁止具有市场支配地位的经营者实施下列滥用市场支配地位的行为：（1）以不公平的高价销售商品或者以不公平的低价购买商品；（2）没有正当理由，以低于成本的价格销售商品；（3）没有正当理由，拒绝与交易相对人进行交易；（4）没有正当理由，限定交易相对人只能与其进行交易或者只能与其指定的经营者进行交易；（5）没有正当理由搭售商品，或者在交易时附加其他不合理的交易条件；（6）没有正当理由，对条件相同的交易相对人在交易价格等交易条件上实行差别待遇；（7）国务院反垄断执法机构认定的其他滥用市场支配地位的行为。

3. 经营者集中行为

经营者集中是指下列情形：（1）经营者合并；（2）经营者通过取得股权或者资产的方式取得对其他经营者的控制权；（3）经营者通过合同等方式取得对其他经营者的控制权或者能够对其他经营者施加决定性影响。经营者集中达到国务院规定的申报标准的，经营者应当事先向国务院反垄断执法机构申报，未申报的不得实施集中。审查经营者集中，应当考虑下列因素：（1）参与集中的经营者在相关市场的市场份额及其对市场的控制力；（2）相关市场的市场集中度；（3）经营者集中对市场进入、技术进步的影响；（4）经营者集中对消费者和其他有关经营者的影响；（5）经营者集中对国民经济发展的影响；（6）国务院反垄断执法机构认为应当考虑的影响市场竞争的其他因素。

4. 滥用行政权力排除、限制竞争行为

首先，行政机关和法律、法规授权的具有管理公共事务职能的组织不得滥用行政权力，限定或者变相限定单位或者个人经营、购买、使用其指定的经营者提供的商品。其次，不得实施下列妨碍商品在地区之间的自由流通的行为：（1）对外地商品设定歧视性收费项目、实行歧视性收费标准，或者规定歧视性价格；（2）对外地商品规定与本地同类商品不同的技术要求、检验标准，或者对外地商品采取重复检验、重复认证等歧视性技术措施，限制外地商品进入本地市场；（3）采取专门针对外地商品的行政许可，限制外地商品进入本地市场；（4）设置关卡或者采取其他手段，阻碍外地商品进入或者本地商品运出；（5）妨碍商品在地区之间自由流通的其他行为。再次，不得滥用行政权力，以设定歧视性资质要求、评审标准或者不依法发布信息等方式，排斥或者限制外地经营者参加本地的招标投标活动。最后，不得滥用行政权力，采取与本地经营者不平等待遇等方式，排斥或者限制外地经营者在本地投资或者设立分支机构；不得滥用行政权力，强制经营者从事本法规定的垄断行为；不得滥用行政权力，制定含有排除、限制竞争内容的规定。

（二）不正当竞争行为规制

我国《反不正当竞争法》规制市场的不正当不公平竞争行为，维护市场秩序，保护消费者利益。该法对于典型的不正当竞争行为进行列举：

1. 商业混淆行为

这是指经营者假冒其他经营者的商业标识，引人误认为是他人商品或者与他人存在特定联系。混淆行为表现形式有：擅自使用与他人有一定影响的商品名称、包装、装潢等相同或者近似的标识；擅自使用他人有一定影响的企业名称、社会组织名称、姓名；擅自使用他人有一定影响的域名主体部分、网站名称、网页等；其他足以引人误认为是他人商品或者与他人存在特定联系的混淆行为。

2. 商业贿赂行为

这是指经营者为了获得交易机会或者竞争优势，采用财物或者其他手段贿赂单位或者个人的行为。贿赂既包括一定数量的金钱，也包括一定价值的财产，还包括其他利益，如旅游、招待、安排子女亲属工作等。贿赂的对象包括三类：交易相对方的工作人员；受交易相对方委托办理相关事务的单位或个人；利用职权或者影响力影响交易的单位或者个人。

3. 虚假宣传行为

这是指经营者对其商品的性能、功能、质量、销售状况、用户评价、曾获荣誉等做虚假或者引人误解的商业宣传，欺骗、误导消费者。经营者不得通过组织虚假交易等方式，帮助其他经营者进行虚假或者引人误解的商业宣传。例如，网购中一些商家通过刷单制造虚假销售和好评，商品却以次充优就属于虚假宣传。

4. 侵犯商业秘密行为

商业秘密是指不为公众所知悉、具有商业价值并经权利人采取相应保密措施的技术信息和经营信息。经营者不得实施下列侵犯商业秘密的行为：以盗窃、贿赂、欺诈、胁迫或者其他不正当手段获取权利人的商业秘密；披露、使用或者允许他人使用以前项手段获取的权利人的商业秘密；违反约定或者违反权利人有关保守商业秘密的要求，披露、使用或者允许他人使用其所掌握的商业秘密；教唆、引诱、帮助他人违反保密义务或者违反权利人有关保守商业秘密的要求，获取、披露、使用或者允许他人使用权利人的商业秘密；

第三人明知或者应知商业秘密权利人的员工、前员工或者其他单位、个人实施前款所列违法有为，仍获取、披露、使用或者允许他人使用该商业秘密的，视为侵犯商业秘密。

5. 不当有奖销售行为

有奖销售在日益激烈的市场竞争中已经成为企业的主要促销手段之一，但考虑到有奖销售带有较大的偶然性和引诱性，如果不当使用就会损害消费者的利益，不利于公平、公正的市场竞争，所以，经营者进行有奖销售，必须符合法律规定的要求，禁止下列情形：（1）所设奖的种类、兑奖条件、奖金金额或者奖品等有奖销售信息不明确，影响兑奖；（2）采用谎称有奖或者故意让内定人员中奖的欺骗方式进行有奖销售；（3）抽奖式的有奖销售，最高奖的金额超过5万元。

6. 商业诋毁行为

这是指经营者编造、传播虚假信息或者误导性信息，损害竞争对手的商业信誉、商品声誉的行为。商业信誉和商品声誉是生产经营者在市场竞争中逐步形成的，捏造、散布虚假事实，会使经营者失去其不应失去的消费者和用户，影响其正常竞争力，甚至还可能导致企业的破产。

7. 互联网领域特有的不正当竞争

这主要表现为网络经营者之间为了竞争，利用技术手段，通过影响用户选择或者其他方式，实施妨碍、破坏其他经营者合法提供的网络产品或服务正常运行的行为。典型表现形式为：（1）未经其他经营者同意，在其合法提供的网络产品或者服务中，插入链接、强制进行目标跳转；（2）误导、欺骗、强迫用户修改、关闭、卸载其他经营者合法提供的网络产品或者服务；（3）恶意对其他经营者合法提供的网络产品或者服务实施不兼容；（4）其他妨碍、破坏其他经营者合法提供的网络产品或者服务正常运行的行为。

这些不正当竞争行为对消费者或欺骗或强制，交易条件对消费者不公平。因此，规制不正当竞争行为对消费者在交易中能获得更为公平合理的交易条件有很重要意义。

二、计量管理法律制度

计量准确是公平交易的又一项要求，包含计量单位和计量器具。《计量法》规定，我国实行法定计量单位制度，采用国际单位制计量单位和国家选定的计量单位。对于计量器具管理，实行以下管理制度：一是许可证制度。经营者事先取得许可证，方可使用国家统一规定的许可标识。二是计量检定制度。评定计量器具的计量性能、确定其是否合格所进行的全部工作。三是计量认证制度。政府计量行政部门对有关技术机构计量检定、测试的能力和可靠性进行的考核和证明。四是定型鉴定、形式批准和样机试验制度。五是计量器具销售管理制度。

三、价格管理法律制度

（一）价格制定

《价格法》规定了商品和服务的三种价格确定形式：政府定价、政府指导价和市场调节价。在价格制定方面体现对消费者权益的保护：一是消费者有参与定价的权利。政府价格主管部门和其他有关部门制定政府指导价、政府定价，应当听取消费者的意见；制定关系群众切身利益的公用事业价格、公益性服务价格、自然垄断经营商品价格等政府指导价、政府定价，应当建立听证会制度，征求消费者的意见。二是消费者可以对政府指导价、政府定价提出调整建议。三是消费者有权对政府和经营者的价格行为进行社会监督。四是消费者有权举报价格违法行为。五是经营者有义务向消费者提供价格合理的商品和服务，经营者销售、收购商品和提供服务应当明码标价，不得在标价之外加价出售商品，不得收取任何未予标明的费用。

（二）价格违法行为规制

禁止以下不正当价格行为：第一，相互串通，操纵市场价格，损害其他经营者或者消费者的合法权益。操纵市场价格是经营者消除或限制价格竞争的行为，是一种直接利用价格进行不正当价格竞争的行为。第二，除依法降价处理鲜活商品、季节性商品、积压商品等商品外，为了排挤竞争对手或者独占市场，以低于成本的价格倾销，扰乱正常的生产经营秩序，损害国家利益或者其他经营者的合法权益。第三，捏造、散布涨价信息，哄抬价格，推动商品价格过高上涨。哄抬价格行为是一种故意扰乱市场秩序的行为，尤其是在商品供不应求时，捏造、散布涨价信息，可能会引起商品价格上涨过高，造成市场秩序混乱，引起消费者恐慌。第四，利用虚假的或者使人误解的价格手段，诱骗消费者或者其他经营者与其进行交易。主要有：虚假降价，谎称降价而实际上没有降价；模糊标价，用模糊语言、文字、计量单位等表示价格。这不仅会损害其他经营者和消费者的利益，而且会破坏正常的市场秩序，造成经济生活的紊乱。第五，提供相同商品或者服务，对具有同等交易条件的其他经营者实行价格歧视。价格歧视是指经营者提供相同等级、相同质量的商品或服务时，使同等交易条件的接受者在价格上处于不平等地位。第六，采取抬高等级或者压低等级等手段收购、销售商品或者提供服务，变相提高或者压低价格。变相涨价和变相降价都是损害国家和消费者利益的行为。变相涨价一般在供不应求时发生较多，变相降价一般发生在供过于求的情况下。第七，违反法律、法规的规定牟取暴利，暴利行为既严重背离价值，也不反映供求关系，破坏了市场经济等价交换、公平竞争的基本法则，严重损害消费者的合法权益。第八，法律、行政法规禁止的其他不正当价格行为。

（三）价格总水平调控

国家要根据国民经济发展的需要和社会承受能力，确定市场价格总水平调控目标，综合运用货币、财政、投资、进出口等方面的政策和措施予以实现。这对于稳定市场物价，保护消费者权益具有重要意义。我国已经建立重要商品储备制度、设立价格调解基金调控价格，稳定市场。政府价格部门还建立价格检测制度，对重要商品和服务价格的变动进行监测。如果价格总水平发生异常，就需要采取措施。

（四）价格监督检查

价格监督有国家监督、社会监督和内部监督三种形式。在我国，行使价格监督权的国家机关主要是各级物价管理部门。县级以上各级人民政府价格主管部门，依法对价格活动进行监督检查，并依照《价格法》的规定对价格违法行为实施行政处罚。

第七章　消费争议的解决

第一节　消费争议概述

一、消费争议的概念与类型

（一）消费争议的概念和特征

消费争议是消费者和经营者之间与消费者权益有关的争议，具体来说，是消费者认为经营者行为损害其合法权益，或由于消费者与经营者之间就消费者权益有关问题因不同认知而产生的争议。消费争议一方必定为消费者，另一方必定为经营者。两方均为消费者以及两方均为经营者的争议不是消费争议。例如，药品生产企业与生产原料药企业订立买卖合同，在合同履行中产生的纠纷为商事合同纠纷。自然人之间借款合同纠纷是普通民事合同纠纷。根据《消费者权益保护法》的有关规定，农民在购买、使用直接用于农业生产的生产资料过程中与经营者发生的争议，也参照该法处理。这属于特殊规定。

消费争议性质上属于民事争议。虽然争议双方具有特定身份，但从形式上为平等民事主体之间的纠纷。但是，与普通民事争议相比，消费争议的特殊性在于消费者处于弱势地位，消费者与经营者之间信息不对称，事实上的权利义务不对等。消费争议的特征包括以下几个方面。

第一，消费争议双方地位不对等。双方仅在形式上平等，实质地位并不平等。首先，双方经济实力不对等。经营者往往具有雄厚的经济实力，甚至为支配市场的垄断性企业，消费者为分散、不特定的个体，经济实力极其有限。其次，双方信息不对称。经营者能够对自身经营领域的商品和服务信息了如指掌，而消费者并非消费领域的专家，经营者常利用消费者对信息的不充分了解进而侵害消费者合法权益。这种不平等往往导致经营者多利用其自身优势剥夺消费者的选择权与话语权，致使消费者处于被动的地位。如经营者利用垄断权，订立显失公平的霸王条款、格式条款等。因此，消费争议主要为消费者认为经营者损害其权益而产生争议。

第二，消费争议中消费者举证困难且举证成本高昂。首先，有的消费者维权意识不足，在消费过程中不注意索要发票或索要发票之后不注意保存，又或者由于商品质量问题发生安全事故后，消费者不注意保护和保存事故现场存在的证据。消费者在没有证据的情况下若想通过诉讼维权，多半要承担败诉的风险。其次，消费者举证成本过高。比如，当发生商品质量问题时，质量鉴定是诉讼中最有效、最为重要的一种证据形式，但质量鉴定成本高，甚至超过商品的标的额，进行质量鉴定对于消费者来说得不偿失。

第三，消费争议中经营者具有双面性。一方面，在消费争议中，经营者可能利用其经济优势地位向消费者施压，拒绝承担义务。另一方面，部分经营者往往注重其商业信誉的维护，当发生纠纷时，他们倾向于及时解决纠纷，甚至不惜满足消费者提出的过分要求来避免商业信誉的毁损。因此，经营者的态度对于消费争议化解来说具有双面性，不仅要考虑在纠纷解决中自身利益的最大化，还要顾及消费争议给其商誉带来的负面影响。

第四，消费争议具有小额性。顾名思义，小额消费争议是指消费争议金额小。日常生活中我们普遍遇到的都是小额消费争议，而普通民事纠纷解决机制往往成本过高、周期过长、程序烦琐，难以直接适用于小额消费争议。小额消费争议的解决存在着维权投入与回报的比例问题，如果维权回报小于投入，绝大多数消费者会放弃行使权利，这样不仅纵容了经营者的不当经营行为，还不利于市场秩序的健康发展。

第五，消费争议具有多样复杂性。近年来，市场经济的发展让人们生活水平不断提升，消费能力随之升级，市场上各种功能的消费品层出不穷，消费产业日新月异。人们在生活的方方面面都有可能涉及消费争议，并且消费争议涉及诸多领域的专业知识，如食品药品纠纷、医疗纠纷、旅游纠纷、预付纠纷、在线纠纷等。消费争议的类型也是多种多样，如违约纠纷与侵权纠纷、商品纠纷与服务纠纷、大额纠纷与小额纠纷等。消费升级提升人们生活水平的同时，多样复杂的消费争议也需得到有效化解。

第六，消费争议具有社会公益性。消费争议具有私权与公益的二元属性。消费争议的解决不仅关乎消费者与经营者利益的实现，更关乎社会的公共利益。我们每个人都可能成为消费者或者潜在的消费者，虽然经营者在利益驱动下侵害的是一个个的消费者个体，但是当侵害达到一定规模时就容易演变成群体消费争议，若在开始阶段得不到及时、有效解决，将有可能波及社会群体利益，危及社会整体的和谐稳定。另外，消费争议的普遍性、多样性与复杂性，更是加大了争议解决的难度，从侧面也反映了如果消费争议处理不当，其不良影响和后果将涉及诸多领域，危及社会的整体安全。因此，从维护社会稳定与安全的角度来看，消费争议的有效解决有助于维护社会的公共利益。

（二）消费争议的类型

对消费争议进行类型化的分析和研究，有助于根据消费争议的不同特点，探寻解决消费争议的最佳途径。

第一，从消费争议的具体内容和构成来看，消费争议可以划分为合同争议与侵权争议。其中消费合同争议，主要是指消费者与经营者存在交易关系，双方就合同是否成立、生效，商品或者服务的价格、质量、时间等合同内容与合同权利义务履行密切相关的争议。侵权争议包括直接侵权和通过一定媒介而侵权产生的争议。直接侵权是经营者直接对消费者的人身、财产权益进行侵害。例如，经营者对消费者搜身、侮辱、诽谤等。通过一定媒介而侵权往往通过提供给消费者的产品、经营者的设施等侵害消费者利益。例如，产品侵权和经营者违法安全保障义务构成的侵权。

第二，从消费领域上，也可以对消费争议作出划分，如家庭用品交易中的纠纷、旅游纠纷、租赁纠纷等。近年来我国生活消费品的范围扩大，产生了一些新型消费纠纷。如教育培训服务类消费争议，美容、整形消费争议，家用汽车消费争议等。

第三，根据消费争议的标的大小，还可以将消费争议划分为两种类型：一是小额消费争议。这类案件由于消费者所受的损失较小，消费者维权的投入一般会高于其最终获得的赔偿，因此消费者维权成本会阻碍其选择诉讼、仲裁等解决争议的方式。当然，小额消费争议通过和解、调解、申诉等方式解决也更为便捷高效。二是普通消费争议。这类消费争议，可能争议的标的额较大或者情节比较复杂，也可能涉及消费者数量众多，采用诉讼解决更为有利。

当然，实践中各种类型的消费争议的界限也并不是很明确，分类方法也不一定周严，但我们应当将类型划分作为实现消费争议解决机制的多元化途径，对消费争议进行正确引导和合理分流，从而保障消费者合法权益，提高争议解决的效率。

二、消费争议的解决途径

根据《消费者权益保护法》规定，消费争议的解决途径有：

一是与经营者协商和解。协商和解是消费者在无第三人介入斡旋情况下自行与经营者通过协商解决争议。

二是请求消费者协会或者依法成立的其他调解组织调解。调解是第三方斡旋于经营者与消费者之间，从中调停、疏导，促使当事人达成合意，化解消费争议。依法成立的其他调解组织调解可以理解为人民调解。人民调解是指人民调解委员会促进当事人在平等自愿的基础上达成调解协议。2010 年我国颁布了《人民调解法》，该法成为我国人民调解制度的基本法律依据。人民调解的主体是人民调解委员会，为群众性组织，居民委员会、村民委员会均设有人民调解委员会。但是，如果为消费争议，实践中消费者更趋向于向消费者协会寻求调解解决。消费者协会是以保护消费者合法权益为宗旨设立的具有半官方性质的群众性社会团体，从性质上来说接近于人民调解，但又与人民调解不同。

三是向有关行政部门投诉。投诉是指消费者为生活消费需要购买、使用商品或者接受服务，与经营者发生消费者权益争议，请求市场监督管理部门解决该争议的行为。2019 年国家市场监督管理总局颁布《市场监督管理投诉举报处理暂行办法》，作为处理消费投诉的基本依据。该法第十六条规定：市场监督管理部门经投诉人和被投诉人同意，采用调解的方式处理投诉，但法律、法规另有规定的，依照其规定。可见，消费者向市场监督管理部门投诉后，监管部门首先是进行调解，性质上为行政调解。

四是根据与经营者达成的仲裁协议提请仲裁机构仲裁。

五是向人民法院提起诉讼。

这五种解决途径，各有优缺点，适用不同消费争议。与经营者协商和解虽然可以满足消费争议解决的快速性与便捷性，但实践中与经营者协商和解很大程度上取决于经营者的态度；消费者协会作为消费者权益保障的民间组织，在解决消费争议过程中发挥着重要作用，大多数消费争议都通过消费者协会的调解得到了处理，但其独立性与权威性的缺乏制约了其化解消费争议的实效；仲裁具有高效性、终局性的优势，但仲裁协议难以达成，仲裁费也很高昂；诉讼方式化解纠纷，一般是消费者的最终选择，但相当一部分消费是小额消费，消费者付出的成本代价过于高昂，人们可能放弃此种方式。目前，我国存在很多经营者损害消费者权益情形，消费者在权衡之后选择放弃维权，在非诉的纠纷解决途径中，更多消费者选择通过消费者协会调解或相关部门行政调解方式解决争议，大额消费争议采用诉讼途径解决争议。这与维权成本高、争议解决机制不顺畅有很大关系。对此，本书在后文阐述。

第二节　消费争议的和解与调解

“无讼”作为一种贵和持中的思想，是中国的传统观念，至今依然有着深远的生命力。由于高概率、低金额、涉及面广等原因，和解与调解在消费争议解决途径中发挥着非常积极的作用。

一、协商和解

协商和解是经营者和消费者本着意思自治的原则，在没有第三方和其他机关的介入下，为了降低损害而进行的协商，主要通过谈判的形式完成，是消费者的一种私力救济方式。这种方式高效便利、节约成本、具有较强的经济性，适用于小额消费纠纷，是每个理性经济人的最佳选择。但是，协商和解的成功和效力是需要条件的。首先消费争议的协商和解依赖于双方当事人的自愿，协商能否顺利进行，在协商过程中是否和解、按照什么条件和解，和解达成后能否得到履行等均取决于当事人的意愿；其次，消费争议的涉及标的，双方的分歧不大，有和解的基础；最后，消费者能否要求合理，经营者是否诚实守信，顾全自身商誉也非常重要。和解运用得好，将会达到双赢的效果，消费者权益得到了最终维护，经营者也不会因此丧失商誉。

现实生活中消费者与经营者实现协商和解成功存在阻力，就是消费者的弱势地位。达成和解的重要前提是双方自愿达成共识，在地位事实不平等的情况下，很难有真正的公平，把希望寄托于经营者的诚实守信并不现实，假如经营者不愿意与消费者协商，和解很难发挥应有的作用。退一步说，即便是经营者愿意协商，如果没有足够的诚意，在协商过程中往往会采取逃避和推卸责任等手段，这样必然导致处于弱势地位的消费者遭受更大的损失。即便达成和解协议也可能是消费者权衡之后的无奈之举。此外，即使达成和解协议，能否得到履行也完全取决于经营者。消费者在和解协商中非常被动。另外，也有可能出现损害社会公共利益的情形。即经营者为避免其行为被行政机关处罚或被广大消费者知悉而引发大规模纠纷，从而满足消费者要求并要求消费者对其违法行为保密，从而损害社会公共利益。例如，2019 年，消费者 A 在西安利之星奔驰 4S 店购买一辆奔驰 CLS300，新车刚开出 4S 店，就发现车辆发动机故障灯报警。4S 店先告知该车辆需要系统升级，但升级后故障并未解除，4S 店又告知是发动机漏油，需要消费者 A 授权后拆开发动机做检测以便查找漏点。此后，该奔驰车在 4S 店内停了 15 天。这期间，消费者 A 和 4S 店交涉了 3 次，从退款到换车最后改为补偿。随后，4S 店却再一次推翻之前的解决办法，拒绝退款，也不给换车，表示按照《家用汽车产品修理、更换、退货责任规定》的有关规定，4S 店只能更换发动机。并称如要换车，必须要换两次发动机才满足换车的条件。这一案件中，消费者与 4S 店数次交涉，4S 店数次推翻之前承诺的解决办法，就是利用其优势地位导致消费者协商和解失败。

二、消费者协会调解

消费者协会调解从性质上来说，接近于人民调解，但又与人民调解存在区别。消费者协会是专门针对消费领域问题设置的专职性组织，有法律赋予的处理消费争议的职责，其工作范围比人民调解组织小，且经消费者协会调解的协议不具有法律效力，经营者不履行协议，消费者只能提起诉讼或仲裁，无法直接请求强制执行。但是经人民调解委员会调解达成调解协议后，双方当事人认为有必要的，可以自调解协议生效之日起30日内共同向人民法院申请司法确认。经确认调解协议有效，便具有强制执行效力。消费者协会工作人员具有更加专业的知识和素养，在消费争议的解决上具有专业性，经消费者协会调解达成的调解结果更加合理，有利于保护消费者的合法权益。

（一）调解原则

消费者协会主持调解并非无原则地息事宁人，而是遵循以下原则：一是自愿原则。任何调解都必须在双方自愿的基础上，必须充分尊重当事人意愿。调解的启动是当事人申请，调解的进行和调解协议的达成都是在双方自愿基础之上。即使调解协议达成，如当事人不按照协议履行，也无法强制履行。这是消费者协会调解和协商和解相同之处。二是合法原则。消费者协会调解解决消费争议，应当依据相关法律法规和行政规章进行，即依据《消费者权益保护法》《产品质量法》《民法典》中关于消费者权益和经营者义务的规定以及相关程序性规定调解。达成的调解协议不得违反法律行政法规的强制性规定，不得违反公序良俗。三是实事求是原则。依据《消费者权益保护法》第三十七条规定，受理消费者的投诉，并对投诉事项进行调查、调解是消费者协会法定职权，要求对消费者的投诉，首先要进过调查，在查明事实的基础上，充分说理，耐心疏导才能依据法律法规进行调解，才能促进双方互相理解，最终达成和解协议。

（二）调解程序

1. 投诉

消费者在购买、使用商品或接受服务过程中，与经营者就权利义务发生争议，消费者可向消费者协会反映情况并请求予以解决。中国消费者协会规定，各地消费者协会受理投诉，实行地域管辖为主，级别管辖为辅、就近受理的原则。投诉可采取口头形式，也可采用书面形式或通过电话、传真、互联网方式。接到消费者投诉后，消费者协会应及时审查。

2. 受理

消费者协会受理投诉，主要有下列情形：一是消费者向消费者协会直接投诉；二是消费者请求市场监督部门解决消费争议，市场监督部门委托消费者协会协助处理消费者投诉；三是经营者请求消费者协会协助处理投诉。符合受理条件的予以受理，但是对以下情形不予以受理：超过“三包”期限或保质期的商品，对方不再负违约责任；达成调解协议并已执行，没有新情况和新理由；法院、仲裁机构或其他行政机关已经受理或处理；超过权利法定保护期限；消费者无法证明自身权益受损；消费者无法提供有效购物凭证或服务单据的；因残次而处理的商品；应当取得许可证而未取得，私自购买、使用出现质量问题。

3. 调查

消费者协会在受理争议，准备予以调解后，应尽快对争议事实展开调查。《消费者权益保护法》第三十七条规定，消费者协会受理消费者的投诉，并对投诉事项进行调查、调解。这是法定的消费者协会的职权。如果在调查过程中涉及商品和服务质量问题的，可以委托具备资格的鉴定人鉴定，鉴定人应当告知鉴定意见。

4. 调解

在事实调查清楚基础上，在消费者与经营者双方自愿基础上，由消费者协会主持进行调解。消费者协会的专业性及权威性，使得其具有较强的公信力，也更易促成双方达成共识。调解成功，消费者协会一般制作调解书，双方签字盖章。

消费者协会调解的优点是调解程序简单、免费，调解人员多为特定消费领域的专家或聘请的专家做顾问，调解较为专业和理性。这也是近年来无论是消费者还是经营者都更倾向于找消费者协会斡旋调解争议的原因。消费者协会调解的不足在于形成的调解书并不具有法律强制力，无法保证其得到切实履行，如果经营者拒绝接受调解结果抑或是在调解后又反悔、不履行协议的话，那么消费者就只能仲裁或诉讼了，没有强制力作担保的协议只能沦为一纸空文，消费者协会的前期努力也会付之东流。

三、行政调解

（一）行政调解的依据

行政调解是一种非诉纠纷解决机制，但我国尚无专门的行政调解法。

《消费者权益保护法》第三十二条规定："各级人民政府工商行政管理部门[①]和其他有关行政部门应当依照法律、法规的规定，在各自的职责范围内，采取措施，保护消费者的合法权益。有关行政部门应当听取消费者及其社会团体对经营者交易行为、商品和服务质量问题的意见，及时调查处理。"一般认为，这是市场监督管理部门获得行政调解权的依据。2019 年颁布的《市场监督管理投诉举报处理暂行办法》是市场监督管理部门具体进行行政调解的依据。

行政调解一般指行政机关在行政管理的过程中，对发生在自己职权范围内的民事纠纷，以法律、政策、人情常理等为依据，调解人员通过居中调停、提供建议、协调沟通、调查事实等方式，引导双方达成协议，从而化解纠纷的行政事实行为。行政调解主体只能是依法被授予调解职权的行政机关，其调解更具专业化，但与消费者协会调解一样，其调解效力并不具有法律上的强制力。

（二）行政调解基本内容

第一，调解机构为市场监督管理部门。《消费者权益保护法》第二十八条规定，各级人民政府工商行政管理部门和其他有关行政部门应当依法在各自的职责范围内，采取措施，保护消费者的合法权益。即市场监督部门中质量监督、食品药品监督等都有其行政调解的职能。

第二，调解程序：处理消费争议的原各职能部门对消费纠纷行政调解的程序规定各不相同，程序缺乏全面具体的规定。现各职能部门均属市场监督管理部门，统一依据《市场监督管理投诉举报处理暂行办法》处理，为各职能部门处理消费争议提供统一程序。

（1）投诉。向市场监督管理部门提出投诉举报的，应当通过市场监督管理部门公布的接收投诉举报的互联网、电话、传真、邮寄地址、窗口等渠道进行。投诉由被投诉人实际经营地或者住所地县级市场监督管理部门处理。上级市场监督管理部门认为有必要的，可以处理下级市场监督管理部门收到的投诉。下级市场监督管理部门认为需要由上级市场监督管理部门处理本行

① 2018 年国务院机构改革，组建国家市场监督管理总局，将国家工商行政管理总局的职责并入其中。

政机关收到的投诉的，可以报请上级市场监督管理部门决定。对同一消费者权益争议的投诉，两个以上市场监督管理部门均有处理权限的，由先收到投诉的市场监督管理部门处理。

（2）受理。有处理权限的市场监督管理部门，应当自收到投诉之日起7个工作日内作出受理或者不予受理的决定，并告知投诉人。但投诉有下列情形之一的，市场监督管理部门不予受理：投诉事项不属于市场监督管理部门职责，或者本行政机关不具有处理权限的；法院、仲裁机构、市场监督管理部门或者其他行政机关、消费者协会或者依法成立的其他调解组织已经受理或者处理过同一消费者权益争议的；不是为生活消费需要购买、使用商品或者接受服务，或者不能证明与被投诉人之间存在消费者权益争议的；除法律另有规定外，投诉人知道或者应当知道自己的权益受到被投诉人侵害之日起超过3年的；未提供《市场监督管理投诉举报处理暂行办法》第九条第一款和第十条规定的材料的；法律、法规、规章规定不予受理的其他情形。

（3）调解。由市场监督管理部门主持，并可以根据需要邀请有关人员协助进行调解。市场监督管理部门也可以委托消费者协会或者依法成立的其他调解组织等单位代为组织调解。调解可以采取现场调解方式，也可以采取互联网、电话、音频、视频等非现场调解方式。采取现场调解方式的，市场监督管理部门或者其委托单位应当提前告知投诉人和被投诉人调解的时间、地点、调解人员等。需要进行检定、检验、检测、鉴定的，由投诉人和被投诉人协商一致，共同委托具备相应条件的技术机构承担。

（4）经现场调解达成调解协议的，市场监督管理部门应当制作调解书。调解书由投诉人和被投诉人双方签字或者盖章，并加盖市场监督管理部门印章。未制作调解书的，市场监督管理部门应当做好调解记录备查。

与人民调解相比，行政调解最显著的区别就在于调解主体不同。其优势在于：第一是行政机关的权威性。一方面，市场监督管理部门作为消费争议的主要调解主体，同时它也是市场经济的监督者，对经营者具有日常的监督管理职能，在监督管理的过程中，自然而然地对经营者产生某种权威，这种权威在行政调解的过程能够发挥很好的威慑作用，这是行政部门监督管理张力的体现；另一方面，行政主体掌握着众多行政资源，可以通过行政指导等方式对当事人施加影响。因此，在行政调解中，当事人可能相互妥协，更容易达成协议。第二是更强的专业性和技术性。随着高新技术的应用和经济的快速发展，诸如专利、版权等各种新型纠纷不断出现，给调解工作带来了新的难题。行政主体工作人员长期从事行政管理工作，具有丰富的管理经验和技术，能够在纷繁复杂的新型纠纷中及时找到症结，可以对当事人提出更有针对性的调解意见，利于当事人接受并达成协议。

虽然通过行政调解程序解决消费争议具有明显的优势，但也不能摆脱调解这种活动的本质，调解不具有强制执行力。当纠纷当事人无法达成调解协议而谋求诉讼方式解决纠纷，或者调解协议的效力需要转化为强制执行力时，就需要司法程序的介入。但是，可以在达成调解协议后，双方当事人认为有必要的，可以自调解协议生效之日起 30 日内共同向人民法院申请司法确认，人民法院应当及时对调解协议进行审查，依法确认调解协议的效力。人民法院依法确认调解协议有效，一方当事人拒绝履行或者未全部履行的，对方当事人可以向人民法院申请强制执行。

第三节　消费争议的仲裁

我国《消费者权益保护法》第三十四条第四款规定，消费者和经营者发生消费者权益争议的，可以根据与经营者达成的仲裁协议提请仲裁机构仲裁的途径解决，该规定明确了仲裁是消费者权益争议的解决途径之一。我国迄今为止未建立起消费仲裁制度和规范，因此，消费争议的仲裁方式依据《仲裁法》进行。

一、仲裁和消费仲裁的概念和特征

（一）仲裁的概念和特征

仲裁一般是指商事仲裁，当事人根据仲裁协议，自愿将其争议提交由非官方身份的仲裁员组成的仲裁庭进行裁决的一种制度。仲裁最初是基于处理商人之间的商事纠纷而产生，意思自治和维护私益为“帝王”原则。具有如下特征：一是以双方当事人自愿为前提。双方当事人在争议发生前或发生后必须一致明确表示同意以仲裁方式解决争议，有仲裁协议。二是管辖的自由确定。当事人可以自由地选择仲裁机构。三是仲裁员的自由组合。与法院确定审判案件的法官不同，当事人可以依法从熟知涉争领域的专业技术、法律专家中自由选择仲裁员。四是审理程序不公开进行。与人民法院强调公开审判原则相反，仲裁解决争议以不公开审理为常态，以有效保护当事人个人隐私、商业秘密和商业信誉。五是解决争议成本低。仲裁的时间成本和经济成本都比诉讼低。仲裁程序简便且系一次性终局裁决，从经济角度讲，当事人可以更好地控制争议解决的成本。六是自觉履行率高。与民事判决自觉履行率较低不同，仲裁当事人双方更愿意自觉履行仲裁裁决，尽快解决争议。特别是涉外仲裁裁决，较法院判决更容易得到另一国家的承认和执行。七是仲裁裁决具有可强制执行性。仲裁裁决一经作出，一方当事人不履行义务，另一方当事人可以申请法院强制执行。但是，与民事判决具有直接的强制执行性不同，法院执行机构要对仲裁裁决进行审查，符合法律规定后，才会采取强制执行措施。

（二）消费仲裁的概念与特征

消费仲裁是发生消费合同纠纷和财产权益纠纷的消费者和经营者，依照达成的仲裁协议，将纠纷提交专门的仲裁机构和仲裁员适用专门处理消费纠纷的仲裁规则进行仲裁，并受仲裁结果约束的制度。消费仲裁从形式上看，与商事仲裁都属于仲裁，但是理念有所不同。基于消费者的弱势地位，消费仲裁不但讲自愿，还要对消费者进行倾斜保护，维护公共利益。其特征为：一是当事人关系特定，一方为消费者，另一方为经营者。双方形式平等，有消费合同关系或其他财产关系，但实质存在不平等。仲裁规则应适度倾斜于消费者一方。二是同样以仲裁协议为前提，双方约定以共同选定的仲裁机构和仲裁员进行仲裁解决争议。三是标的同质性。消费者与经营者消费合同均涉及购买生活消费品和接受消费类服务，争议点也有相似性。四是消费争议往往消费者人数众多，且争议金额小，消费者维权成本较高、获益少，维权动力不足。因此，消费仲裁应有灵活、便利、高效率的程序以及较低的成本，才能可能提高消费仲裁意愿。

虽然商事仲裁与消费仲裁存在理念和特征的诸多不同，但我国未订立消费仲裁法律法规，《仲裁法》就是消费争议仲裁的法律依据。

二、消费争议仲裁基本内容

（一）仲裁机构

在我国《仲裁法》出台之前，对于消费争议的仲裁一般是由各地消费者协会负责。但是《消费者权益保护法》第三十七条消费者协会的职责中并未包含仲裁职责。而且，仲裁专业性很强，仲裁裁决具有法律强制力，由消费者协会作为仲裁人难保专业和公正。因此，《仲裁法》颁布之后，很多人认为消费争议应当由各仲裁委员会负责。但是，我国仲裁机构均设置于省级政府所在地或较大的市所在地，机构数量很少，对消费者来说非常不便，而且消费争议标的额很小，仲裁成本又很高。由各仲裁机构对消费争议进行仲裁可行性比较低。因此，对于小额交易的消费争议的仲裁机构，很多地方进行了如下尝试：第一种，仲裁委员会在消费者协会设置派出机构，专门处理消费争议。例如，2013 年 3 月，深圳仲裁委宣布与深圳市消费者协会联合设立小额消费仲裁办公室，消费者若遇到 5 万元以下的消费纠纷，与商家调解不成，可免费向该办公室申请快速仲裁。不过，现在此办公室再无音信。第二种，仲裁委员会下设专门的消费争议仲裁中心，对小额消费争议进行仲裁。例如，2003 年 3 月，上海仲裁委员会在上海市消费者协会协助下成立了“上海仲裁委员会小额消费争议仲裁中心”。受理有消费协议且金额在 5 万元以下的小额消费争议案件。第三种，针对特定领域的消费争议，仲裁委员会在行业协会设置专门性的消费争议仲裁中心处理消费争议。例如，上海仲裁委员会汽车消费争议仲裁中心，后与其他仲裁中心一起并入上海经贸仲裁中心。第四种，地方市场监督管理部门成立消费仲裁中心。

（二）受案范围

依据《消费者权益保护法》，消费争议可通过仲裁方式解决。依据《仲裁法》第二条、第三条的规定，平等主体的公民、法人和其他组织之间发生的合同纠纷和其他财产权益纠纷，可以仲裁。婚姻、收养、监护、扶养、继承纠纷以及依法应当由行政机关处理的行政争议不能仲裁。因此，对于消费合同争议以及其他消费者与经营者之间的财产权益争议均可适用仲裁方式解决纠纷。

（三）仲裁协议

当事人之间有仲裁协议是将争议提交仲裁机构仲裁的基本前提，双方需要共同作出同意仲裁的意思表示，仲裁的争议事项以及协商选定仲裁委员会。仲裁协议应为书面合同，只要仲裁协议有效，在双方产生争议后，任何一方当事人都可向仲裁委员会申请仲裁。一方向人民法院起诉的，人民法院不予受理，但仲裁协议无效的除外。但是，消费争议中很难有仲裁协议。因为消费者与经营者的商品交易往往是即时清洁合同，一手交钱，一手交货，不可能签订书面合同。即使购买家用汽车等大件消费品，往往使用的也是经营者提供的格式合同，合同中是否有仲裁条款消费者往往也不甚注意，无仲裁条款消费者也基本无意识或能力要求经营者增加仲裁条款。因此，消费争议采用仲裁方式解决争议基本前提无法满足。于是，有地方采用了变通做法，例如，杭州的消费争议仲裁机构对于拥有“315”标志会徽的经营者，默认其已经作出仲裁的承诺。

（四）仲裁程序

在《仲裁法》中，规定仲裁的基本程序包括：

1. 仲裁申请

消费者认为权益受到侵犯，可向仲裁协议中约定的仲裁委员会申请仲裁，并递交仲裁协议、仲裁申请书及副本。仲裁申请书应当载明下列事项：当事人的姓名、性别、年龄、职业、工作单位和住所，法人或者其他组织的名称、住所和法定代表人或者主要负责人的姓名、职务；仲裁请求和所根据的事实、理由；证据和证据来源、证人姓名和住所。仲裁委员会收到仲裁申请书之日起5日内，认为符合受理条件的，应当受理，并通知当事人；认为不符合受理条件的，应当书面通知当事人不予受理，并说明理由。

2. 仲裁庭组成

仲裁活动由3名仲裁员组成仲裁庭进行，也可由1名独任仲裁员进行，采用哪种方式由当事人约定。当事人约定由3名仲裁员组成仲裁庭的，应当各自选定或者各自委托仲裁委员会主任指定1名仲裁员，第3名仲裁员由当事人共同选定或者共同委托仲裁委员会主任指定。第3名仲裁员是首席仲裁员。当事人约定由一名仲裁员成立仲裁庭的，应当由当事人共同选定或者共同委托仲裁委员会主任指定仲裁员。当事人没有在仲裁规则规定的期限内约定仲裁庭的组成方式或者选定仲裁员的，由仲裁委员会主任指定。如果仲裁员是本案当事人或者当事人、代理人的近亲属，与本案有利害关系，与本案当事人、代理人有其他关系，可能影响公正仲裁的或者私自会见当事人、代理人，或者接受当事人、代理人的请客送礼的，当事人可提出回避申请。

3. 开庭和裁决

仲裁案件以开庭审理和不公开审理为原则，如当事人协议不开庭审理或公开审理，可依约定。当事人在开庭审理期间的权利义务包括：（1）当事人有正当理由的，可以在仲裁规则规定的期限内请求延期开庭。是否延期，由仲裁庭决定。（2）当事人应当对自己的主张提供证据。证据应当在开庭时出示，当事人可以质证。在证据可能灭失或者以后难以取得的情况下，当事人可以申请证据保全。当事人申请证据保全的，仲裁委员会应当将当事人的申请提交证据所在地的基层人民法院。（3）当事人在仲裁过程中有权进行辩论。辩论终结时，首席仲裁员或者独任仲裁员应当征询当事人的最后意见。（4）当事人申请仲裁后，可以自行和解。达成和解协议的，可以请求仲裁庭根据和解协议作出裁决书，也可以撤回仲裁申请。（5）仲裁庭在作出裁决前，可以先行调解。当事人自愿调解的，仲裁庭应当调解。调解不成的，应当及时作出裁决。调解达成协议的，仲裁庭应当制作调解书或者根据协议的结果制作裁决书。调解书与裁决书具有同等法律效力。

对于以上程序，各地针对消费争议的特征作出了一些创新：首先是减免仲裁费用。消费争议普遍存在小额化特征，仲裁费用过高会阻碍消费者维权，因此，降低受理门槛非常重要。例如，深圳消费争议仲裁办公室针对标的额5万元以下的小额消费争议免收仲裁费用。其次，设置较短的消费仲裁期限。这也是出于简化程序的考虑，便于消费者维权。例如，福建、河南、山东对消费仲裁规定了45日的审限。最后，消费仲裁公开。与普通商事仲裁的原则上不公开不同。消费争议仲裁公开便于监督。山东消费纠纷仲裁办法规定，消费纠纷仲裁委员会仲裁消费纠纷案件，必要时可以公开进行。

（五）裁决执行

仲裁裁决为一裁终局，因此，裁决自作出之日起发生法律效力，当事人应当履行。一方当事人不履行的，另一方当事人可以依照民事诉讼法的有关规定向人民法院申请执行。受申请的人民法院应当执行。

三、消费争议仲裁我国实施现状评析

我国迄今为止，通过仲裁解决消费者争议的案例少之又少，各地为消费争议仲裁作出的实践，实际效果并不好，很多消费仲裁机构已经不存在，或者虽然存在，但案件数量非常之少。最根本的原因还是关于消费争议仲裁制度的立法缺失。没有真正适合消费争议仲裁的制度，就无法将仲裁的优势体现出来，消费者自然也不会选择仲裁方式维权。目前，我国只有《消费者权益保护法》第三十九条提到消费争议可以通过仲裁途径解决，《仲裁法》没有明确消费纠纷是否可以适用仲裁解决。《仲裁法》主要适用于商事仲裁，即两个商人主体之间的合同纠纷，商事仲裁所遵循的私权自治原则与消费者权益保护的制度目的之间存在矛盾。但是既然没有针对消费争议仲裁制度的立法，就只能依靠传统商事仲裁机构，使用传统商事仲裁规则，消费纠纷的仲裁和普通商事纠纷仲裁没有根本区分。虽有个别省市出台了一些地方性文件，针对消费争议特点作出变通规定，但因效果不好、合法性遭质疑，很多已废止。而正因为无消费争议仲裁制度立法，各地消费争议仲裁机构设置无法律依据，管理上存在问题，如仲裁机构在消费者协会设置派出机构的模式，派出机构隶属仲裁委员会，日常办事机构却在消费者协会，业务上受仲裁委员会指导，但在财政和行政管理上却需要依靠消费者协会。中立性也遭到质疑。因此，想要使仲裁发挥其解决消费争议的简便快捷的优势作用，就需要尽快实现消费仲裁制度的立法。首先，明确消费争议仲裁的独特理念，以此为指导设置专门、独立的消费仲裁机构和规则。应当侧重关注弱势消费者一方的具体人格；以消费者权益保护为正当性基础适当限制经营者的仲裁意思自治和合同自由，保障消费者的正当程序权利。其次，消费争议仲裁制度内容应包含：第一，设立独立的消费仲裁机构，或者在现有仲裁机构内部设立独立的消费仲裁部门。其独立性应当体现在机构财政支持和程序规则等各方面。因为商事仲裁与消费仲裁基本理念不同，决定了两者制度设置的各个方面都应当独立。第二，消费仲裁规则应适当向消费者倾斜。商事仲裁针对双方均为经营者这样的理性经济人，双方势均力敌，消费争议仲裁针对的一方弱势而另一方强势的交易关系，因此，消费争议仲裁规则设置应对消费者更为友好。例如，案例受理费降低、仲裁程序更简便灵活等。最后，促进消费仲裁协议。仲裁协议是消费争议仲裁的前提，而消费者很难与经营者达成仲裁协议。对此，消费仲裁机构可以建立"经营者名册"，允许并鼓励名册上的经营者在交易中通过纠纷前格式仲裁条款与消费者达成仲裁合意，约定消费纠纷发生时，通过该仲裁机构进行仲裁。

第四节　消费争议的诉讼

消费者权益受损后，可通过诉讼途径解决争议。诉讼就是有审判权的人民法院代表国家通过行使审判权来解决争议的途径。人民法院作出的判决，是有国家强制力保证实施的。因此，通过诉讼解决消费争议，具有最高权威性和最终决定力，是解决消费争议的最终途径。消费者与经营者的纠纷，从性质上来看，主要为民事纠纷，涉及刑事附带民事的案件为极少数。因此，消费争议诉讼主要为民事诉讼。

一、民事诉讼一般规则

民事诉讼是人民法院在当事人和其他诉讼参与人的参加下，依照法定程序，审理和解决民事纠纷的活动。消费者与经营者之间因合同或侵权而发生财产和人身权益纠纷，可以向法院提起民事诉讼，适用民事诉讼规则。

（一）管辖

消费争议发生后欲提起民事诉讼，首先需要确定管辖法院。依据《民事诉讼法》规定，级别管辖方面，最高人民法院管辖在全国有重大影响的以及认为应当由自身审理的第一审民事案件；高级人民法院管辖在本辖区有重大影响的第一审民事案件；中级人民法院管辖重大涉外的、在本辖区有重大影响的以及最高人民法院确定由中级人民法院管辖的第一审民事案件；基层人民法院审理其他第一审民事案件。消费争议一般为小额争议，一般应由基层人民法院管辖。地域管辖方面，一般应当由被告住所地人民法院管辖。还可依据争议性质不同确定管辖法院：因合同纠纷提起的诉讼，由被告住所地或者合同履行地人民法院管辖；因保险合同纠纷提起的诉讼，由被告住所地或者保险标的物所在地人民法院管辖；因票据纠纷提起的诉讼，由票据支付地或者被告住所地人民法院管辖；因铁路、公路、水上、航空运输和联合运输合同纠纷提起的诉讼，由运输始发地、目的地或者被告住所地人民法院管辖；因侵权行为提起的诉讼，由侵权行为地或者被告住所地人民法院管辖。

（二）诉讼程序

民事诉讼程序有一审程序、二审程序、审判监督程序、执行程序4个阶段。一审程序又分为普通程序和简易程序。

1. 一审普通程序

消费者与经营者发生消费争议后，可向人民法院提起民事诉讼。起诉必须符合下列条件：（1）原告是与本案有直接利害关系的公民、法人和其他组织。就消费争议来说，原告包括以下情形：消费合同中商品质量瑕疵或其他合同违约行为受到损害的消费者，因产品缺陷受到损害的消费者或第三人，因经营者直接侵犯人格权益而受到损害的消费者，因经营者未尽安全保障义务而受到损害的消费者。（2）有明确的被告。消费者起诉时需要明确指出侵害其合法权益或与其发生争议的经营者。（3）有具体的诉讼请求和事实、理由。诉讼请求是消费者要求通过法院审判保护权益的具体内容和解决的具体问题。例如，请求确认合同无效、解除合同；请求判令经营者承担违约责任、侵权责任等。事实和理由就是诉讼请求依据的事实和法律依据。（4）属于人民法院受理民事诉讼的范围和受诉人民法院管辖。

诉讼方式以书面为原则，书写起诉状确有困难的，也可以口头起诉。法院收到起诉状后，依法进行审查。符合起诉条件，7日内立案受理，并在6个月内审结。

2. 一审简易程序

消费争议很多具有案情简单、标的额小的特征。因此，在案件具备这些特征时，可适用简易程序审理。《民事诉讼法》规定，基层人民法院和它派出的法庭审理事实清楚、权利义务关系明确、争议不大的简单的民事案件，适用简易程序。基本程序是：（1）原告可以口头起诉。当事人双方可同时到基层人民法院或者它派出的法庭请求解决纠纷，可以当即审理，也可以另定日期审理。（2）可以用简便方式传唤当事人和证人、送达诉讼文书、审理案件，但应当保障当事人陈述意见的权利。（3）简单的民事案件由审判员一人独任审理，应当在立案之日起3个月内审结。

3. 二审程序、执行程序和审判监督程序

消费者或经营者对一审判决不服，应在判决书送达之日起15日向上一级人民法院提起上诉，进入二审程序。二审法院对上诉案件，经过审理，判决如下：（1）驳回上诉，维持原判决、裁定；（2）以判决、裁定方式依法改判、撤销或者变更；（3）发回原审人民法院重审。我国实行“两审终审”，二审裁判发生法律效力，进入执行阶段。当事人应当按照判决、裁定履行，如拒绝履行，对方当事人可请求法院强制执行。如果消费者或经营者对生效判决仍有证据证明判决不当，可以向法院提出申诉，引起审判监督程序发生。

4. 督促程序

督促程序是债权人通过法院发布支付令，督促债务人履行金钱、有价证券给付义务时适用的诉讼程序。督促程序是债权人不用耗时费力与债务人对簿公堂便可以实现金钱或有价证券债权的最简便的方法和途径。但适用前提是双方的债权债务关系明确，无争议。因此，在经营者对消费者负有金钱或有价证券给付义务情况下，如双方当事人的债权债务关系明确，没有其他争议，则消费者可以直接通过督促程序要求经营者履行金钱或有价证券给付义务，并在经营者不履行义务时由人民法院强制履行。督促程序的提起应当具备以下条件：第一，债务人对债权人负有到期的，以金钱或有价证券为给付内容的债务；第二，债务人未履行或未完全履行债务；第三，债务人与债权人之间无其他债权债务纠纷；第四，支付令能送达债务人。消费者如果认为其与经营者存在符合条件的法律关系，就可以向有管辖权的基层人民法院提出申请。法院受理后，对消费者提供的事实、证据进行审查，认为符合以上条件，在15日内向债务人发出支付令。债务人在规定期间内不提出异议又不履行支付令，则债权人可以向法院申请强制执行。

二、消费者在民事诉讼中的举证责任

（一）民事诉讼举证责任一般规则在消费诉讼中的困难

举证责任是指当事人在诉讼中对待证事实提供证据加以证明，不能履行证明责任时，应承担不利诉讼后果的制度设置。该制度的关键是举证责任的分配机制：首先由谁提供证据证明案件事实，即证明责任的承担；其次，当不能提供证据证明案件时，法律后果由谁承担。举证责任分配的基本功能，一方面，是在案件事实真伪不明时为法官提供裁判上的依据；另一方面，对民事诉讼中的当事人而言，是对自己提出的主张加以证明的责任。而该规定的直接后果是确定由谁承担败诉的风险。

民事诉讼中关于举证责任的分配规则为当事人对自己提出的主张，有责任提供证据，谁主张，谁举证。然而，在消费争议案件中，经营者的义务往往是与消费者的权利一一对应的，且一般就同一法律事项，双方各执一词，极易发生无法辨明事实存在与否以及何人应就何种事实负举证责任的状况。因我国法律针对民事纠纷案件举证责任分配的规定，具有高度概括性、抽象性，故鉴于双方都负担举证责任以及举证责任存在不确定性，在诉讼中就很可能发生举证责任不当转移、错误承担的问题，造成了同一事实的案件出现不同法官作出不同的判决，而损害了司法裁判的权威。同时，鉴于消费者在消费争议中所处的天然的弱势地位，其往往面临着举证难、成本高的维权困境。如消费者主张侵权损害赔偿，则应就损害事实与侵权行为之间的因果关系、侵权行为的非法性、侵权行为人的主观过错这几个方面负举证责任。消费者对于损害事实比较容易提出证据，而对于其他方面的证据，由于消费者专业知识的缺乏、财力的限制，特别是要证明侵权行为人过错这样一种心理状态更为困难，从而导致消费者常常举证不足或证明力不够，一旦如此，消费者既要承担实质意义上的举证责任，又得承担败诉的后果，这就导致消费者权益保护法的价值目标难以实现，有违公正。因此，如何分配举证责任，成为消费争议诉讼解决的一大关键。

（二）消费者诉讼举证责任立法及司法

1. 产品责任纠纷案件中的举证责任

产品责任是由于经营者提供的商品存在缺陷，有不合理危险，导致消费者人身和财产受损而产生的侵权责任。产品责任为特殊侵权的民事责任，《产品质量法》第四十一条规定："因产品存在缺陷造成人身、缺陷产品以外的其他财产（以下简称他人财产）损害的，生产者应当承担赔偿责任。生产者能够证明有下列情形之一的，不承担赔偿责任：（一）未将产品投入流通的；（二）产品投入流通时，引起损害的缺陷尚不存在的；（三）将产品投入流通时的科学技术水平尚不能发现缺陷的存在的。"可见，生产者承担无过错责任。依据该条款规定以及民事诉讼举证责任的规则，消费者在产品责任诉讼中需完成三方面举证：第一，举证证明产品存在缺陷；第二，举证证明受到损害；第三，举证证明产品对消费者的损害和缺陷产品之间存在因果关系。对于损害的举证，消费者相对容易，但是对于缺陷以及因果关系的举证往往非常困难。

对于缺陷的司法认定，长期以来我国存在不合理危险标准和国家标准、行业标准的双重标准认定，消费者如需举证产品的不合理危险难度极高。例如，发生交通事故而汽车的安全气囊并未打开，驾驶员人身损害严重。要举证安全气囊存在缺陷十分困难。如一种产品还需通过质量鉴定来作出判断，高昂的鉴定费用也会阻碍消费者的维权和举证。而对于损害和缺陷产品之间存在因果关系的举证也是非常复杂的。因为一种损害结果的发生，可能是一种原因造成，更有可能是多种原因综合造成，即使消费者受到损害已经属实，经营者所提供产品的缺陷也已经被认定，但两者的因果关系并不必然成立。例如，食品缺陷的侵权责任诉讼中，认定缺陷食品与消费者身体损害之间的因果关系并不容易。

对于生产者对法定免责事由的举证责任，是否可认为产品缺陷举证责任倒置，由生产者对产品无缺陷举证，消费者无须对产品缺陷承担举证责任呢？本书认为，生产者对于产品未投入流通进行举证，并非对于产品无缺陷的举证。产品如果未投入流通，无论产品是否有缺陷，生产者均不承担产品责任。对于产品投入流通时，引起损害的缺陷尚不存在以及将产品投入流通时的科学技术水平尚不能发现缺陷的存在两项举证事由，是在已经证明产品存在缺陷的情况下的抗辩，生产者是不太可能承认或认为产品存在缺陷的。因此，难以认定产品缺陷的举证责任倒置。

《产品质量法》第四十二条规定："由于销售者的过错使产品存在缺陷，造成人身、他人财产损害的，销售者应当承担赔偿责任。销售者不能指明缺陷产品的生产者也不能指明缺陷产品的供货者的，销售者应当承担赔偿责任。"可见，销售者对于产品缺陷侵权责任承担过错责任。消费者不仅需要举证产品存在缺陷、损害后果、因果关系，还需举证证明缺陷由销售者造成。除非销售者不能指明缺陷产品的生产者，也不能指明缺陷产品的供货者。

2. 消费者与经营者合同纠纷中的举证责任

消费者与经营者的合同纠纷往往是违约责任纠纷，其构成条件是：第一，消费者与经营者间存在合同关系；第二，商品（服务）在交付时不符合合同约定，往往是商品和服务存在瑕疵；第三，买受人消费者不知商品有瑕疵。因此，依据一般民事诉讼举证责任规则，消费者需举证证明与经营者合同关系的存在和有效、产品存在瑕疵以及买受人不知道产品存在瑕疵。但是，由于消费者与经营者之间存在的信息不对称以及现代工业产品的技术化、专业化程度的提高，消费者举证某些产品的瑕疵是有很大困难的。例如，家用汽车发动机油压力灯亮起是何种原因引起，消费者无从判断。因此，我国2013年修订的《消费者权益保护法》，增加了关于耐用消费品的瑕疵举证责任倒置的规定。该法第二十三条规定："经营者提供的机动车、计算机、电视机、电冰箱、空调器、洗衣机等耐用商品或者装饰装修等服务，消费者自接受商品或者服务之日起六个月内发现瑕疵，发生争议的，由经营者承担有关瑕疵的举证责任。"这一规定根据在于哪一方证据距离更近，占有的信息更多，哪一方就应承担更多的举证责任。就微型计算机、机动车、电冰箱、电视机等耐用商品或者装饰装修等服务而言，商家掌握着其生产或者提供的商品（服务）的潜在风险与性能等信息，而消费者往往不知其所以然。如若连占有较多信息的销售者都无法就商品和服务瑕疵的不存在予以举证证明，反而苛责占有信息少的消费者就商品和服务瑕疵的存在承担证明责任，显然是有失公平的。

3. 惩罚性赔偿诉讼中的举证责任

《消费者权益保护法》第五十五条第一款规定了经营者对消费者欺诈的惩罚性赔偿责任。消费者需举证证明经营者存在欺诈。民法上欺诈的构成为：

故意告知虚假情况，或者负有告知义务的人故意隐瞒真实情况，致使当事人基于错误认识作出意思表示。消费者的举证责任包括：一是举证证明经营者告知了虚假情况，主观为故意，且自身因该虚假情况产生错误的意思表示；二是举证证明经营者对产品情况有告知义务，经营者未告知而致自身作出错误的意思表示，经营者故意不告知。消费者对于以上欺诈的要件事实的举证事项证明比较困难。因此，在消费合同领域，从对于消费者的倾斜保护的角度出发，应当通过妥当的规范配置适当减轻消费者对经营者“欺诈”要件事实的举证责任。但是，《消费者权益保护法》或其他任何法律、法规、司法解释均无相关规定。在以上条件中，经营者未告知的事项属于应当告知义务的范围是司法实践中易出现争议的事项。例如，新车交付前，经营者根据汽车销售的行业惯例，在 PDI 检测（交车前检查）时发现车辆瑕疵，遂更换变速箱控制模块，更换燃油泵控制单元（继电器），或者更换车前挡风玻璃，更换轮胎，相关部件更换、维修是否应该告知消费者？对此，需要结合一般消费者的认知能力和消费心理进行判断，看相关信息是否会影响一般消费者的消费选择。正是由于告知义务的举证难度，司法实践中，法院经常不从消费者知情权被侵害的事实径行推定经营者构成欺诈，而是区分经营者的欺诈行为与侵害知情权的行为，区分经营者认识错误与故意隐瞒的主观恶意；不以经营者构成欺诈为由判其承担惩罚性赔偿责任，而是根据《消费者权益保护法》第八条第一款规定，转以消费者知情权遭受侵害为由判令经营者承担相应的赔偿责任，以适当平衡双方当事人之间的利益。

实践中对如何解释欺诈行为也存在着争论，在消费者权益保护法中是否将“致使当事人基于错误认识作出意思表示”作为认定欺诈的标准，从而减轻消费者的举证责任负担。对此，将在“消费者权益保护法中的法律责任”一章进行探讨。

三、消费者群体性争议的代表人诉讼

代表人诉讼属于共同诉讼的一种特别形态，是诉讼当事人一方人数众多，无法全部参与诉讼，而由其代表参加诉讼的一种诉讼制度。消费争议中，无论是合同争议还是侵权争议，都非常可能适用代表人诉讼，因为消费争议常常会出现一个不法行为损害众多消费者利益的情形。合同纠纷中，如果经营者提供的产品存在瑕疵，不符合约定或法定的质量标准，那购买该产品的消费者都可要求经营者承担违约责任，此时可提起代表人诉讼。例如，2001年的杨建初诉爱立信案。案件初始，消费者杨建初代表36位受害消费者，针对爱立信手机的质量问题，以爱立信为被告，向北京市朝阳区人民法院提起代表人诉讼。侵权纠纷中，如果经营者提供的产品存在缺陷，导致众多消费者人身、财产权益损害，那消费者可提起代表人诉讼。如果经营者发布虚假广告，导致众多因广告宣传而购买商品的消费者人身、财产损害，消费者可提起代表人诉讼。例如，自2005年起，三鹿婴幼儿奶粉因添加有毒化学品三聚氰胺使得众多不知情的消费者人身财产蒙受损害，引发了各种结石病甚至中毒身亡。诉讼标的同一类的部分消费者提起代表人诉讼。

在我国，代表人诉讼分为两种类型：第一种是原告人数确定的代表人诉讼。即原告人数众多（10人以上），但范围确定。这种属于典型的普通共同诉讼，适用较多，但是针对大规模侵害消费者权益的案件却几乎没有作用。消费争议无论是合同纠纷还是侵权纠纷，受害方往往人数是不确定的。第二种是原告人数不确定的代表人诉讼。消费争议中受害人往往是不确定的。如果提起代表人诉讼，应当主要是第二种。对于两种代表人诉讼的基本规则，《民事诉讼法》第五十三条、第五十四条进行明确规定：

第一种代表人诉讼：为当事人一方人数众多的共同诉讼，可以由当事人推选代表人进行诉讼。代表人的诉讼行为对其所代表的当事人发生效力，但代表人变更、放弃诉讼请求或者承认对方当事人的诉讼请求，进行和解，必须经被代表的当事人同意。

第二种代表人诉讼：诉讼标的是同一种类、当事人一方人数众多但在起诉时人数尚未确定的，人民法院可以发出公告，说明案件情况和诉讼请求，通知权利人在一定期间向人民法院登记。其代表人产生有三种方式：一是向人民法院登记的权利人可以推选代表人进行诉讼；二是推选不出代表人的，人民法院可以与参加登记的权利人商定代表人；三是无法推选或协商确定代表时，由法院指定代表。代表人的诉讼行为对其所代表的当事人发生效力，但代表人变更、放弃诉讼请求或者承认对方当事人的诉讼请求，进行和解，必须经被代表的当事人同意。人民法院作出的判决、裁定，对参加登记的全体权利人发生效力。未参加登记的权利人在诉讼时效期间提起诉讼的，适用该判决、裁定。

对于消费争议更有可能采用第二种的代表人诉讼，法院适用该规则解决大规模侵害消费者权益纠纷的案件数量极少，基本上成为休眠条款。法院往往在程序选择上避免遵循代表人诉讼优先，而是在司法实践中较为灵活地进行处理。主要有：单独立案，合并处理；单独立案，分案处理；法院试用类似国外的示范性诉讼处理的方式。总体来说是对“代表人诉讼”采取拆分处理的做法，将其拆分为消费者的个体诉讼或者人数确定的共同诉讼，分别审理判决。究其原因，一方面，我国的群体性纠纷当事人是社会弱势群体，数量甚多的当事人集成合力，容易导致非理性情绪的扩散，给司法机关带来巨大的压力，出于“稳定大于一切”的考虑，法院往往对“人数不特定的代表人诉讼”持冷漠应对的态度；另一方面，立法上对于代表人诉讼的规定比较简单，制度设计存在不合理之处。我国的代表人诉讼制度是在共同诉讼制度的基础上结合诉讼代理人制度形成的，专门针对法院诉讼能力和效率问题而设计。由于认知过于简单，导致司法适用上存在很多问题：首先，诉讼代表人选任方式不合理。维权的消费者之间本身并无紧密的联系，仅仅是因为相同或相似的诉讼请求而凝结成一个维权集体，让互不了解的原告去推选代表人为集体维权，很难统一意见，也无法确保推选的代表人会尽心尽力为维权团体负责。法院指定的代表人并不能消除当事人对代表人的不信任，只能被动接受，不利于诉讼集体的团结。其次，诉讼代表人缺乏积极性，也没有实体处分权。“变更、放弃诉讼请求、承认对方当事人的诉讼请求，或是与对方当事人和解等”实体权利，必须经过被代表当事人的一致同意，不能擅自行使。可其他当事人几乎不参与诉讼，基本全由诉讼代表人主导整个诉讼过程，在代表人按照收集到的现有证据和诉讼过程中对方的答辩意见，作出一定判断时，还需要得到全体当事人的同意，可是每个当事人的受损情况并不相同，利益诉求更不一样，很难达成一致的处理意见。鉴于以上问题，要想激活我国的代表人诉讼条款，应当改进完善我国的代表人诉讼制度。

四、消费者公益诉讼

（一）消费者公益概述

消费者公益诉讼是为了维护与消费者有关的社会公共利益而由法律规定

的适格主体提起的诉讼。我国是在2012年消费者权益保护的实践情况不理想，消费者权益保护不足的情况下通过修订《民事诉讼法》，确立了污染环境和侵害众多消费者权益的损害社会公共利益的公益诉讼制度，2014年《消费者权益保护法》的修订回应了民事诉讼法。《消费者权益保护法》第四十七条规定："对侵害众多消费者合法权益的行为，中国消费者协会以及各省、自治区、直辖市设立的消费者协会，可以向人民法院提起诉讼。"这是我国消费者公益诉讼的基本法律依据。2015年通过《检察机关提起公益诉讼改革试点方案》，检察机关开始提起公益诉讼的试点工作。2016年《最高人民法院关于适用〈中华人民共和国民事诉讼法〉的解释》出台，细化消费公益诉讼规则。2018年最高法与最高检出台《关于检察公益诉讼案件适用法律若干问题的解释》，细化检察院提起消费公益诉讼的规定，并于2020年进行修改。至此，消费公益诉讼制度在我国已基本确立。消费公益诉讼分为民事诉讼和行政诉讼，此处仅涉及对损害不特定消费者利益的经营者提起的消费者民事公益诉讼。

消费者公益诉讼与消费者群体性纠纷的代表人诉讼不同，代表人诉讼的主体仍然符合传统的民事诉讼法中对原告资格的界定，即与所诉案件有直接利害关系的人。其主体人数虽然起诉时并未确定，但一定是消费合同或消费侵权中的受害方消费者。而消费者公益诉讼原告为由法律事先指定的与案件无直接利害关系的适格机构，因为损害的是不特定消费者利益，而并非特定的多个消费者利益，即损害社会公共利益。消费争议中金额小，消费者普遍受损的纠纷不少，消费者公益诉讼就是保护消费者权益的途径之一。

（二）消费者公益诉讼制度基本内容

1. 原告资格

消费者公益诉讼原告资格的问题，具体是指哪些主体有权以自己的名义提起公益诉讼。因为消费者公益诉讼保护的利益是不特定消费者，以及上升到公共层面，原告资格应由法律规定。2014年生效的《消费者权益保护法》中明确规定了可以向人民法院提起消费者公益诉讼的主体为中国消费者协会以及各省、自治区、直辖市设立的消费者协会。2017年通过修改民诉法和行政诉讼法的决定以及后来修订的《民事诉讼法》最终明确赋予了市级人民检察院在法定情形下可以提起公益诉讼的诉讼资格。

2. 起诉案件

中国消费者协会以及各省、自治区、直辖市设立的消费者协会，对经营者侵害众多不特定消费者合法权益或者具有危及消费者人身、财产安全危险等损害社会公共利益的行为提起消费民事公益诉讼。人民检察院在履行职责中发现食品药品安全领域侵害众多消费者合法权益等损害社会公共利益的行为，在消费者协会不提起诉讼的情况下，可以向人民法院提起诉讼。消费者协会提起诉讼的，人民检察院可以支持起诉。

3. 诉讼请求

《最高人民法院关于审理消费民事公益诉讼案件适用法律若干问题的解释》第三十条第一款规定原告在消费公益诉讼中可主张的请求包括停止侵害、排除妨碍、消除危险、赔礼道歉等；第二款规定了原告针对被告设置的不公平格式条款可主张确认无效。结合司法实践，消费民事公益诉讼原告的请求权类型分为以下四种：禁令请求、赔偿请求、确认请求和人格补偿请求。

（1）禁令请求。包括停止侵害、排除妨碍、消除危险等要求被告停止不当经营行为的请求。例如 2014 年 12 月，浙江消费者权益保护委员会提起消费公益诉讼，提起了请求上海铁路运输法院判令上海铁路局立即停止其“强制实名制购票乘车后遗失车票的消费者另行购票的行为”的诉讼请求。

（2）确认请求。包括确认合同条款以及运营规则的效力、确认被告行为的效力或者性质等请求。后者比如被告的行为是否构成违约、是否构成欺诈等。例如 2016 年 9 月，江苏省消费者协会向法院提起消费公益诉讼，因为南京水务集团有限公司提供用水格式合同约定的违约金过高，所以请求法院判决确认违约金条款无效。该诉讼请求目的在于确认消费者和经营者间不存在该合同法律关系。

（3）人格补偿请求。指赔礼道歉。例如 2019 年 7 月，杭州市拱墅区人民检察院起诉李正声、刘凤丽侵害消费者合法权益的消费公益诉讼案件中，拱墅区检察院提出了请求法院“判令两被告在全国性的媒体或平台上公开赔礼道歉”的诉讼请求。

（4）赔偿请求。即损害赔偿，包括补偿性赔偿请求和惩罚性赔偿请求。我国在立法上并没有损害赔偿请求规则，无论是补偿性赔偿请求和惩罚性赔偿请求。但在司法实践中，已经出现支持损害赔偿请求的案例。甚至对于惩罚性赔偿请求也给予支持。这些得到法院判决支持的以经营者违法收入为基数的10倍惩罚性赔偿，于法无据。依据《消费者权益保护法》第五十五条和《食品安全法》第一百四十八条的规定，请求惩罚性赔偿是消费者的权利。惩罚性赔偿是法律赋予个体消费者的救济手段，并没有赋予消费者集体。对此，损害赔偿请求是否适用是存在争议的。

第八章　消费者权益保护法中的法律责任

第一节　消费者权益保护法中法律责任概述

一、消费者权益保护法中法律责任概念与特征

法律责任是主体违反法律义务而承担的法律后果。消费者权益保护法法律责任是经营者违反消费者权益保护法的法定义务或其与消费者的约定义务而应承担的法律后果，或者说是经营者向消费者提供商品或服务时损害消费者合法权益应承担的法律后果。这也是保护消费者合法权益的重要手段。

消费者权益保护法中的法律责任具有如下特征：第一，责任主体为经营者。消费者权益保护法是对消费者利益进行特别保护的法，基于这一立法宗旨，在消费者权益保护法中对消费者和经营者的权益结构进行倾斜性配置，而法律责任也体现倾斜性，只对经营者损害消费者权益的法律责任进行规定。消费者如果在与经营者的交易中存在违法行为，其法律责任承担依据的是其他法律而非消费者权益保护法。第二，责任方式具有综合性。经营者损害消费者合法权益既有对整个消费者群体利益的损害，也有对特定消费者利益的损害，损害的既有公共利益，又有私人利益，经营者承担的责任便具有综合性。经营者的法律责任从性质上来分类可分为公法上的责任和私法上的责任。公法上的责任包括行政责任和刑事责任，私法上的责任指民事责任。损害社会公共利益依据行为的危害程度和损害程度，分为承担行政责任和刑事责任，损害特定消费者利益的可能承担合同责任和侵权责任。

二、消费者权益保护法中法律责任条款适用

消费者权益保护法中的法律责任具有综合性，包括不同性质、不同效力等级的规范条文，那么在这些条文的适用中经常出现的问题是：一个违法行为的法律责任可能涉及公法法律责任条款，也会涉及私法法律责任条款，此时应如何适用？同一违法行为的法律责任涉及上位法法律责任条文，也涉及下位法法律责任条文，既涉及一般法法律责任条文，也涉及特别法法律责任条文。此时应当如何适用？

第一，违法行为涉及的公法责任条款和私法责任条款适用。公法责任条款公法责任与私法责任均予以追究，两种条文均适用。但是，如果两种责任均存在以金钱利益承担责任而经营者现有财力不足时，民事赔偿责任条款优先适用。首先，公法责任产生于经营者的违法行为损害了国家和社会公共利益，由国家直接追究其责任，私法责任产生于经营者的行为损害了特定消费者利益而由该消费者诉请追究其责任，这两种责任相互独立，并无重复，可并行不悖，两种条文均适用。其次，公法责任是行政责任和刑事责任，有罚款、罚金等金钱类财产责任，民事责任有损害赔偿，也是金钱类财产责任，如果经营者现有财力不足以同时支付，需要进行责任权衡。为更充分保护消费者利益，我国《消费者权益保护法》第五十八条规定：“经营者违反本法规定，应当承担民事赔偿责任和缴纳罚款、罚金，其财产不足以同时支付的，先承担民事赔偿责任。”例如，经营者通过网络直播方式销售商品，进行虚假宣传，消费者因听信其宣传而购买，但商品存在质量问题，造成消费者人身损害。经营者的虚假宣传行为既属于不正当竞争行为，又属于损害消费者利益的侵权行为，依据《反不正当竞争法》第二十条①规定，应被监督部门处以行政处罚，依据《产品质量法》第四十一条②，应当承担损害赔偿责任。两种法律责任可同时要求经营者承担，但缴纳罚款和进行损害赔偿无法都支

---

① 《反不正当竞争法》第二十条：经营者违反本法第八条规定对其商品作虚假或者引人误解的商业宣传，或者通过组织虚假交易等方式帮助其他经营者进行虚假或者引人误解的商业宣传的，由监督检查部门责令停止违法行为，处二十万元以上一百万元以下的罚款；情节严重的，处一百万元以上二百万元以下的罚款，可以吊销营业执照。

② 《产品质量法》第四十一条：因产品存在缺陷造成人身、缺陷产品以外的其他财产（以下简称他人财产）损害的，生产者应当承担赔偿责任。

付时，应当优先向消费者承担损害赔偿责任。

第二，违法行为涉及上位法法律责任条款与下位法法律责任条款的适用。我国《立法法》确立的一个法律规范冲突解决规则是“上位法优于下位法”，如不同位阶法律规范间存在直接冲突可适用这一规则，但在消费者权益保护法中，存在例外情形：下位法基于上位法的特殊授权作出规定。例如，《消费者权益保护法》第五十六条规定：“经营者有下列情形之一，除承担相应的民事责任外，其他有关法律、法规对处罚机关和处罚方式有规定的，依照法律、法规的规定执行；法律、法规未作规定的，由工商行政管理部门或者其他有关行政部门责令改正，可以根据情节单处或者并处警告、没收违法所得、处以违法所得一倍以上十倍以下的罚款，没有违法所得的，处以五十万元以下的罚款……（七）拒绝或者拖延有关行政部门责令对缺陷商品或者服务采取停止销售、警示、召回、无害化处理、销毁、停止生产或者服务等措施的……。”《缺陷汽车产品召回管理条例》第二十四条规定：“生产者违反本条例规定，有下列情形之一的，由产品质量监督部门责令改正，处缺陷汽车产品货值金额1%以上10%以下的罚款；有违法所得的，并处没收违法所得；情节严重的，由许可机关吊销有关许可……（三）经责令召回拒不召回。”比较两条款可看出，前者对于经营者拒绝产品责令召回授权其他法律、法规执行，无规定才适用该条规定，后者规定了经营者拒绝汽车产品责令召回的行政处罚措施。对此，因经过上位法的先期授权，应适用下位法法律责任条款。

第三，违法行为涉及特别法法律责任条款与一般法法律责任条款的适用。我国《立法法》确立的另一个法律规范冲突解决规则是“特别法优于一般法”，即同一机关制定的法律、行政法规、地方性法规、自治条例和大型条例、规章，特别规定与一般规定不一致的，适用特别规定。例如，《民法典》第一百四十八条规定：“一方以欺诈手段，使对方在违背真实意思的情况下实施的民事法律行为，受欺诈方有权请求人民法院或者仲裁机构予以撤销。”第一百五十七条规定：“民事法律行为无效、被撤销或者确定不发生效力后，行为人因该行为取得的财产，应当予以返还；不能返还或者没有必要返还的，应当折价补偿。有过错的一方应当赔偿对方由此所受到的损失……”《消费者权益保护法》第五十五条规定：“经营者提供商品或者服务有欺诈行为的，应当按照消费者的要求增加赔偿其受到的损失，增加赔偿的金额为消费者购买商品的价款或者接受服务的费用的三倍；增加赔偿的金额不足五百元的，为五百元。法律另有规定的，依照其规定。”《民法典》相对于《消费者权益保护法》中的民事法律规范条款是一般法，因此，消费者被经营者欺诈而购买商品和服务的损害赔偿，可依《消费者权益保护法》第五十五条规定请求惩罚性赔偿。

第二节 损害消费者权益的民事责任

一、经营者损害消费者权益民事责任特征

经营者侵犯消费者权益的民事责任是消费者权益保护法中最重要的责任类型，是经营者违反了消费者权益保护法规定的法定义务或与消费者约定的义务，造成特定消费者民事权益损害而承担的法律后果。

经营者承担民事责任在性质上与《民法典》规定的民事主体承担的民事责任并无不同。从类型上主要有违约责任、侵权责任，其基本构成条件相同；责任形式有消除影响、赔礼道歉、恢复名誉、返还财产、赔偿损失等，主要为赔偿损失等财产性责任；损害的权益包括人身权益和财产权益；损害类型包括人身损害、财产损失和精神损害。但是，基于消费者权益保护法的立法目的，对消费者进行特殊保护，消费者权益保护法中规定的经营者的民事责任具有如下特征：（1）我国消费者权益保护法关于经营者民事责任规定大多并未区分请求权基础，需要针对具体情形进行法律关系的分析，从而确定具体责任及形式。（2）对于经营者民事责任具体形式有突破。《民法典》规定的损害赔偿责任为补偿性责任，以填补受损害一方的实际损失为目的，而消费者权益保护法中经营者的责任存在惩罚性赔偿，赔偿数额超过消费者实际损失，对弱势的消费者进行充分保护。（3）民事责任主体有扩张。为对消费者进行更充分的保护，消费者索赔对象并未限于交易相对人，而范围有所扩大。例如，消费者购买的商品是从承租他人柜台的经营者处购买，如商品质量存在瑕疵，可向销售商品的经营者主张赔偿，但是已经退租的，可向柜台出租者主张赔偿。这种请求权其性质现在虽有不同见解，但不可否认的是，

这大大便利了消费者维权，学者均认为应当由柜台出租者承担责任。(4) 经营者民事责任的法律适用主要遵循“特别法优于一般法”。经营者与消费者首先是民事法律关系，当然适用民事法律责任规范。但是两者的关系与普通民事关系不同，消费者权益保护法对消费者特别保护，有些法律责任规范与民法规定不同，这些规范为特别法规范，优先适用。我国《消费者权益保护法》相较于《民法典》为特别法，《食品安全法》《产品质量法》相对于《消费者权益保护法》为特别法。本节民事责任部分会涉及《消费者权益保护法》《食品安全法》《产品质量法》的相关条款。

二、经营者的违约责任

经营者的违约责任前提是其与特定经营者之间存在交易关系，经营者违反合同约定义务或消费者权益保护法规定义务应承担违约责任。经营者违反义务通常表现为违反其通过说明书、包装标示、购物凭证等作出的关于产品生产日期、保质期、质量标准、产品数量、产品成分等明示承诺或者消费者权益保护法规定的法定义务。

第一，经营者提供商品存在瑕疵。瑕疵是与产品缺陷相对的概念，产品具有质量上的缺点，由此使产品的使用价值发生灭失或减损的一种状态，但其缺陷不会对人身、财产安全产生不合理危险。例如，电视机有黑点，使用效果不佳，电冰箱制冷效果未达标准等。商品存在瑕疵是经营者违反其质量保证义务的违约行为。《产品质量法》四十条和《消费者权益保护法》第四十八条、第五十四条都列举了产品瑕疵及违约行为的情况：(1) 不具备商品应当具备的使用性能而出售时未作说明的。使用性能就是商品使用价值的体现，也是消费者的消费目的，不具备应有的使用性能其使用价值会减损。如果告知消费者，消费者仍购买了瑕疵产品，不构成违约，但未告知消费者即构成违约。(2) 不符合在产品或者其包装上注明采用的产品标准的。明示的标准是经营者明示的质量保证，交付的商品未达到这个标准即构成违约。(3) 不符合以产品说明、实物样品等方式表明的质量状况。产品说明、实物样品同样表明交易商品的质量状况，属于经营者的明示质量保证，交付商品未达到这个质量状况即构成违约。(4) 依法经有关行政部门认定为不合格的商品，消费者要求退货的，经营者应当负责退货。

第二，经营者销售的商品数量不足，服务的内容和费用违反约定的。商品数量以及服务的内容和费用均为经营者与消费者约定条款，经营者履行合同不符合约定条款，为违约行为。

第三，经营者对消费者提出的修理、重做、更换、退货、补足商品数量、退还货款和服务费用或者赔偿损失的要求，故意拖延或者无理拒绝的，属于违约后拒绝或拖延承担违约责任的情况，不仅可要求赔偿原违约责任，对于拖延或拒绝造成的扩大的损失也可要求赔偿。

第四，经营者以预收款方式提供商品或者服务的，但未按照约定提供的，应当按照消费者的要求履行约定或者退回预付款，并应当承担预付款的利息、消费者必须支付的合理费用。属于经营者迟延履行或不履行的违约行为，往往对消费者造成损失。

以上违约行为是《产品质量法》《消费者权益保护法》中列举的较为典型的违约行为，除此之外，其他一切违反经营者对消费者义务的均为违约行为，消费者可依据《民法典》合同编相关规定追究经营者的违约责任。

三、经营者的侵权责任

经营者的侵权责任是经营者违反法定的义务，损害消费者人身、财产权利，引发应当承担的民事责任。在消费者权益保护法中，经营者的侵权责任主要有三种类型：一是公共场所的经营者未尽到对消费者的安全保障义务的侵权责任；二是在消费者购物或接受服务时，经营者直接侵犯消费者人格权益的侵权责任；三是产品本身存在缺陷而损害消费者人身或产品以外的财产的侵权行为，即产品责任。

（一）经营者未尽安全保障义务的侵权责任

《消费者权益保护法》第四十八条第二款规定：“经营者对消费者未尽到安全保障义务，造成消费者损害的，应当承担侵权责任。”《民法典》第一千一百九十八条规定：“宾馆、商场、银行、车站、机场、体育场馆、娱乐场所等经营场所、公共场所的经营者、管理者或者群众性活动的组织者，未尽到安全保障义务，造成他人损害的，应当承担侵权责任。因第三人的行为造成他人损害的，由第三人承担侵权责任；经营者、管理者或者组织者未尽到安全保障义务的，承担相应的补充责任。经营者、管理者或者组织者承担补充责任后，可以向第三人追偿。”这两项规定均为经营者违反安保义务造成他人损害的法律责任的规定，并无冲突，当然适用经营者违反安保义务损害消费者利益承担的法律责任。

经营者违反安全保障义务损害消费者权益的侵权责任为一般侵权，包含两种情形：一种是经营者未尽安保义务而直接侵犯消费者权益应承担侵权责任。例如，商场地板湿滑，未及时清理，造成消费者摔倒，商场应承担责任。另一种情形是第三人直接对消费者侵权，而经营者未尽安保义务，应承担补充责任。例如，消费者入住酒店后其物品被偷，酒店如果未尽安保义务，应承担补充责任。无论哪一种情形，都是一般侵权。经营者承担责任以未尽安全保障义务为归责基础。安全保障义务为合理的注意义务，未尽合理注意义务而导致损害，主观存在过错，才承担责任。

（二）侵犯消费者人格权益的责任

侵犯消费者人格权益的侵权责任规定在《民法典》中，而经营者侵犯消费者人格权的表现主要规定在《消费者权益保护法》第五十条、第五十一条中，两者规定并无冲突。在《消费者权益保护法》第五十条特别强调了经营者侵犯消费者人格尊严、人身自由和个人信息等一般人格权益的法律责任：“经营者侵害消费者的人格尊严、侵犯消费者人身自由或者侵害消费者个人信息依法得到保护的权利的，应当停止侵害、恢复名誉、消除影响、赔礼道歉，并赔偿损失。”第五十一条强调了经营者侵犯消费者人格权益，造成精神损害的，可要求精神损害赔偿：“经营者有侮辱诽谤、搜查身体、侵犯人身自由等侵害消费者或者其他受害人人身权益的行为，造成严重精神损害的，受害人可以要求精神损害赔偿。”对于以上强调的经营者的直接侵权行为，消费者可依据《消费者权益保护法》的规定适用，对于《消费者权益保护法》并未强调的其他经营者损害消费者人格权益的行为，仍可依据《民法典》追究经营者侵权责任。例如，经营者对消费者殴打、推搡等暴力行为导致消费者人体器官功能受损、丧失或肢体残缺甚至死亡。侵犯人格权益，无论是否发生于经营者与消费者之间，其构成条件、归责原则、免责事由、责任形式等并无任何区别。

需注意的是，经营者侵犯消费者人格权是经营者对于购买商品和接受服务的消费者的直接侵权，并非其商品缺陷侵权。例如，超市经营者对怀疑偷盗商品的顾客搜身、殴打、软禁、侮辱，游乐园设施问题造成消费者人身损害等。

（三）产品责任

产品责任是由于经营者提供的商品存在缺陷，有不合理危险，导致消费者人身和财产受损而产生的侵权责任，被称为产品责任。《民法典》第一千二百零二条至第一千二百零七条、《产品质量法》第四十一条至第四十六条对此都有规定。《消费者权益保护法》第四十九条规定：经营者提供商品或者服务，造成消费者或者其他受害人人身伤害的，应当赔偿医疗费、护理费、交通费等为治疗和康复支出的合理费用，以及因误工减少的收入。造成残疾的，还应当赔偿残疾生活辅助器具费和残疾赔偿金。造成死亡的，还应当赔偿丧葬费和死亡赔偿金。对于此条当中提到经营者提供服务的侵权责任，本书认为，经营者损害消费者人格权益的侵权，为一般侵权，不能类推适用于产品责任。产品侵权责任为特殊侵权，归责原则相较于一般侵权有不同之处。

对于产品责任的法律适用，《产品质量法》相较于《民法典》为特别法，冲突的法律规范应适用《产品质量法》。产品责任为特殊侵权，首要条件是产品缺陷，缺陷与瑕疵都属于产品质量问题，产品缺陷意味着产品不符合安全性需求，存在不合理危险。其次，产品缺陷在投入流通后导致了受害人人身或产品外的财产损失。人身伤害就是身体伤害。例如，消费者购买使用化妆品致脸部受到损害。财产损失为产品以外的受害人的其他固有财产损失，不包括产品本身在内。最后，受害人可以向产品的生产者要求赔偿，也可以向产品的销售者要求赔偿。但是对于生产者和销售者承担责任条件不同。生产者承担无过错责任，但《产品质量法》第四十一条规定了生产者的三项免责条款：（1）未将产品投入流通不承担产品责任。投入流通即生产者就产品因销售而投入流通市场。因此，偷盗未出厂产品转卖后产品造成他人人身财产损害并不构成产品侵权。（2）产品投入流通时，引起损害的缺陷尚不存在的不承担产品责任。即产品缺陷非生产者造成，而是在投入流通后造成，生产者免责。（3）将产品投入流通时的科学技术水平尚不能发现缺陷的存在的。由于人们对产品风险和安全的认识随着社会发展而不断变化，随着科技发展，生产时认为是安全的产品可能一段时间后会发现其存在风险。对此，生产者可以免责。该情形被称为“发展风险的抗辩”。对于该抗辩制度的妥适性，学界存在长久的争论。争论的焦点是，对发展风险的法定免责与我国严格的产品责任制度之间是否存在体系矛盾与价值冲突。销售者承担的是过错责任，《产品质量法》第四十二条规定：“由于销售者的过错使产品存在缺陷，造成人身、他人财产损害的，销售者应当承担赔偿责任。销售者不能指明缺陷产品的生产者也不能指明缺陷产品的供货者的，销售者应当承担赔偿责任。”

除此之外，《食品安全法》相较于《产品质量法》为特别法，针对食品不符合安全标准造成他人损害的侵权责任，冲突的法律规范应当适用《食品安全法》。《食品安全法》第一百四十八条规定：“消费者因不符合食品安全标准的食品受到损害的，可以向经营者要求赔偿损失，也可以向生产者要求赔偿损失。接到消费者赔偿要求的生产经营者，应当实行首负责任制，先行赔付，不得推诿；属于生产者责任的，经营者赔偿后有权向生产者追偿；属于经营者责任的，生产者赔偿后有权向经营者追偿。”这意味着对于食品不符合安全标准和安全需求的，造成他人人身财产损害，无论是生产者还是销售者，均承担无过错责任。对于销售者来说，不得以缺陷并非销售者造成，无过错为由提出抗辩。

对于产品责任，并非仅适用于经营者与消费者之间，而是适用于所有产品生产者、销售者与受害人之间。对于产品责任形式，与《民法典》规定的侵权责任形式相同。但是在整个消费者权益保护法中，惩罚性赔偿责任的适用情形较多，成为对消费者权益进行特别保护的措施之一。

四、惩罚性赔偿责任

（一）惩罚性赔偿制度的意义及我国立法

惩罚性赔偿制度起源于英国，但是在美国司法实践中最早得到确认的一项民事责任制度，是指当施害者对被害者的加害行为具有严重的暴力压制、恶意或欺诈性质，或者属于任意的、轻率的、恶劣的行为时，受害者可请求施害者给予其超过其实际损失的赔偿金。惩罚性赔偿的意义在于就既有损失充分补偿之余，借以惩戒施害者的具主观恶意的恶劣行径并且阻遏所有民众将来实施此类行为而支付的赔偿金，并进而实现对侵害行为或相似行径予以遏制。同时惩罚性赔偿有利于提高经营者的违法成本，增强消费者的维权意识，一定程度上降低消费者的维权成本，鼓励消费者积极维权，最大限度地保护消费者合法权益。一开始惩罚性赔偿制度主要适用于侵权责任领域，后来逐步发展广泛适用于合同纠纷领域。但是，传统大陆法系民法中，惩罚性赔偿制度并无设定的理由，其损害赔偿只是作为对受害者的救济，以受害者的损失为界，具有补偿性。我国在1993年颁布《消费者权益保护法》时引入了惩罚性赔偿，成为对消费者权益进行保护的特殊措施，目的是对经济实力远超消费者的经营者的恶意欺诈行为进行惩罚，以遏制经营者损害消费者的恶意欺诈行为。其内容为：经营者欺诈消费者，应当按照消费者的要求增加赔偿其受到的损失，增加赔偿的金额为消费者购买商品的价款或者接受服务的费用的一倍。

但是恶意欺诈消费者的惩罚性赔偿条款在出现了“王海知假买假”现象之后面临不同评价。有学者认为，给予王海惩罚性赔偿可以更有效遏制不诚实经营行为；也有学者认为，对王海给予惩罚性赔偿会催生以获取赔偿为目的的知假买假行为，不符合立法宗旨。无论何种看法，可以肯定的是，惩罚性赔偿对于遏制不诚实经营，净化市场环境确实有明显作用。因此，我国于2013年修订《消费者权益保护法》时，又增加了惩罚性赔偿条款。《消费者权益保护法》第五十五条规定了经营者对消费者欺诈行为的惩罚性赔偿以及若经营者故意向消费者提供缺陷产品致使他人死亡或健康严重受损的惩罚性赔偿。除此之外，《食品安全法》规定了对不符合食品安全标准的食品生产者以及明知其所售食品不符合食品安全标准仍然销售的经营者的惩罚性赔偿。《药品管理法》规定了对假药、劣药生产者及故意销售假药、劣药销售者的惩罚性赔偿。

（二）消费者权益保护法惩罚性赔偿类型

1. 经营者对消费者欺诈行为的惩罚性赔偿

《消费者权益保护法》第五十五条第一款规定：“经营者提供商品或者服务有欺诈行为的，应当按照消费者的要求增加赔偿其受到的损失，增加赔偿的金额为消费者购买商品的价款或者接受服务的费用的三倍；增加赔偿的金额不足五百元的，为五百元。法律另有规定的，依照其规定。”该条款并未明确消费者对经营者的惩罚性赔偿的请求权基础，但是欺诈仅发生于交易双方，由此可判定，消费者与经营者的合同关系。对于这款基于合同的惩罚性赔偿请求权，其适用条件如下：

第一，交易主体双方应当是消费者与经营者。第二，经营者主观上要有欺诈和可以责难的故意。欺诈在民法上指经营者为获得有利结果而故意隐瞒或捏造事实的行为，包括积极欺诈和消极欺诈。积极欺诈为故意告知消费者虚假事实，消极欺诈为故意隐瞒真实事实。欺诈还应当是“双重故意”，即经营者基于故意采取各种手段使消费者陷入错误的认识，故意使消费者基于错误认识作出错误的意思表示。消费者与经营者的交易中常见的欺诈行为包括：故意缺斤短两、故意偷工减料，故意虚列项目等。对于经营者对消费者欺诈行为的惩罚性赔偿，其欺诈的认定在司法判例中多遵循民法欺诈的认定标准。第三，客观上消费者因为经营者的欺诈而遭受了损失，主要是财产损失。第四，消费者可要求经营者承担惩罚性赔偿为商品价格的3倍，是以商品价格为基数计算。

对于这一条款的规定，结合其请求权基础，通过目的解释和体系解释，本书作出如下理解：第一，对于欺诈的认定问题。《最高人民法院关于适用〈中华人民共和国民法典〉总则编若干问题的解释》第二十一条规定：“故意告知虚假情况，或者负有告知义务的人故意隐瞒真实情况，致使当事人基于错误认识作出意思表示的，人民法院可以认定为《民法典》第一百四十八条、第一百四十九条规定的欺诈。”这是民法上认定欺诈的标准。在消费者权益保护法对于食品药品纠纷案件中“知假买假”的行为已经作从宽解释，不要求将“致使当事人基于错误认识作出意思表示”作为认定欺诈的必要，而将之纳入惩罚性赔偿责任的适用范围。《关于审理食品药品纠纷案件适用法律若干问题的规定》第三条规定：“因食品、药品质量问题发生纠纷，购买者向生产者、销售者主张权利，生产者、销售者以购买者明知食品、药品存在质量问题而仍然购买为由进行抗辩的，人民法院不予支持。”显然，这是遵循目的解释的方法。对于其他商品和服务的合同纠纷案件是否需遵循民法的欺诈认定？本书认为，同样应当遵循目的解释的方法，如为消费者与经营者之间的消费纠纷，同样应当不要求将“致使当事人基于错误认识作出意思表示”作为认定欺诈的必要，而将欺诈的认定集中于经营者是否故意告知消费者虚假情况，或者负有告知义务的经营者故意隐瞒真实情况。第二，关于消费者因为经营者的欺诈而遭受了损失的问题。民事责任损害赔偿是以弥补受害人的损害为目的，因此存在“无损失无赔偿”的补偿性损害赔偿的观念。但是，惩罚性损害赔偿责任制度设立的目的是惩罚经营者，提高经营者的违法成本，遏制该种行为的再次发生，也一定程度上降低消费者的维权成本。因此，既然惩罚性赔偿责任不以弥补受害人损害为目的，则不必强求其固守“无损失无赔偿”的补偿性损害赔偿责任的观念。消费者因经营者的欺诈而受到损失也没必要作为惩罚性损害赔偿的适用条件。

2. 经营者故意向消费者提供缺陷产品的惩罚性赔偿

《消费者权益保护法》第五十五条第二款规定：“经营者明知商品或者服务存在缺陷，仍然向消费者提供，造成消费者或者其他受害人死亡或者健康严重损害的，受害人有权要求经营者依照本法第四十九条、第五十一条等法律规定赔偿损失，并有权要求所受损失二倍以下的惩罚性赔偿。”

首先，这一条款应包括产品责任的惩罚性赔偿。《民法典》第一千二百零七条也有规定：“明知产品存在缺陷仍然生产、销售，或者没有依据前条规定采取有效补救措施，造成他人死亡或者健康严重损害的，被侵权人有权请求相应的惩罚性赔偿。”相较于无惩罚性赔偿责任的产品责任，其构成条件包括：第一，经营者提供给消费者的商品有缺陷，缺陷产品不符合安全性需求，有不合理危险，对消费者的人身和财产权益构成威胁，属于严重的质量问题；第二，已投入流通，销售给消费者的商品造成消费者死亡或健康严重损害，即损害后果为人身权益受损且非常严重；第三，经营者向消费者提供缺陷产品主观是故意的，即生产者明知产品缺陷而生产并投入流通，销售者明知产品缺陷而销售给消费者。可见，经营者主观存在恶意，故意将消费者置于危险境地。由此，可以追究经营者惩罚性赔偿责任。惩罚性赔偿的额度为缺陷产品造成消费者实际损失的二倍以下，是以消费者实际损失为基数计算。消费者实际损失包括：健康严重受损的损失，残疾人生活补助费、生活自助器具费、残疾赔偿金、由受害人抚养的人必需的生活费，死亡损失丧葬费、死亡赔偿金、由死者生前抚养的人必要生活费。

3. 经营者故意提供不符合安全标准的食品以及假药、劣药的惩罚性赔偿

《食品安全法》第一百四十八条第二款规定：“生产不符合食品安全标准的食品或者经营明知是不符合食品安全标准的食品，消费者除要求赔偿损失

外，还可以向生产者或者经营者要求支付价款十倍或者损失三倍的赔偿金；增加赔偿的金额不足一千元的，为一千元。”《药品管理法》第一百四十四条第三款规定：“生产假药、劣药或者明知是假药、劣药仍然销售、使用的，受害人或者其近亲属除请求赔偿损失外，还可以请求支付价款十倍或者损失三倍的赔偿金；增加赔偿的金额不足一千元的，为一千元。”对于这两个条款的适用，第一，对生产不符合食品安全标准的以及生产假药、劣药的生产者而言，不再需要根据《消费者权益保护法》第五十五条第二款具备“明知”要件方构成惩罚性赔偿责任。但对于销售者来说，仍须具备明知要件。第二，不符合安全标准的食品以及假药、劣药能否界定为缺陷产品？虽然有争议，但规范明确，只要生产和销售的食品不符合食品安全标准，生产、销售的药品被认定为假药和劣药，即可请求经营者惩罚性赔偿责任。值得注意的是，食品、药品的惩罚性赔偿责任不优先适用《消费者权益保护法》第五十五条第二款，分别优先适用《食品安全法》和《药品管理法》。

五、法律责任主体类型

消费者权益保护法为更加便于消费者在受到损害时向经营者维权，对于法律责任主体有一定的扩张，也成为对消费者利益特殊保护的措施之一。

第一，向销售者要求赔偿。消费者在购买、使用商品时，其合法权益受到损害的，可以向销售者要求赔偿。向销售者要求赔偿的原因在于：如消费者购买、使用的商品存在不符合经营者明示或默示的质量标准或其他承诺，依据合同相对性和严格责任的归责原则，质量问题无论是否由销售者造成，消费者均可向合同相对人销售者主张赔偿责任，但并不以销售者为最终的责任承担者。《消费者权益保护法》第四十条规定：“销售者赔偿后，属于生产者的责任或者属于向销售者提供商品的其他销售者的责任的，销售者有权向生产者或者其他销售者追偿。”即销售者可再向其合同相对方生产商或批发商主张赔偿责任。

第二，既可向生产者要求赔偿，也可向销售者要求赔偿。消费者或者其他受害人因商品缺陷造成人身、财产损害的，可以向销售者要求赔偿，也可以向生产者要求赔偿。属于生产者责任的，销售者赔偿后，有权向生产者追偿。属于销售者责任的，生产者赔偿后，有权向销售者追偿。

如果消费者购买、使用的商品存在缺陷，造成损害，或者是第三人因商品缺陷受到损害，可向商品生产者或销售者主张侵权赔偿责任。两者承担不真正连带责任。

第三，向服务者要求赔偿。消费者在接受服务时，其合法权益受到损害的，可以向服务者要求赔偿。如果消费者接受经营者服务受到损害，因双方的合同关系，可向服务提供的经营者主张赔偿责任。

第四，向企业合并、分立后承受其权利义务的企业要求赔偿。《消费者权益保护法》第四十一条规定："消费者在购买、使用商品或者接受服务时，其合法权益受到损害，因原企业分立、合并的，可以向变更后承受其权利义务的企业要求赔偿。"这条规定与民法规定一致。《民法典》第六十七条规定："法人合并的，其权利和义务由合并后的法人享有和承担。法人分立的，其权利和义务由分立后的法人享有连带债权，承担连带债务，但是债权人和债务人另有约定的除外。"这意味着在消费者有权向经营者要求赔偿的前提下，如果经营者发生了合并或者分立，消费者行使求偿权的主体适用《民法典》第六十七条的规定。对消费者享有求偿权的经营者与其他企业发生合并，无论是新设合并还是吸收合并，消费者有权向合并后的经营者求偿；对消费者享有求偿权的经营者分立成为两个以上的经营者，消费者可向任一经营者要求赔偿全部数额，分立后的经营者之间对消费者承担连带债务。

第五，向使用他人营业执照的违法经营者和营业执照的持有人要求赔偿。《消费者权益保护法》第四十二条规定：使用他人营业执照的违法经营者提供商品或者服务，损害消费者合法权益的，消费者可以向其要求赔偿，也可以向营业执照的持有人要求赔偿。营业执照是国家有关登记机关依法核发的证明从事经营活动的法人、其他组织或个人具有经营主体资格的凭证。根据相关规定，营业执照的持有权和使用权专属于由登记机关核准的经营者使用，持有人不得出租、出借或转让他人使用，否则构成违法。从消费者与经营者的交易关系来看，消费者在交易中受到损害，无论对方构成侵权还是违约，都是使用他人营业执照的违法经营人和出租、出借、转让营业执照的经营者共同造成的，因此，应当承担连带责任。消费者可向使用他人营业执照的违法经营者和营业执照的持有人任何一人提出全部损害赔偿要求。

第六，先向交易相对方经营者要求赔偿，其次向展销会的举办者、柜台的出租者要求赔偿。《消费者权益保护法》第四十三条规定：消费者在展销会、租赁柜台购买商品或者接受服务，其合法权益受到损害的，可以向销售者或者服务者要求赔偿。展销会结束或者柜台租赁期满后，也可以向展销会的举办者、柜台的出租者要求赔偿。展销会的举办者、柜台的出租者赔偿后，有权向销售者或者服务者追偿。这两条均是为便利消费者维权而增加的经营者责任主体。对于消费者来说，购买的商品或接受的服务存在不符合质量要求，交易对方构成违约，应当向合同相对方要求承担违约责任，依合同相对性，无权向展销会的举办者、柜台的出租者要求赔偿。但是，消费者权益保护法为便利消费者维权，鉴于在展销会结束或者柜台租赁期满后消费者维权困难，将展销会的举办者、柜台的出租者列为在展销会结束或者柜台租赁期满后的消费者求偿相对方。对此，鉴于一般经营者在参与展会或租赁柜台时需向展销会的举办者、柜台的出租者缴纳保证金，可以将展销会的举办者、柜台的出租者对消费者的赔偿理解为保证责任。

第七，先向销售者或者服务者要求赔偿，再向网络交易平台提供者要求赔偿。《消费者权益保护法》第四十四条规定：消费者通过网络交易平台购买商品或者接受服务，其合法权益受到损害的，可以向销售者或者服务者要求赔偿。网络交易平台提供者不能提供销售者或者服务者的真实名称、地址和有效联系方式的，消费者也可以向网络交易平台提供者要求赔偿；网络交易平台提供者作出更有利于消费者的承诺的，应当履行承诺。网络交易平台提供者赔偿后，有权向销售者或者服务者追偿。这是《消费者权益保护法》规定的网络交易平台应承担的义务的情形。

与无理由退货权、个人信息受保护权等消费者权利一样，网络交易平台作为新的义务承担主体出现，是《消费者权益保护法》对互联网时代到来所作出的回应。凡是新的消费方式即网络消费出现必然出现新的法律关系，而新的法律关系中必然存在新的主体和新的权利义务关系的分配与承担。网络交易平台就是互联网消费方式下新产生义务的承担者。

网络消费虽然是一种新的消费方式，但是其与传统消费具有同质性，从法律关系角度观察，其相较于传统消费方式无非多出了一方主体即网络交易平台提供者，这一变化对于消费者权益保护既有利也有弊，其利在于相较传统消费方式下又多出了一个主体对消费者权益保护承担义务，这样使得权利的实现，尤其是财产权益的实现更有保障；其弊在于正是因为出现了新的一方主体，使得原有的法律关系变得更加复杂，义务主体增多使得责任承担时各主体之间的相互推诿可能变得更加严重。为了更加突出增加一方责任承担主体的益处，最大限度地避免由此带来的弊端，《消费者权益保护法》针对这一问题给出了回应。

同传统消费相同，消费者通过网络交易平台购买商品或者接受服务，其合法权益遭受损害时，当然有权向销售者或者服务者要求赔偿，然而通过网络平台进行消费时，消费者并不能直接面对面地与相关经营者和商品接触，所以平台自应承担提供销售者或服务者真实名称、地址和有效联系方式以及对于经营者的经营行为的合理安全保障义务。平台如若不能履行合理的安全保障义务，则此时就可能承担不利的法律后果，即消费者有权就经营者给自己带来的损害请求网络交易平台给予赔偿，且网络交易平台作为市场上的独立一方主体，如果作出了更有利于消费者的承诺，当然有义务履行，不履行也要依照相关法律承担不利后果。同其他主体一样，其承担赔偿责任后对于不是自己过错造成的消费者损害，有权向销售者或者服务者追偿。

《消费者权益保护法》第四十四条第二款还规定："网络交易平台提供者明知或者应知销售者或者服务者利用其平台侵害消费者合法权益，未采取必要措施的，依法与该销售者或者服务者承担连带责任。"这条规定从法理和法律原则的角度上看不存在创新，只是网络交易平台作为消费领域新产生的主体，与其他传统主体相同，主观上存在故意时当然需与经营者者承担连带责任。

对于网络交易平台对平台经营者的审核、登记等义务以及责任，我国《电子商务法》有更为详细的规定。该法第三十八条规定：电子商务平台经营者知道或者应当知道平台内经营者销售的商品或者提供的服务不符合保障人身、财产安全的要求，或者有其他侵害消费者合法权益行为，未采取必要措施的，依法与该平台内经营者承担连带责任。对关系消费者生命健康的商品或者服务，电子商务平台经营者对平台内经营者的资质资格未尽到审核义务，或者对消费者未尽到安全保障义务，造成消费者损害的，依法承担相应的责任。

第八，向虚假广告的商品或服务经营者、广告经营者、发布者要求赔偿。《消费者权益保护法》第四十五条第一款规定：消费者因经营者利用虚假广告或者其他虚假宣传方式提供商品或者服务，其合法权益受到损害的，可以向经营者要求赔偿。广告经营者、发布者发布虚假广告的，消费者可以请求行政主管部门予以惩处。广告经营者、发布者不能提供经营者的真实名称、地址和有效联系方式的，应当承担赔偿责任。

利用广告或其他方式进行商品或服务的宣传是现代社会商业活动的组成部分。随着社会的发展，广告种类由少到多，广告形式由简单到复杂，使消费者目不暇接。随之而来的虚假广告也层出不穷，使人难辨真假，直接或间接地对消费者的权益构成了巨大的危害。其危害主要表现为：(1) 误导消费者，诱使其作出错误的意思表示，购买或接受与自己真实意愿不相符的商品或服务；(2) 由于虚假广告隐瞒了商品或服务的缺陷，造成了消费者在使用过程中的人身或财产损害；(3) 由于虚假广告隐瞒了商品或服务的真实情况，使消费者购买了并不适合自己的商品或接受了不适合自己的服务。

虚假广告除了经营者自己发布的以外，大多委托他人设计、制作和发布，这就使虚假广告的加害人不止一个，既包括商品或服务的经营者，也包括广告经营者。广告经营者是从事广告代理、设计制作的法人、组织和个人。根据《广告法》的规定，广告经营者有审查广告委托人身份、有关证明、广告内容等责任。如果其未依法履行上述责任或明知是虚假广告而发布的，与经营者共同对消费者承担连带责任，如果经营者利用虚假广告损害消费者合法权益，经营者应当承担赔偿责任。如果经营者没有提供真实名称、地址和有效联系方式，消费者有权要求广告经营者、发布者提供有关经营者的真实名称、地址和有效联系方式，广告经营者、发布者有义务向消费者提供，不能提供的，消费者有权要求其赔偿。同时消费者对发布虚假广告的，有权请求行政部门予以惩处。包括责令停止违法活动、没收非法所得、罚款等。这一规定保证了消费者在无法找到经营者的情况下求偿权的实现。同时，对广告经营者依法履行法定义务，防止虚假广告发布也有法律意义。

《消费者权益保护法》第四十五条第二款规定：广告经营者、发布者设计、制作、发布关系消费者生命健康商品或者服务的虚假广告，造成消费者损害的，应当与提供该商品或者服务的经营者承担连带责任。这是对于关系消费者生命健康商品或者服务的虚假广告的责任规定，与上一款不同在于对广告经营者和发布者无主观过错的要求，只要虚假广告涉及的是关系消费者生命健康的商品或服务，一律由商品或服务经营者与广告经营者、发布者承担连带责任。这体现了对这类商品和服务的消费者的特殊保护。

《消费者权益保护法》第四十五条第三款规定：社会团体或者其他组织、

个人在关系消费者生命健康商品或者服务的虚假广告或者其他虚假宣传中向消费者推荐商品或者服务，造成消费者损害的，应当与提供该商品或者服务的经营者承担连带责任。这一款在第二款基础上增加了关系消费者生命健康商品或者服务的虚假广告推荐人、代言人的责任。即商品服务经营者与广告经营者、发布者承担连带责任。

第三节　损害消费者权益的行政责任

消费者权益保护法中规定的行政责任为广义的行政责任，既包括国家行政主体在履行消费者保护职责时违反行政责任应承担的责任，也包括经营者实施违反消费者权益保护法义务应承担的法律责任。消费者权益保护法中最重要的行政责任为经营者实施违反消费者权益保护法义务应承担的行政责任。具体来讲，为国家行政机关对于损害消费者合法权益的经营者的行政处罚。本节只涉及这部分内容。

一、经营者提供商品、服务有质量问题的行政处罚

消费者问题和与经营者的争议主要体现为商品或服务的质量问题，我国在《消费者权益保护法》《产品质量法》《食品安全法》《药品管理法》等法律中规定了对于经营者提供商品和服务的质量监督、管理措施，对出现质量问题的经营者由监管机构进行行政处罚。商品的质量体现在商品的内在质量和包装标识两个方面。

第一，提供的商品或者服务不符合保障人身、财产安全要求和标准。《产品质量法》第四十九条规定：“生产、销售不符合保障人体健康和人身、财产安全的国家标准、行业标准的产品的，责令停止生产、销售，没收违法生产、销售的产品，并处违法生产、销售产品（包括已售出和未售出的产品，下同）货值金额等值以上三倍以下的罚款；有违法所得的，并处没收违法所得；情节严重的，吊销营业执照；构成犯罪的，依法追究刑事责任。”

对于服务的安全性要求未达而追究经营者行政责任可按照《消费者权益保护法》第五十六条的规定进行行政处罚。

除此之外，在《食品安全法》《药品管理法》中，对于经营者提供假药、劣药、禁药以及不符合食品安全标准的食品、食品添加剂、食品原材料、食品包装容器的行政处罚责任进行规定。

第二，在产品中掺杂、掺假，以假充真，以次充好，或者以不合格产品冒充合格产品。不合格往往表现在商品存在使用性能上的瑕疵。《产品质量法》第五十条规定："在产品中掺杂、掺假，以假充真，以次充好，或者以不合格产品冒充合格产品的，责令停止生产、销售，没收违法生产、销售的产品，并处违法生产、销售产品货值金额百分之五十以上三倍以下的罚款；有违法所得的，并处没收违法所得；情节严重的，吊销营业执照；构成犯罪的，依法追究刑事责任。"

第三，生产销售国家明令淘汰并停止销售的产品，销售变质失效产品。国家明令淘汰的产品往往是对于人体、自然环境等有害的产品，不符合安全性要求，损害社会公共利益。我国《产品质量法》第五十一条规定："生产国家明令淘汰的产品的，销售国家明令淘汰并停止销售的产品的，责令停止生产、销售，没收违法生产、销售的产品，并处违法生产、销售产品货值金额等值以下的罚款；有违法所得的，并处没收违法所得；情节严重的，吊销营业执照。"

失效和变质商品不符合对人体的安全性要求，可能成为缺陷产品，《产品质量法》第五十二条规定："销售失效、变质的产品的，责令停止销售，没收违法销售的产品，并处违法销售产品货值金额二倍以下的罚款；有违法所得的，并处没收违法所得；情节严重的，吊销营业执照；构成犯罪的，依法追究刑事责任。"

第四，提供商品的包装标识不符合法定要求。产品标识也是质量的组成部分，不符合法定包装标识的产品可能构成产品质量的瑕疵，甚至出现警示缺陷。《产品质量法》第五十四条规定："产品标识不符合本法第二十七条规定的，责令改正；有包装的产品标识不符合本法第二十七条第（四）项、第（五）项规定，情节严重的，责令停止生产、销售，并处违法生产、销售产品货值金额百分之三十以下的罚款；有违法所得的，并处没收违法所得。"第二十七条规定："产品或者其包装上的标识必须真实，并符合下列要求：

（一）有产品质量检验合格证明；（二）有中文标明的产品名称、生产厂厂名和厂址；（三）根据产品的特点和使用要求，需要标明产品规格、等级、所含主要成分的名称和含量的，用中文相应予以标明；需要事先让消费者知晓的，应当在外包装上标明，或者预先向消费者提供有关资料；（四）限期使用的产品，应当在显著位置清晰地标明生产日期和安全使用期或者失效日期；（五）使用不当，容易造成产品本身损坏或者可能危及人身、财产安全的产品，应当有警示标志或者中文警示说明。裸装的食品和其他根据产品的特点难以附加标识的裸装产品，可以不附加产品标识。”

二、经营者欺骗性行为的行政责任

经营者欺骗性行为是经营者对消费者采用虚假宣传、冒用其他经营者商业标识，伪造商品和服务的相关信息等方式欺骗消费者，使消费者产生错误认知。由于消费者与经营者的信息不对称，使得经营者采用欺骗性手段使消费者错误消费的情形比较常见，我国多部法律对经营者实施这些欺骗性行为规定了行政责任。

第一，经营者伪造产品信息的行政责任。《产品质量法》第五十三条规定“伪造产品产地的，伪造或者冒用他人厂名、厂址的，伪造或者冒用认证标志等质量标志的，责令改正，没收违法生产、销售的产品，并处违法生产、销售产品货值金额等值以下的罚款；有违法所得的，并处没收违法所得；情节严重的，吊销营业执照。”

第二，冒用其他经营者的商业标识的混淆行为、虚假宣传行为的行政责任。《反不正当竞争法》第十八条规定：“经营者违反本法第六条规定实施混淆行为的，由监督检查部门责令停止违法行为，没收违法商品。违法经营额五万元以上的，可以并处违法经营额五倍以下的罚款；没有违法经营额或者违法经营额不足五万元的，可以并处二十五万元以下的罚款。情节严重的，吊销营业执照。”第二十条规定：“经营者违反本法第八条规定对其商品作虚假或者引人误解的商业宣传，或者通过组织虚假交易等方式帮助其他经营者进行虚假或者引人误解的商业宣传的，由监督检查部门责令停止违法行为，处二十万元以上一百万元以下的罚款；情节严重的，处一百万元以上二百万元以下的罚款，可以吊销营业执照。”

第三，广告主、广告经营者、广告发布者发布虚假广告的行政责任。《广告法》第五十五条规定，“违反本法规定，发布虚假广告的，由市场监督管理部门责令停止发布广告，责令广告主在相应范围内消除影响，处广告费用三倍以上五倍以下的罚款，广告费用无法计算或者明显偏低的，处二十万元以上一百万元以下的罚款；两年内有三次以上违法行为或者有其他严重情节的，处广告费用五倍以上十倍以下的罚款，广告费用无法计算或者明显偏低的，处一百万元以上二百万元以下的罚款，可以吊销营业执照，并由广告审查机关撤销广告审查批准文件、一年内不受理其广告审查申请。医疗机构有前款规定违法行为，情节严重的，除由市场监督管理部门依照本法处罚外，卫生行政部门可以吊销诊疗科目或者吊销医疗机构执业许可证。广告经营者、广告发布者明知或者应知广告虚假仍设计、制作、代理、发布的，由市场监督管理部门没收广告费用，并处广告费用三倍以上五倍以下的罚款，广告费用无法计算或者明显偏低的，处二十万元以上一百万元以下的罚款；两年内有三次以上违法行为或者有其他严重情节的，处广告费用五倍以上十倍以下的罚款，广告费用无法计算或者明显偏低的，处一百万元以上二百万元以下的罚款，并可以由有关部门暂停广告发布业务、吊销营业执照。”

三、经营者其他违法行为的行政责任

第一，《消费者权益保护法》规定：（1）拒绝或者拖延有关行政部门责令对缺陷商品或者服务采取停止销售、警示、无害化处理、销毁、停止生产或者服务等措施的；（2）对消费者提出的修理、重作、更换、退货、补足商品数量、退还货款和服务费用或者赔偿损失的要求，故意拖延或者无理拒绝的；（3）侵害消费者人格尊严、侵犯消费者人身自由或者侵害消费者个人信息依法得到保护的权利的，由市场监督管理部门或者其他有关行政部门责令改正，可以根据情节单处或者并处警告、没收违法所得、处以违法所得1倍以上10倍以下的罚款，没有违法所得的，处以50万元以下的罚款；情节严重的，责令停业整顿、吊销营业执照。

第二，《产品质量法》规定：（1）拒绝接受依法进行的产品质量监督检查的，给予警告，责令改正；拒不改正的，责令停业整顿；情节特别严重的，吊销营业执照。（2）产品质量检验机构、认证机构伪造检验结果或者出具虚假证明的，责令改正，对单位处5万元以上10万元以下的罚款，对直接负责的主管人员和其他直接责任人员处1万元以上5万元以下的罚款；有违法所得的，并处没收违法所得；情节严重的，取消其检验资格、认证资格；构成犯罪的，依法追究刑事责任。产品质量检验机构、认证机构出具的检验结果或者证明不实，造成损失的，应当承担相应的赔偿责任；造成重大损失的，撤销其检验资格、认证资格。产品质量认证机构对不符合认证标准而使用认证标志的产品，未依法要求其改正或者取消其使用认证标志资格的，对因产品不符合认证标准给消费者造成的损失，与产品的生产者、销售者承担连带责任；情节严重的，撤销其认证资格。

第三，法律、法规规定的损害消费者权益应当予以行政处罚的其他情形。

第四节　侵犯消费者权益常见犯罪及刑事责任

经营者损害消费者合法权益，如情节后果严重，有可能构成犯罪。常见的损害消费者合法权益的犯罪包括：生产、销售伪劣产品型犯罪；扰乱市场秩序型犯罪；侵犯知识产权型犯罪；危害公共卫生型犯罪；渎职型犯罪。以下选择几种犯罪进行简要概述。

一、假冒注册商标罪

假冒注册商标罪是经营者未经注册商标人同意在同种或类似的商品上使用与他人注册商标相同或近似的标志，情节严重的行为。假冒注册商标罪的主体为一般主体，通常是工商企业及其主管人员或假冒他人注册商标的个体工商户，个人假冒他人注册商标构成犯罪的，也按照假冒注册商标罪论处。在客观方面，首先要有假冒他人注册商标的行为，即在同种或类似的商品上使用与他人注册商标相同或近似的标志。同种和类似商标如何认定？广义的商品分为两类，不仅包括实物商品，还包括服务商品。此处的商品应当作广义解释。而符合《商标注册用商品和服务国际分类表》中同一种目下的商品名称即为“同一种商品”。是否为类似商标应根据这一标志的使用是否足以引起消费者和用户的商标混同来判断。其次，被假冒的是注册商标。即该商标已核准注册，获得商标注册证。最后，假冒行为情节严重。假冒注册商标罪中，“情节严重”为适用刑法提供了一种衡量标准，划分了民事责任、行政处罚与刑事处罚的分界线。其范围包括：(1) 非法经营数额较大。最高院、最高检在不同的解释和规定中对数额的要求不一样，具体判断行为人的金额是否较大以致构成“情节严重”时，应当结合当地经济状况、同类商品正常盈利情况、受害者经济损失等因素综合考虑。(2) 多次假冒注册商标的行为。行为人假冒注册商标受过行政处罚仍不悔改继续假冒商标的行为。(3) 假冒药品商标的行为。假冒药品商标行为的危害性大于假冒普通商品商标行为的危害性，假冒药品商标因其对人身健康可能引起的危险而被认定属于“情节严重”。(4) 假冒驰名商标的行为。假冒驰名商标的行为往往影响范围更广，对社会正常秩序的影响更大。(5) 其他造成恶劣后果或恶劣影响的情形。在主观方面，为故意犯罪，目的就是混同。客体是注册商标专用权和国家的管理秩序。

对于这一犯罪，《刑法》第二百一十三条规定假冒他人注册商标，情节严重的，处 3 年以下有期徒刑，并处或者单处罚金；情节特别严重的，处 3 年以上 10 年以下有期徒刑，并处罚金。

二、生产、销售伪劣产品罪

伪劣产品是掺杂、掺假，以假充真，以次充好或者以不合格产品冒充合格产品。生产、销售伪劣产品罪是经营者在经营活动中生产、销售伪劣产品，情节严重的行为。该罪名的构成条件为：生产、销售伪劣产品的犯罪主体是生产者、销售者；主观方面，生产者、销售者有生产、销售伪劣产品从中谋利的故意，如果行为人在主观上不是故意的，不知所售产品是次品，应承担民事责任，不构成犯罪；客观方面，生产者、销售者在客观上实施了“在产品中掺杂、掺假，以假充真，以次充好或者以不合格产品冒充合格产品”等行为。第一，所谓“在产品中掺杂、掺假”，是指在产品中掺入杂质或者异物，致使产品质量不符合国家法律、法规或者产品明示质量标准规定的质量要求，降低、失去应有使用性能的行为。“以假充真”，是指以不具有某种使用性能的产品冒充具有该种使用性能的产品的行为。第二，“以次充好”，是指以低等级、低档次产品冒充高等级、高档次产品，或者以残次、废旧零配件组合、拼装后冒充正品或者新产品的行为。第三，“不合格产品”，是指不符合《产品质量法》第二十六条关于产品应具备的使用性能规定的产品。对上述行为难以确定的，应当委托法律、行政法规规定的产品质量检验机构进行鉴定。情节严重是区分罪与非罪的界限。第四，生产、销售伪劣产品罪是以违法销售的金额作为情节是否严重，是否构成犯罪的标准。非法销售金额5万元以上构成犯罪。

《刑法》第一百四十条规定：5万元以上不满20万元的，处2年以下有期徒刑或者拘役，并处或者单处销售金额50%以上2倍以下罚金；销售金额20万元以上不满50万元的，处2年以上7年以下有期徒刑，并处销售金额50%以上2倍以下罚金；销售金额50万元以上不满200万元的，处7年以上有期徒刑，并处销售金额50%以上2倍以下罚金；销售金额200万元以上的，处15年有期徒刑或者无期徒刑，并处销售金额50%以上2倍以下罚金或者没收财产。

三、生产销售提供假药罪

按照《药品管理法》规定，假药包括4种情况：（1）药品所含成分与国家药品标准规定的成分不符；（2）以非药品冒充药品或者以他种药品冒充此种药品；（3）变质的药品；（4）药品所标明的适应症或者功能主治超出规定范围。凡生产、销售假药或药品使用单位的人员明知是假药而提供给他人使用，均构成犯罪。《刑法》第一百四十一条规定：生产、销售假药的，处3年以下有期徒刑或者拘役，并处罚金；对人体健康造成严重危害或者有其他严重情节的，处3年以上10年以下有期徒刑，并处罚金；致人死亡或者有其他特别严重情节的，处10年以上有期徒刑、无期徒刑或者死刑，并处罚金或者没收财产。

四、生产、销售不符合安全标准食品罪

生产、销售不符合安全标准食品罪是违反《食品安全法》，生产、销售不符合食品安全标准的食品，足以造成严重食物中毒事故或者其他严重食源性疾病，依法应承担刑事责任的行为。本罪在客观上首先违反了食品安全标

准。食品安全标准是强制执行的标准，无论是国家标准、行业标准、企业标准，均应遵守。生产、销售违反强制性食品安全标准是本罪行为表现。其次，其行为足以造成严重食物中毒事故或者其他严重食源性疾病，即不要求实际发生此危害结果，而是存在发生危害后果的高度危险即可构成此罪。对于生产、销售不符合安全标准食品罪，《刑法》第一百四十三条规定：处 3 年以下有期徒刑或者拘役，并处罚金；对人体健康造成严重危害或者有其他严重情节的，处 3 年以上 7 年以下有期徒刑，并处罚金；后果特别严重的，处 7 年以上有期徒刑或者无期徒刑，并处罚金或者没收财产。

五、生产、销售有毒、有害食品罪

生产、销售有毒、有害食品罪是在生产、销售的食品中掺入有毒、有害的非食品原料的，或者销售明知掺有有毒、有害的非食品原料的食品，应当承担刑事责任的行为。此罪与生产、销售不符合安全标准食品罪在客观方面表现不同，此罪为行为犯，只要实施了将有毒有害物质掺入食品的行为即可构成，无须危害结果发生或存在高度危险。但危害后果出现可作为加重情节。

本罪与投毒罪也有不同。本罪主体一般为经营者，包括生产者和销售者，既可以是个人，也可以是法人或非法人组织。主观上以营利为目的实施该行为，并无危害公共安全的意图，客观方面，有毒有害物质作为食品原料加入食品中。例如，为了增加原奶或奶粉的蛋白含量人为加入三聚氰胺这种化工原料。而投毒罪主体为个人，主观上有危害公共安全的目的，客观上投放的毒品不限于食品。例如，为报复经营者而在经营者生产的食品原料中加入氰化物。《刑法》第一百四十四条规定，生产、销售有毒、有害食品，处 5 年以下有期徒刑，并处罚金；对人体健康造成严重危害或者有其他严重情节的，处 5 年以上 10 年以下有期徒刑，并处罚金；致人死亡或者有其他特别严重情节的，依照《刑法》第一百四十一条的规定处罚。

六、虚假广告罪

虚假广告罪是广告主、广告经营者、广告发布者违反国家规定，利用广告对商品或者服务作虚假宣传，情节严重的应承担刑事责任的行为。本罪构成："广告主、广告经营者和广告发布者"，是构成"虚假广告罪"的特殊主体。广告主是指为推销商品或者提供服务，自行或者委托他人设计、制作、发布广告的法人、其他经济组织或者个人；广告经营者是指受委托提供广告设计、制作、代理服务的法人、其他经济组织或者个人；广告发布者是指为广告主或者广告主委托的广告经营者发布广告的法人或者其他经济组织。主观方面为故意，客观方面：第一，违反国家规定，进行虚假宣传。虚假宣传是对商品的质量、制作成分、性能、用途、生产者、有效期限、产地等作出的引人误解的广告或宣传。包括内容不真实的广告和宣传以及内容易使消费者误解的广告和宣传。违反国家规定首先是违反了国家制定发布的有关广告管理的法律、法规。《广告法》规定，广告不得含有虚假的内容，不得欺骗和误导消费者。其次是违反了《反不正当竞争法》规定，经营者不得利用广告或者其他方法，对商品的质量、制作成分、性能、用途、生产者、有效期限、产地等作引人误解的虚假宣传。违反了上述法律及法规规定，利用广告这种特殊的传播媒介，对所生产的产品或者提供的服务作夸张、虚伪和不实的宣扬或传播，足以产生使消费者受到欺骗或误导消费者的消费行为的作用的行为。第二，情节严重构成犯罪。"情节严重"为适用刑法提供了一种衡量标准，划分了民事责任、行政处罚与刑事处罚的分界线。但是，刑法中对于"情节严重"没有作具体的规定。

《刑法》第二百二十二条规定，广告主、广告经营者、广告发布者违反国家规定，利用广告对商品或者服务作虚假宣传，情节严重的，处2年以下有期徒刑或者拘役，并处或者单处罚金。

第九章　快递服务消费者权益保护

第一节　快递服务合同收件人权利保障

一、快递服务合同概述

（一）快递服务合同概念及特征

1. 快递服务合同概念

随着电子商务的快速发展，快递服务成为我们日常生活中不可或缺的一部分。世界贸易组织曾在《服务贸易总协定》中按照联合国集中产品分类系统，将服务（产品）分类定位为 12 个部门，其中就指出快递服务是一种有别于国家邮政的提取、运输、投递服务，并将其化归通信服务行业。国家邮政总局在 2007 年出台的邮政行业《快递服务标准》之中，将快递服务定义为：快速收寄、运输、投递单独封装的、有名址的快件或其他不需要储存的物品，按承诺时限递送到收件人或指定地点，并获得签收的寄递服务。其包括同城快递服务、国内异地快递服务以及国际快递服务。2012 年 5 月 1 日实施的快递服务国家标准对快递服务概述为“在承诺的时限内快速完成的寄递服务”。《快递市场管理办法》将快递服务定义为在承诺时限内快速完成的寄递活动。寄递，是指将信件、包裹、印刷品等物品按照封装上的名址递送给特定个人或者单位的活动，包括收寄、分拣、运输、投递等环节。也有学者将快递服务定义为速递服务，即对货物进行快速投递兼有邮递功能的物流活动。

因此，关于快递服务的定义在上述法律法规、部门规章中，有从提供快递服务的内容和形式方面定义，有从提供快递服务的主体方面定义，有的定义力求全面罗列，也有的定义力求简洁概括，都有其可取之处。快递公司在提供快递服务过程中，其往往要与寄件人之间建立快递服务合同，并由此确定双方的权利与义务。因此笔者认为，快递服务合同是寄件人与快递公司签订的，要求快递公司在承诺的时限内将单独封装的、记载有详细的姓名或者地址的快件进行快速投递，由寄件人或者收件人支付运输费用的合同。

2. 快递服务合同特征

（1）快递服务合同是双务有偿合同。快递公司与寄件人达成寄件约定后并提供快递服务，快递公司负有将快件在承诺的时限内投送到快件上记载的姓名和地址的收件人手中的义务，寄件人或收件人负有按约定支付运费的义务，两种义务互为对价关系，因此快递服务合同既是双务合同，又是有偿合同。

（2）快递服务合同是诺成合同。快递服务合同的成立要件是寄件人与快递公司双方达成合意，在双方达成合意时合同即已成立，而不需将交付标的物或者完成其他给付也作为确认合同成立与否的要件。虽然此时快递合同的履行要求寄件人将寄送的物品交付给快递公司，但是此时交付标的物的行为是寄件人的义务，违反该义务不会产生缔约过失责任，而是产生违约责任。因此快递服务合同是诺诚合同。

（3）快递服务合同多为格式合同。快递服务合同的形式一般表现为快递运单，又称快递详情单。快递公司为了重复使用而预先拟定格式条款，运费和格式都会有相关的拟定标准，在订立合同时寄件人只有同意或者不同意的权利。当然，也有不采用格式合同形式订立的快递服务合同，例如快递公司与特定寄件人共同协商而订立。

（4）快递服务合同是一种无名合同。无名合同是学理上的说法，我国《民法典》并未明确指出何为无名合同，学理上认为无名合同是对应于有名合同的概念，有名合同是指法律规定其内容并赋予一定名称的合同。无名合同指法律没有规定其内容并且未赋予其名称的合同。无名合同的外延要远远大于有名合同。快递服务合同显然并处于《民法典》规定的合同类型之列，故其是一种无名合同，可以适用民法总则，也可以参照有名合同或者其他规定。

（二）快递服务合同的性质

根据我国《民法典》第五百二十二条规定，当事人约定由债务人向第三人履行债务的，债务人未向第三人履行或履行不符合约定时，仍然由债权人向其追究责任。而在快递服务合同中，合同主体是签订快递合同的寄件人和快递公司，收件人则是合同利益相关的第三人，依据《民法典》第五百二十二条的规定，在快递服务合同中若收件人履行合同利益无法实现，收件人只能向寄件人追偿，而不能直接向快递公司索赔，当寄件人赔偿后再向快递公司索赔。这不仅增加了诉讼成本而且寄件人或收件人往往出于成本考虑而放弃索赔，不利于快递服务消费者的权益保护。因此对于快递合同的性质，不能以此来规定，学理上更倾向于将快递服务合同定义为利益第三人合同。

有关“利益第三人合同”的划分，在我国有广义利益第三人合同、真正利益第三人合同和不真正利益第三人合同之分，而真正利益第三人合同和不真正利益第三人合同从属于广义上的利益第三人合同，即：广义利益第三人合同包括不真正利益第三人合同和真正利益第三人合同。不真正利益第三人合同是指债权人为自己的利益与债务人签订合同，由第三人代替债权人受领合同利益，第三人并非合同利益的享有者，不能因此取得对债权人的给付请求权，仍需遵循《合同法》第六十四条对合同相对性的规定。真正利益第三人合同是狭义的利益第三人合同，是指债权人与债务人约定，第三人可以依照该合同，取得对债务人的直接给付请求权的合同。笔者认为应该将快递服务合同性质界定为真正利益第三人合同，真正利益第三人合同具有的特征是：第一，合同涉及第三人利益，第三人取得了合同债权，使得合同突破了相对性原则；第二，利益第三人合同是合同当事人双方约定债务人对第三人为给付的合同；第三，利益第三人合同以让第三人直接地、独立地取得权利为目的；第四，合同的第三人可以根据合同对债务人享有独立的给付请求权，在债务人不能履行给付或在履行有瑕疵的时候，第三人可以提起诉讼，受到损害时还能请求损害赔偿。

从理论角度看，快递服务合同是寄件人与快递服务公司双方达成合意后订立的合同，即：寄件人与快递服务公司是合同的当事人；虽然收件人并非合同当事人，但快递公司与寄件人之间订立合同的前提往往是寄件人与收件人之间存在买卖等合同关系。因此，快递服务合同是为第三人即收件人的利益而设定。收件人是最终的快递服务合同利益享有者，快递服务合同订立的目的是使收件人获得利益，收件人是合同利益的享有者。所以，收件人作为快递服务合同当事人之外的第三人，可以依据快递合同的约定直接并独立地取得权利，并且这种权利的取得是由于快递服务合同的约定和合同利益归属并非出于继受。快递服务收件人依据寄件人与快递服务公司之间的相关条款享有独立的请求权，有权以自己的名义要求快递服务公司履行合同、承担违约责任。因此，快递服务合同性质上属于利益第三人合同。

从实践的角度看，快递服务合同符合广义上的利益第三人合同的界定，而收件人是否享有独立请求权，就成为判断其是否属于真正利益第三人合同的唯一标准。从快递服务的宗旨与目的角度考虑，收件人应有权就快递服务延误或寄递物品不符合合同约定（该问题的发生归因于寄件人的除外）直接向快递企业提出主张。倘若收件人无权直接向快递企业行使请求权，则当快递企业拒绝交付、不当交付时，收件人就必须通过寄件人才可以向快递企业主张权利，这显然会对收件人维护自身合法权益造成重大不便，而且也不符合快递服务合同的目的。将快递服务合同定性为利益第三人的合同，肯定收件人享有独立的请求权，不仅会促进快递服务的进一步发展，还会使得快递服务纠纷的解决更为便捷。另外，在司法实践中，很多法院也作出了支持收件人直接以快递企业为被告的判决，进一步证明了将快递服务合同认定为利益第三人合同的合理性和正当性。

我国合同法将合同的效力牢固锁定在合同当事人之间，只有个别突破合同相对性的规定，而对于利益第三人合同，仅有《民法典》第五百二十二条作出了类似而模糊的规定，看似将合同的效力扩大到了合同之外的第三人，实则并没有突破合同的相对性，甚至是更好地坚持并诠释了合同的相对性原则。因此，我国《民法典》应当明确规定利益第三人合同，从而明确快递服务合同的利益第三人合同的地位。

（三）快递服务合同收件人的权利取得

收件人的权利是快递服务合同法律关系性质界定的最终目的，是其内容构造的重要部分，在明确收件人到底有哪些权利之前，需要明确的是收件人自何时取得权利。依据大多数国家的规定，第三人的利益虽然在利益第三人合同成立之时就已成立，但仍然处于不确定的状态，只有第三人作出希望享受其中利益的意思表示时，第三人的权利才得以确定。因此，在快递服务合同中，收件人的权利并非一开始就拥有，而是收件人要有意思表示自己希望享有这些权利，而这种意思表示明示或者暗示均可，并且既可以向快递公司表示，也可以向寄件人表示。例如，寄件人与快递服务公司达成快递服务合同后将快递服务组织名称和运单编号告知收件人，收件人未有拒绝的意思表示或者致电快递服务公司查询运单情况，都是表明其希望接受权利。

由于快递服务合同是为第三人设定权利，收件人可以意思表示接受，也可以意思表示不接受。若收件人向快递公司或寄件人作出拒绝接受的意思表示时，并不意味着快递服务合同所设定的权利自始无效，寄件人可以和快递服务公司双方进行协商，对快递服务合同的内容进行一定的更改。但更改的内容应在原快递服务合同约定的负担范围内，超出原合同约定的负担范围的，寄件人应承担额外费用。因此，寄件人可以与快递公司协商变更收件人或收货详址，也可以要求快递服务公司退回原件，但退回原件应承担由此给快递公司增加的额外费用。另外，由于收件人拒收快件而导致寄件人产生损失的归责，归属于寄件人和收件人之间的买卖合同关系等基础法律关系所调整的内容，与快递服务合同的履行与否并无关系。

二、快递服务中收件人的权利

（一）给付请求权

给付请求权是指收件人在有给付义务的快递行业服务者没有给付的情形下，直接请求快递行业服务者给付快件的权利。根据利益第三人合同进行分析，利益第三人在接受合同时，会取得类似于合同法规定的请求权的直接给付请求权，快递收件人属于利益第三人的范畴，当然地享有给付请求权，请求快递行业服务者给付快件。但是快递收件人的给付请求权并不局限于给付快递，还包括：（1）请求送货上门、送货至约定或者指定地点的权利。根据快递服务合同的特殊性，快递行业服务者需要送货上门或者送至指定地点，在快递行业服务者未送至相应地点时，快递收件人可以拒收，也可以请求快递行业服务者配送至指定地点。（2）在快递出现延迟、压件的情况下请求及时运输的权利。在网络购物时当遇到快递延误、压件、快递配送不及时等状况时，收件人可以直接请求快递行业服务者及时运输和配送。

（二）给付受领权

给付受领权是指收件人有收取快递行业服务者派送的快件的权利。给付受领权是基于利益第三人合同产生的，在合同成立以后，利益第三人因对合同双方的信任产生给付受领权。由于快递行业的特殊性，快递行业服务者必须将快递运输至收件人并等待其签收，快递收件人作为快件送达以后的收取方，给付受领既是快递收件人的一项权利又是快递收件人的一项义务，是权利义务的结合。根据《快递行业管理办法》的规定，作为一项权利，表现为以下几点：(1) 收件人在收到货物时可以验货的权利，如果快递行业服务者拒绝收件人提出的验货的要求，收件人有权拒收快件。(2) 出现规定情形时可以拒收的权利。在快件因为运输原因出现破损时，收件人有权拒收。(3) 快递行业服务者在通知收件人配送时间和地点后没有及时配送或者配送有误的，快递收件人有权拒收或请求快递行业服务企业进行赔偿。

（三）损害赔偿请求权

《消费者权益保护法》第十一条规定消费者因购买、使用商品或者接受服务受到人身、财产损害的，享有依法获得赔偿的权利。因为快递收件人属于利益第三人，同时是消费者，双重情况下快递收件人都有损害赔偿请求权。当快递行业服务者原因造成快件损坏的、快递延迟送达时，为了保护收件人的权利，根据利益第三人合同的法律性质，快递收件人为了实现自己的权利保护可以直接取得请求损害赔偿的权利；作为消费者快递收件人也可以根据合同享有损害赔偿请求权。快递收件人在利益受损时请求赔偿损失的权利，有以下几种表现：(1) 快递收件人可以通过私力救济请求赔偿，通过行业协会从中协调、调解委员会组织双方协商、主动请求快递服务企业赔偿等多途径的私力救济方式进行协商，实现债权请求权。(2) 快件收件人可以通过单独提起诉讼的方式实现债权请求权，请求快递行业服务者进行赔偿；在快递寄件人依据快递服务合同提起诉讼时，快递收件人可以作为有独立请求权的第三人参与诉讼，提出独立诉求，实现损害赔偿请求权。

（四）知情权

在我国现行的法律中，知情权多次出现。《消费者权益保护法》第八条就对知情权作出了相关规定。根据《快递暂行条例》，在快递服务合同中知情权有以下几种体现：(1) 根据利益第三人合同关于“为第三人设定的权利不是强制的，与不必须接受赠予类似，第三人可以接受也可以拒绝”的规定，快递服务合同中的收件人在收到货物时有权请求知晓寄件人的相关信息，并且根据具体情况，有权在合理条件下拒收快件。(2) 在签订合同和签收快件时，快递服务提供者有义务告知格式条款和免责条款，告知相关保价规则和保险项目。(3) 查询运输情况的权利。在快递运输过程中总会出现快递卡件情况，或者运输速度减慢的情况，收件人可以直接向快递行业服务者查询快递运输情况。(4) 快递在运输的过程中如若出现如包装损坏、特殊污染等特殊情况时，快递行业服务者应当告知收件人，收件人有权知道具体情况。

（五）个人信息保护权

个人信息是指一人有别于其他人的、能够识别个人的信息，这种信息是一个人除却亲人和朋友外不想被他人熟知的。《消费者权益保护法》第二十九条规定了经营者对保护个人信息的要求。个人信息保护权在快递服务合同的收件人权利中占有很重要的地位。《快递暂行条例》对快递行业的个人信息保护作出明确的规定：(1) 快递服务公司订立电子档案，妥善保管快递寄件人和收件人的个人信息。(2) 快递服务企业定期销毁快递单，有效保护个人信息。(3) 快递服务企业及工作人员不得泄露、贩卖个人信息。当收件人可以确认个人信息泄露是快递行业服务企业倒卖或者没采取适当的保护措施导致的，收件人可以依据第三人利益受损为由请求快递行业服务企业赔偿，快递行业服务企业在不能证明的情况下不得拒绝赔偿。

三、我国快递服务收件人权利保障

（一）收件人给付请求权和给付受领权损害与保障

1. 收件人给付请求权、给付受领权受损

(1) 快递公司的延迟行为给收件人造成的侵害。在当今讲求速度的时代，快递服务依托其“快”迅速占领市场，快递服务收件人也因快递服务的“快”而选择使用快递以实现其期待利益和权利。但是，目前快递市场依旧

存在快递寄递非常慢的状况，进而导致快递服务收件人期待利益和权利的受损，其表现在：一是快递服务公司收件后，快件状态为“已收件”，然后快件停留快递点迟迟不予发出，并且不通知快递服务收件人快件未发出缘由；二是快件到达快递服务收件人所在地快递营业点后，迟迟不予派送或者“已派送”而收件人却未收到快件。

对此，合同法未确立利益第三人合同，恪守合同相对性，收件人向快递公司行使直接的给付请求权无相应的法律依据，收件人给付请求权当然无法实现，只能被动等待受领或催促寄件人，而且，快递合同采用格式合同，快递公司并未将送达期限列入合同，虽然快递服务国家标准中对快递期限有明确规定，同城快递服务时限不超过 24 小时；国内异地快递服务时限不超过 72 小时，但并未强制要求，以约定为先，这使得快递公司对快递寄送期限并不在意，出现快递变“慢递”情形。

（2）快递公司擅自转单、擅自代签造成的侵害。快递公司作为营利组织，为了降低运营成本实现盈利最大化，存在将快件以转单的方式用其他方式或其他快递公司进行运送的情况，而这种转运并未与寄件人或收件人进行协商，进而造成快递服务收件人不能及时获知快件状态并且快件的运输风险也增高。目前还普遍存在代签情况，快递公司派件员在讲求派件效率而联系不到收件人的情况下，会将快件交由物业、收件人邻居或者代收点予以代收，甚至并未通知收件人，不给收件人以选择而直接将快递放到代收点或快递柜。而这种代收行为在未通知快件收件人且未得到允许的情况下，往往会造成快件的丢失进而造成快递服务收件人的合同履行利益无法实现。即便收件人因快递公司的代签转单等行为导致合同履行利益无法实现，但恪守合同相对性原则，依据目前的法律法规，收件人只是合同第三人并非合同的一方当事人，仍然只能被动等待受领，无法直接向快递公司主张权利。

2. 快递服务收件人给付请求权和给付受领权的保障

保障快递服务收件人给付请求权的实现，首先，在合同法和行业法规中应当规定利益第三人合同，确认收件人的有独立请求权的第三人地位，赋予其对快递公司的直接请求给付的权利。其次，规范格式合同，面对各快递公司的格式合同内容不同，且都对消费者不利的现状，可以统一制定快递服务合同的示范文本并在快递行业适用或建立格式合同的预先审查机制，由主管机关对格式合同进行审查以保护消费者利益。最后，快递服务合同的履行过程中，快递服务公司应依据快递运单上记载的详址及收件人寄送快递；若出现其他情况，如快递服务收件人委托他人代为签收快递，快递服务公司应严格履行通知义务和告知代收责任，确保代收行为是合法授权，在遵守《快递市场管理办法》及快递服务国家标准相关要求下，按照快递服务收件人的要求将快件交由代收人代收。

（二）收件人赔偿请求权损害与保障

快递毁损、灭失问题是快递服务合同实践过程中主要的纠纷，据统计，这类纠纷总量占快递服务合同纠纷总量的40%—50%。在实践中损害赔偿请求权行使存在以下问题：

1. 收件人行使赔偿请求权的阻碍

（1）保价条款和非保价条款对于损害赔偿的范围规定差异较大。保价的快件最高赔偿额在5000元到3万元不等，未保价快件的赔偿方式发生了改变：之前是按照快递费成倍赔偿，但是由于快递费用收取主要依据重量而非价值，保价条款又属于格式条款，在快件价值十分巨大又未保价的情形下发生毁损的，仅仅按照快递费用赔偿显然不符合合同法的规定，但是又难以以其违反公平原则认定其无效，在实践过程中争议较大。而且，各快递服务企业赔偿额度差别较大。

（2）快递服务收件人的诉讼主体不被承认。由于利益第三人合同在合同法中并没有被承认，所以第三人的损害赔偿请求权在行使过程中难以获得法律保障。当快递收件人的权利受到损害时，理论上快递收件人可以单独提起诉讼，但是在实践中快递收件人的独立诉讼主体资格往往不被承认，快递收件人在快递寄件人不提起诉讼时难以通过私力救济行使损害赔偿请求权。

2. 收件人的赔偿请求权的保障

（1）细化快递公司违约赔偿的情形和范围。在目前快递行业飞速发展的时代，快递服务所造成的违约行为也多种多样，如延误、毁损、丢失等，甚至有快递缺陷产品造成收件人人身损害的行为；由这些侵权行为所造成的损害也多种多样，既有违约，又有侵权，也有可能是加害给付。所以对侵害行为进行区分对于赔偿的划分就显得十分重要。对于快件延误的问题应当区分延误程度，是一般延误还是彻底延误，延误造成的损害有多大等，再依据快递服务合同确定双方赔偿责任。对于基于违约而产生的损害赔偿，要区分快件是否保价，对于保价的快件要按照实际损失赔偿；对于未保价的快件，不能单单以快递公司的保价条款来限制快递公司的责任，可以依据合同法上的可预期损失规则进行赔付，维护交易的公平性。

（2）确立收件人独立的诉讼地位。目前在法律上快递服务收件人并不具备独立诉讼资格，其在遭受快递公司的违约或侵权时，只能依据其与寄件人之间的合同向寄件人主张权利，再由寄件人依据快递服务合同向快递服务公司主张权利；在快递服务收件人与寄件人之间的诉讼中，由寄件人申请追加快递服务公司为第三人来保障快递服务收件人的权利。这些方法不仅诉讼成本高且诉讼程序烦琐，不利于各方利益的最大化。因此，快递服务收件人赔偿请求权的保护离不开对其独立诉讼地位的确立。确立快递服务收件人在快递服务合同中的独立诉讼资格，允许快递服务收件人以自己的名义对快递服务公司的侵权或违约行为进行起诉，不仅有利于保障快递服务收件人的权益，还是突破合同相对性、利于节约诉讼成本、精简诉讼程序的有效途径。

（三）收件人知情权损害和保障

1. 收件人知情权损害

知情权作为快递收件人的一项重要权利在快递服务合同中经常受到损害。这主要体现在：快递服务行业存在的“先签后验”现象阻碍消费者知情权的实现。虽然《快递市场管理办法》规定了易碎品和外包装破损及网络购物、代收货款以及与用户有特殊约定的其他快件先验货后签字，但有约定的从约定，快递服务国家标准也明确规定了“先验货，后签字”的规则，但这些规定并非强制性技术标准，还规定与寄件人或收件人另有约定的应从约定。由此可见，收货人先验货后签字只能通过约定，而快递公司与寄件人适用格式合同，收件人作为消费者只能接受，而司法实践中众多快递企业并没有贯彻实施此项标准，从而导致目前“先签后验”的行业潜规则，即：收件人在接到快件时，只能检查快件的包装是否存在破损，换言之收件人对于快件内容的知情权仅限于快件外包转是否存在瑕疵。由于收件人无权打开快件包装查看内装物品的状态，其对快件内容是否存在因快递服务公司的原因而导致的短少、丢失、毁损或者不符的快递服务质量瑕疵一无所知，因此“先签后验”制度阻碍了收件人对于快递物品内容的知情权实现。另外，“先签后验”

的惯例在实践中会产生双重效果，货物质量检验在签字前，签字不仅意味着货物收到，还意味着货物已经检验合格，一旦签字，就对收件人向快递公司和寄件人提出质量异议造成障碍，从而事实上引发快递公司对于快递数量缺少、货物破损等问题推卸责任，收件人利益受损。

2. 收件人知情权保障

虽然修订后的《快递市场管理办法》在第十七条第一款、第二款对快递服务过程中快递公司“先签后验”的不规范行为进行了规制，但仅对“先签后验”这一不规范的行业潜规则进行规范，还不足以保障快递服务收件人知情权的实现。对此笔者认为：一方面要建立快递公司信息公开制度进而解决快递服务市场存在的信息公开不充分问题，以强制性义务要求快递公司信息公开；另一方面需要完善快件的查询机制，扫除快递服务收件人权利实现的障碍。

（1）完善快递服务公司信息公开的内容。快递服务公司在公开企业基本信息以及经营内容等相关信息时应遵守真实性、准确性、完整性以及及时性的原则。快递服务公司的信息公开除了在邮政部门进行备案公示，还应当在网站等公开渠道进行公示，并且还可以建立快递服务行业协会，通过快递服务行业协会进行资源、信息整合，搭建信息公示平台及监管渠道，行业协会亦应建立组织信誉评价体系及考核制度，为快递服务消费者选择快递公司提供第三方评价，进而为收件人了解快递服务公司相关信息、选择快递服务提供便利手段。快递服务公司还应在其服务网站及快递收件点等处公示企业信息及快递服务协议相关信息，明确出现纠纷时的责任划分，并且开通网站或电话等投诉渠道。此外，还应赋予邮政管理部门一定的执法权，确保快递服务公司如实履行信息披露义务。

（2）查询机制的完善。快件在寄递的路程中，快递服务收件人对于快件寄送过程的了解渠道大多限于快递服务公司的运单查询，相对于掌握运输过程的快递服务公司而言，快递服务收件人明显处于信息劣势地位。因此，为保障快递服务收件人的知情权，快递服务公司提供的运单查询系统就有必要提供充分且详细的内容。笔者认为，以目前快递服务公司的快件查询系统供快递服务收件人去查询快件信息状态，也仅限于快件处于某一分拨点或几时几分到达哪个地方，显然并不足够保障快件收件人的知情权。因此，为保障快递服务收件人在快件寄送方面的知情权，快递公司公布的快件查询内容不应仅限于快件所处位置、所处转运点以及到达时间，还应当包括快件的经手人及联系方式、快件经手原因以及快件是否经过转单等信息。在快件到达收件人所在地并即将派件时公布营业点电话及派件人信息和联系方式，方便收件人了解快件寄送信息并做好收件准备。当快件因为其他原因导致不能按时派件时，快递服务公司应及时将快件缓派原因及预计到达时间及时公布，方便快件收件人查询的同时保障收件人的知情权。

（3）将“先验后签”确定为法定义务。《快递市场管理办法》规定了易碎品和外包装破损及网络购物、代收货款以及与用户有特殊约定的其他快件先验货后签字，以及快递服务国家标准也明确规定了“先验货，后签字”的规则，但这些规定并非强制性技术标准，还规定与寄件人或收件人另有约定的应从约定。这就给予快递公司实行“先签后验”的行业潜规则以可行之地。对此，笔者认为应当从立法上明确快件需“先验货后签字”，给予收件人后签字以法律保障；或者在实践中实行两次签收，即将收件签字和验货签字分开，唯有验货签字后才具有确认收货的法律效力。同时，立法上承认快递服务合同的利益第三人合同性质，并且在快递服务专门立法上应当与《民法典》《消费者权益保护法》相衔接，对偷换货物等欺诈消费者的行为，收件人可以作为利益第三人合同的第三人，可追究快递公司的违约责任，可要求其承担惩罚性赔偿责任。

（四）收件人个人信息安全损害和保障

1. 快递服务收件人个人信息安全损害

（1）快递运单管理混乱。目前快递运单直接写明寄件人及收件人的个人信息，并且快递运单要跟随快件经手多人转运且要经过长途运输。这就导致快递运单所记载的个人信息泄露进而出现个人信息泄露的情况。虽然《寄递服务用户个人信息安全管理规定》第二十三条、第二十六条等对快递企业保管与处理快递运单进行了明确规定，《消费者权益保护法》对经营者采集、使用个人信息规定了合法、必要、同意的原则，《个人信息保护法》也对于个人信息的运用规定了基本规则，但现实情况大多是快递公司为控制企业运行成本，随意放置或丢弃快递运单，监管部门也因人员等原因疏于监管或监管难度大。在监管不落实、管理不到位的情况下，许多快递公司内部人员为了利益而倒卖快递运单或参与倒卖运单个人信息，进而导致侵害快递服务收件人权益的现象频出。

（2）个人信息明示制度未发挥效用，收件人维权举证难。我国《消费者权益保护法》在第二十九条确立个人信息保护制度，明确要求商品经营者在向消费者提供商品与服务时如若要使用消费者个人信息，需要征得消费者同意并说明利用的范围和用途。但由于快递服务业务量大，同时收件人作为快递服务合同的第三方快递公司难以向其说明，导致个人信息保护制度实践起来困难重重。

在目前的司法实践中，举证困难是实现快递服务收件人保护个人信息权的另一大障碍。首先，快递服务公司作为快件的运输者及快递运单的掌握者，直接支配快件的运输及运单的管理；快递运单所记载的个人信息在运输途中的保护情况难以为寄件人及收件人所了解，因此快递公司泄露收件人个人信息的侵权行为具有一定的隐秘性，导致快递服务收件人证明快递服务公司侵犯其个人信息权难度极大。其次，由于快递服务收件人掌握的信息与快递公司掌握的信息不对称，导致收件人即便在掌握有快递服务公司侵权行为的有效证据时也大多难以证明此证据与其遭受的侵害与快递服务公司的侵权行为有因果关系，导致维权成本大，成功率不高。

2. 快递服务收件人个人信息安全的保护

我国《宪法》第二章第三十八条对公民人格权利的规定为建立保护个人信息提供了宪法依据和原则性规定。因此，构建快递服务收件人个人信息权的保障制度，一方面是约束快递服务公司履行其与寄件人达成的快递服务合同而产生的后合同义务，促进快递服务行业发展秩序良好运转，另一方面也是履行《宪法》对公民人格权利的保护。

目前快递服务收件人个人信息安全保护还不够完善，但不可否认的是个人信息承载着无形的人格利益、精神利益和财产利益。笔者认为，第一，快递服务收件人在面临快递公司侵权行为造成的损失时，可以以具体人格利益并依据《消费者权益保护法》的相关规定要求快递服务公司停止侵害、恢复名誉等，并赔偿因此造成的损失。第二，应当构建快递服务收件人个人信息权保障体系：在外部，细化快递服务行业保护个人信息权的内容细则，依托《邮政法》和《个人信息保护法》的专门法律法规建立保障快递服务收件人个人信息权的外在法律保障体系，赋予相关监管部门相应的执法监督权力；在内部，通过行业协会的内部自律及内部自我监管约束机制，实现对快递服务收件人个人信息权的保护。

四、提升快递行业服务水平的建议

（一）加强快递服务行业的监督

目前《邮政法》承认了邮政快递企业的法律地位，并且对快递市场的准入设定了较高的标准，这一方面给快递行业注入民营资本的活力，促进快递行业发展，另一方面也加剧快递服务行业的竞争。有竞争就有退出，但是目前快递行业缺乏相应的退出机制，导致出现部分快递企业取得运营资质后并不具备原有的经营快递业务实力的现象。在行业协会方面，快递服务行业协会在一定程度上促进并引导快递行业发展，但不可忽视其受制于邮政监管部门的行政制约，难以发挥其独立性带来的积极作用。因此，笔者认为，一方面应在制定市场准入制度的同时制定市场退出机制，对不再符合市场准入标准的快递企业实行强制退出，邮政管理部门应针对快递服务企业建立白名单和黑名单制度，凡是在快递运营的过程中出现严重的违法情节，如投机、自盗、批量泄露客户信息、引起群体性纷争、影响社会安定、检查不严导致违禁品等，要实行对相关的主要负责人永远禁止从事快递业务，相关的快递服务企业应当被吊销营业执照的惩治措施；而对于在快件投递过程中积极遵守各项规定，服务态度广受好评的快递服务企业可以公告予以表彰，产生示范和激励效应，形成良性竞争和公共监督机制。另一方面，发挥快递服务行业协会的积极作用，通过制定和实施内部政策，把行业及其成员的利益与社会整体利益协调起来，自觉地把行业及成员利益的自我追求限制在社会、法律的许可范围内。充分发挥快递服务行业组织的自律功能，对快递行业经营者的行为产生良好的规制作用。

（二）快递服务中适当引入商业保险制度

对于快递毁损、丢失或发生价值减损而产生的损害赔偿，可以适当开展商业保险制度。保险行业在我国发展已经相对比较成熟，并且保险公司大多实力雄厚，能够负担起较大价值的快件保单；再者保险行业保险品种多，能够满足不同类别的快件保单；并且快递市场引入保险制度对于快递行业和保险行业可达到双赢的效果。目前在运输行业中已经有保险行业与运输行业相结合来降低运输风险的实践，这为快递行业引入保险制度提供了借鉴。因此，笔者建议可以在快递服务行业中适当引入商业保险，在快递服务合同中除了提供保价与不保价的选择外还可以额外为较大价值的快件提供商业保险，减少快递服务公司责任风险的同时也最大限度地丰富了快递服务消费者救济途径，减少快递服务消费者损失风险。同时，快递服务公司也可以针对不同类别、不同直接或间接价值的快件提供不同种类的保险选择，多种类满足客户需求的同时，降低了企业承担的风险，使双方共赢。

第二节 快递服务合同保价条款

一、快递服务合同保价条款概述

（一）快递服务合同与运输合同

快递服务合同与运输合同既有密切联系又有明显区别。二者的相同点在于都是使特定物体从某一场所移动到另一场所。因此，不少学者在认定快递服务合同的性质时，直接将其认定为运输合同的一种。但两者有明显区别，运输合同的相关规定不能完全适用于快递服务纠纷。二者的区别主要表现在以下几个方面：一是性质不同：快递服务合同不仅具有物流性，还具有通信功能，但运输合同只是单纯的物流服务，不能用于通信；二是运送内容不同：运输合同的运送内容主要是一般的物品，而根据《邮政法》规定，快递服务合同的运送对象除了一般物品外还包括特殊物品如信件；三是对运输路线的要求不同：快递服务只要求将物品运送至约定地点，关于运输路线的确定以及运输方式并无强制规定，而根据《民法典》第八百二十一条规定，寄件人若是没有按照约定的路线运输货物，将有可能承担违约责任。总之，运输合同和快递服务合同在性质、要求、运送内容等方面存在许许多多的差异。由于快递服务合同是无名合同，因此，运输合同的一些法律法规在一定情况下可以适用于快递服务合同，但二者众多差异的存在使得运输合同并不能等同于快递服务合同。现如今，快递服务与我们的日常生活息息相关，司法实践中的快递服务纠纷也在增多，在这样的大环境下，我们应当正确理解快递服务合同的性质，认识到快递服务合同是不同于运输合同的一种合同类型。

（二）保价条款的性质

快递服务合同中的一项重要内容是保价条款，是快递服务企业提供的，客户可以根据自己的意思表示选择是否签订的一种增值服务。在性质上，保价条款既有快递服务合同的共同性质如双务、有偿、要式，也具有自己独特的性质。

1. 保价条款是格式条款

根据《民法典》第四百九十六条的规定，格式条款是合同一方当事人为了反复使用而预先拟定，在订立合同时未与合同另一方当事人协商而直接成为合同的一部分的条款。也就是说对于这一部分内容的确定并未经过对方同意，所以条款的内容对拟定一方更加有利，而对处于相对被动的另一方当事人来说，一般不能够对条款内容进行改变，对方只有决定签署或者不签署的权利。快递服务企业提供的保价条款具体内容主要由快递服务企业一方提供，首先其适用范围比较广泛，针对不同的顾客统一适用，并没有根据特殊顾客的特别需求作出特别调整措施；其次，保价条款的内容是在快递公司与寄件人签订前就已经确定好，拟定过程和具体内容寄件人并不知情，寄件人只有在与快递公司签订协议时才能知道保价条款的具体内容，而此时，寄件人已经无法对保价条款的内容进行任何的干预，只能选择签订保价条款或者拒绝签订保价条款。因此，保价条款是格式条款。

2. 保价条款是限制责任条款

在目前的司法实践中，一个比较常见的情况是，提供保价服务的快递公司通常会允许寄件人通过进行保价来限制最大赔偿数额。换句话说，快递公司可以为实际损失提供最高赔偿额。这种方式有时会在实践中受到批评，但实际上是合理的。与托运物品的实际价值相比，快递公司在收取快递费的时候只是依据托运货物的实际重量和运送距离来收取相对较低的价格。当寄件人所寄递的物品价值比较大时，一旦发生物品的毁损灭失，快递服务企业将要赔偿过分高的费用，而这个费用是远远高于快递服务企业所收取的运费和保价费的，在这种情况下，如果不对快递服务企业的赔偿数额进行限制，很明显对快递企业是不公平的。在快递服务迅速发展的现在，物品寄递已经成为我们日常生活必不可少的一部分。为了平衡快递企业和寄件人的利益，保价条款应运而生。寄件人根据自己内心真实的意思表示选择签订保价条款后，一旦物品在运送的过程中发生毁损，快递服务企业就应当按照与寄件人的事先约定承担赔偿责任，只不过这种赔偿责任是有限度的责任，受制于寄件人签订合同时选择的最高保价额。因此保价条款是限制责任条款。

（三）保价条款的价值

保价条款能够帮助确定快递服务企业和寄件人的风险负担问题。快件由寄件人手中交到快递运输企业手中，再由快递运输企业经过一个漫长的过程交给收件人，这个过程十分冗杂，在这个冗杂且漫长的过程中快件会受到一系列不确定风险的影响。一个快件的运送过程可能要历经空运、水运、公路运输等多种方式，单是一个公路运输就可能会遇到交通事故、火灾、战争等多种风险，从而造成运输货物的毁损灭失。一些风险如快递服务企业的运输人员没有尽到应尽的职责，过失造成火灾从而导致快递的损坏，在这种情况下由快递服务企业承担责任无可厚非，然而还有一些风险如寄件人过错、战争、不可抗力，这些都是快递服务企业所不能预见的，即使能够预见但是以快递公司一己之力也无法避免，在这种情况下，即使快递公司已经充分尽到了应有的注意义务，还是无法避免快件的毁损灭失。如果快件运输过程中不能预见的风险也需要由快递服务企业承担赔偿责任，那么快递公司的风险负担就会过于繁重。快递服务企业一般是按照快件的重量和运输距离的远近收取服务费，因此大多数情况下快递服务企业收取的服务费要远远低于快件的实际价值，并且现在的一些贵重物品，如古董、珠宝、手机等，虽然重量很轻，但是它们的实际价值却很高。快递公司运送这类贵重物品，按照重量收取了很低的服务费，在物品遭遇风险毁损灭失时快递公司却要承担几十倍甚至几百倍的赔偿责任，这对快递服务企业很明显是不公平的。因此，在这种情况下就需要保价制度来确定快递公司和寄件人的风险分担。

快递服务企业与寄件人在签订合同时，快递公司向寄件人说明保价条款的存在，由寄件人自主决定是否要签订保价条款，寄件人选择保价的，如若物品遇到风险被损坏，这时由快递服务企业承担责任，按照事先约定的保价条款的规定赔偿寄件人的经济损失。快递服务企业已经尽到提示说明义务，寄件人拒绝签订保价条款的，物件发生毁损时，这时风险由承运人和寄件人分担，即快递公司只承担运费的 3 倍到 5 倍的赔偿责任，物件是贵重物品时，快递服务企业的赔偿金额很明显不能弥补寄件人的全部损失，但因为寄件人未选择保价条款，其余风险由寄件人承担。

二、保价条款的成立及效力认定

（一）保价条款的成立要件

1. 一般成立要件

保价条款作为合同的一种，其成立需要具备合同成立的一般成立要件。包括当事人、当事人就合同的必要条款达成协议、内容具体明确、经过要约和承诺阶段等。而对于什么是必要条款，我国当前法律尚未给出确切的规定，但根据相关司法解释可知，一般合同能够确认合同当事人的姓名和名称、数量和标的的就视为成立，但不包括当事人另有约定的情况。具体来说，只要保价条款中有确定的当事人姓名和名称，有保价标的和数量条款，保价条款就已经成立。

2. 快递服务企业对保价条款的提示说明义务

前面讲到，快递服务企业事先制定的保价条款是格式条款，根据《民法典》第四百九十六条规定，快递服务企业未对保价条款的内容进行合理提示说明的，保价条款不属于快递服务合同的内容，提示说明义务是保价条款的特殊成立要件。如果快递服务企业尽到应尽的义务，采取合理的方式提示寄件人注意保价条款的存在，说明其内容，在寄件人提出疑问时耐心进行解释，使寄件人充分理解保价条款的相关条款，在此基础上让寄件人考虑相关风险并决定是否需要签订保价条款。如果寄件人基于真实意思在保价条款上签字，此时保价条款成立。但很多快递服务企业并没有充分提示寄件人注意保价条款的内容，快递员为了提高工作效率节约时间往往只要求寄件人填写寄件人、收件人、收件地址这些最基本的信息而忽略了对保价条款的内容进行说明。虽然很多快递服务企业对保价条款的具体细则进行了加粗强调，但实际上很多寄件人在寄件时不会主动去仔细阅读合同上的内容，有些寄件人甚至不明白保价条款的意义，更不会去主动选择签订保价条款，这种情况下快递服务企业是没有尽到合理的提示义务的。

因为目前法律只规定了采用合理方式进行说明，却没有明确的法律说明快递服务企业应当对保价条款说明到何种程度，因此关于提示说明义务引起的纠纷还比较多。司法实践中对合理方式的认定也有所不同。例如圆通速递（北京）有限公司与张俊林邮寄服务合同纠纷一案，虽然圆通公司辩称快递单背面的保价条款已进行加粗加黑，正面的保价提示亦用红体字标明，因此圆通公司已经尽到了提示说明义务。但法院认为圆通公司虽然对保价条款在字体上加以强调，但寄件人张俊林并未签字，不能视为圆通公司已经尽到了说明提示义务。而在圆通公司与陈瑾一案中，法院认为快递公司用黑体字对保价条款进行加粗，该字体与其他内容有较为明显的区别，此外，圆通公司还专门提醒寄件人对保价条款进行阅读，足以使陈瑾注意到保价条款的内容并自主决定是否选择签订保价条款，应当认定圆通公司尽到了提示说明义务。

本书认为，所谓合理的提示义务，首先，快递服务企业要明示保价条款的存在，并向寄件人详细解释保价条款的作用，在此基础上让寄件人决定是否签订条款；其次，在提示的时间上，快递企业应当在签订快递服务合同之前或者在签订快递服务合同时对保价条款进行说明，如果寄件人在不知道的情况下签订保价条款之后快递服务企业才表明保价条款的存在应当视为没有尽到提示义务；最后，快递服务企业可以采用文字加粗、符号提示等方式提示寄件人阅读保价条款，无论采用哪种方式，都要明显到使寄件人一眼就注意到的程度，才能认为是尽到了合理提示义务。

3. 寄件人支付保价费

保价条款的成立是否应当支付保价费这个问题的核心实际上就是讨论保价条款是否具有实践性。近些年废除实践合同的呼声不断高涨，原因是实践合同缺乏社会基础没有存在意义、与合意主义相违背。但本书认为实践合同有其存在的社会基础，虽然民法确立了主体法律地位平等和意思自治的原则，但是对于庞杂的法律关系来说，仅靠这两项基本原则是远远不够的。对于一些合同来说，由于自身或者外部因素的复杂会造成合同双方利益不对等，这时需要特定法律制度的介入进行矫正，对实践合同的认同即属其例。另外，认为实践合同与意思自治相违背的观点也不能成立，因为其对合意产生了片面的理解。民法中将明示方式确立为意思表示的一般形式，但也承认默示形式是意思表示的特殊形态。双方当事人以明示的意思表示达成一致是意思表示的初步达成，特定交付行为的完成才表示合意最终达成，由此可见，实践合同的交付行为仍在遵循意思自治原则。因此，实践合同的存在既有社会基础又符合意思自治原则，在司法实践中对符合条件的无名合同，应当承认其实践性。

目前为止并没有相关法律明确承认保价条款的实践性，那么司法实践中是否应将其认定为实践合同可以进行两种假设。首先，假设保价条款是诺成合同，寄件人不需要支付保价费保价条款就能够成立，这种情况下，一些原本不愿意签订保价条款的寄件人在快件发生毁损灭失时为获得相应的赔偿会转而支付保价费；如果快件安全送达，一些用户又会拒绝支付保价费。这虽然能够保护寄件人的利益，但对快递服务企业明显不公平。其次，假设保价条款必须支付保价费方能成立，既能维护合同双方利益，又能避免寄件人的不诚信行为。总之，本书认为，在以后的立法中，应当确认保价条款的实践性。

（二）保价条款的效力

1. 保价条款效力认定存在分歧

关于保价条款的效力主要存在有效和无效两种观点。主张无效的一方认为保价条款是格式条款，快递服务企业未与寄件人协商预先规定了相应的赔偿数额，在快件发生毁损时，快递服务企业按照预先拟定的赔偿标准进行赔偿，实际损失低于保价额时，赔偿实际损失，保价额低于寄件人物品的实际损失数额时按照保价额赔偿，而不是以寄件人的实际损失为根据进行赔偿，这实际上减轻了快递服务企业的赔偿责任，加重了寄件人的风险，属于无效的格式条款。例如，杨立新教授曾在文章中提出，合同当事人在遭受损失时，获得与实际损失相当的赔偿是当事人应有的权利，如果格式条款排除当事人的法定权利，那么此条款就属于无效条款。另外还有一些学者认为保价条款并不是绝对无效的，如果快递服务企业已经充分尽到了说明义务就应当承认保价条款效力。因为此时寄件人已经知晓保价条款内容，可以根据自己的实际情况决定是否要签订保价条款，寄件人决定签订的，那么就是寄件人和快递服务企业达成合意的结果，根据民法意思自治原则，法律应当充分尊重当事人的真实意思，因此在这种情况下应当认为保价条款是有效的。

在目前的司法实践中主要基于公平原则对保价条款的效力进行认定，但何为公平又是一件仁者见仁智者见智的事情，不同的法官对公平的理解不同，导致司法案例中既有将保价条款认定为有效条款、无效条款的，也有认定保价条款为可撤销条款的。

2. 保价条款中低保低赔规则的效力分析

实际上，保价条款并不是单一条款，它的内容包括保价费、保价金额、寄送物申明价值、保价快件的范围，以及寄送物发生毁损灭失时的限额赔偿条款等诸项条款，当前对保价条款效力的分歧多集中在限额赔偿规则，尤其是限额赔偿中的低保低赔约定。所谓限额赔偿就是快递服务企业采取一定的方式与寄件方分担风险和责任，具体而言就是快递服务企业事先将快递公司应承担的赔偿责任通过快递单展示出来，寄件方认同其内容时在快递单上签字，快递损毁时根据事先确定的责任数额进行赔偿，赔偿数额不超过事先约定数额。限额赔偿中的低保低赔是指寄件人支付了较低的保价费选择了低数额的保价额，物品发生毁损快递服务企业则按照寄件人选择的低额保价额承担责任。

由于司法实践中的纠纷集中在保价条款中的低保低赔规则，本书着重对低保低赔规则进行分析。本书认为将保价条款中的低保低赔规则认定为绝对无效或者绝对有效都是不可取的，应分情况进行处理。

首先，在快递服务企业存在故意、重大过失时，保价条款中的低保低赔规则实际上就成为部分免责的免责条款，寄件人可以依据《民法典》第五百零六条的规定主张保价条款中低保低赔规则无效。虽然快递服务企业认为其本意并非为了免除快递企业自身的责任，而是为了倡导寄件人选择与快件价值相当的保价额，是用户自身存在侥幸心理不愿意支付更高额的保价费才使快递服务企业陷于免责，既然是寄件人自身的选择就应当承担相应的后果。但本书认为快递服务企业的理由站不住脚，原因在于《民法典》并未对第五百零六条的适用范围进行限定，换句话说无论免责条款的启用是基于快递服务企业的原因还是寄件人自己的选择，寄件人都能够依据《民法典》第五百零六条的规定请求人民法院确认保价条款中的低保低赔规则无效。

其次，快递服务企业没有故意、重大过失，并且已经尽到合理提示说明的应当认定保价条款中低保低赔规则有效。承认保价条款低保低赔规则的效力主要基于以下两个原因：

一是低保低赔规则符合公平原则的要求。虽然有学者认为低保低赔规则排除了寄件人的主要权利，属于违反公平原则的格式条款，应当认定无效，但本书认为低保低赔规则并不违反公平原则。所谓公平，不能片面地看寄件人受到的损失能否得到赔偿，而是应就寄件人和快递服务企业双方的权利、义务、责任、风险等方面进行综合考量。快递公司收取运费的依据仅是物品的重量、寄递里程和时限，与快件的实际价值没有关系，如果快递服务企业按照重量收取了低廉的运费在快件发生毁损灭失时却按照快件的实际价值赔偿将会置快递服务企业于不公平的境地。而保价条款中的限制赔偿制度正是为了平衡寄件人和快递服务企业之间风险分担的一种公平的制度设计，在这种制度下，寄件人的损失并不是不能获得完全赔偿，寄件人可以在运费外选择与其快件实际价值相当的保价额以使其获得足额补偿。另外，在民法自由原则与公平原则的关系上，主体意思表示自由具有更高的价值位阶，优先于公平原则，公平原则是意思表示自由的补充。寄件人选择低保并非快递服务企业强制的结果，用户本完全可以选择较高的保价额来维护自己的利益却基于侥幸心理选择了低保，寄件人的意思表示自由得到了贯彻，就无须再适用公平原则对其真实意思表示进行干预。因此，保价条款中的低保低赔是符合公平原则的。

二是低保低赔规则符合可预见性规则的要求。保价条款是在物品运输中普遍适用的一种制度，是寄件人和快递服务企业为了平衡双方责任对风险分担的事先约定。一方面，对寄件人来说，其有义务妥善处理自己寄递的物品，并预见到寄递的物品在运输过程中会遇到各种风险，如果寄件人为了负担较少的费用而抱有侥幸心理没有向快递企业说明自己寄递物品的真实价值并选择较低的保价额，就应当为自己的行为负责，承担相应的后果。况且快递服务企业制定保价条款供寄件人根据自己物品的价值选择合适的保价额，并没有限制寄件人选择较高保价额的自由。寄件人放弃选择高保价额就意味着放弃相应的救济，应当按照保价条款中约定的责任进行赔偿。另一方面，对快递服务企业来说，由于物品的实际价值其并不知情，因此对货物发生的实际损失赔偿额是快递企业不可能事先预料到的，如果全部按照寄件人的实际损失赔偿有悖于可预见性规则的要求。由此可见，低保低赔规则是符合可预见性规则要求的。

总之，关于保价条款的效力问题应该从维护经济正常运行、促进经济持续健康发展角度考虑。当前快递行业发展还不够健全，快递人员素质较低等问题导致快件毁损灭失的情况时有发生，为了保障寄件人的权益同时促进快递行业的发展，在快递服务企业无故意、无重大过失且已经充分尽到提示说明义务的情况下，应当承认保价条款的效力。

三、快递服务合同保价物品的赔偿数额

（一）保价条款下寄送物损害赔偿数额确定依据和方法

首先，根据意思自治原则，各快递服务企业均提供关于保价限额赔偿的格式条款，具体赔偿数额不尽相同，双方当事人签订了保价条款就表明双方接受了保价条款的约束，在寄送物品发生毁损灭失时，保价条款就是确定快递服务企业损害赔偿额的首要依据。若保价条款有效，就应以保价条款的约定为标准确定赔偿数额。

其次，我国《邮政法》《快递暂行条例》《快递市场管理办法》《民法典》对快递损害赔偿都有规定。根据《邮政法》第四十七条规定，未保价邮件毁损赔偿不超过费用的3倍。2018年出台的《快递暂行条例》第十九条到第二十七条规定了在损害赔偿方面的规则为优先适用保价约定。一些物件发生毁损按照《邮政法》规定可能只需承担3倍运费的赔偿，但若按照《民法典》中对违约责任承担的规定，快递服务企业承担的赔偿数额可能会远远高于运费的3倍，因此，如何适用法律将会使快递服务企业的赔偿数额产生很大差异。对此，有学者认为，《民法典》和《邮政法》效力位阶相同，它们的制定主体都是全国人民代表大会或者全国人大常委会，但《邮政法》属于特别规定，根据法的效力位阶原则优于一般法律，应当适用《邮政法》规定赔偿运费的数倍。还有学者认为，《邮政法》的适用对象是邮政服务，与快递服务并不相同，因此不能适用《邮政法》规定而应当适用《民法典》的一般规定。本书认为第二种观点更为合理，邮政服务具有公益性，主要是为了满足公民的基本通信需求，而快递服务则以市场为导向，属于竞争性的商业服务，快递服务和邮政服务不能等同。另外，《快递暂行条例》《快递市场管理办法》等法规或者规章一般是部门立法或者地方立法，与《民法典》相比效力较低，因此在不适用保价条款约定的情况下，快递服务企业可以优先依据《民法典》的相关规定确定赔偿数额。

在司法实践中，快递丢失损毁赔偿纠纷案件有的被认定为邮政服务合同纠纷，有的被认定为货物运输合同纠纷。如上所述，快递服务是无名合同，目前法律并未对快件损害赔偿问题予以明确规定，但其与运输合同具有一些

相似点，如二者都是使特定物体从某一场所移动到另一场所，因此本书认为，基于类推适用原则可以在司法实践中将其认定为运输合同中的“客运合同”，参照适用《民法典》第八百三十三条对运输合同中货物赔偿数额的规定处理纠纷。

（二）保价条款下寄送物损害赔偿数额确定的认知分歧

虽说保价条款的重要功能就在于在快递发生毁损灭失时平衡寄件人和快递服务企业的风险分担以解决寄件方和运输方的矛盾纠纷，但保价条款并不是万能的，在确定快递赔偿数额时寄件方和运输方又存在新的争议，争议焦点主要在于如何解决保价金额与实际损失的冲突问题，二者的冲突主要有以下两点。

1. 特殊物品的损害赔偿

特殊物品如档案、当事人具有人格意义的特定物、证书等，对于运输企业来说它可能一文不值，在收取快递费的时候也只是按照一张纸的重量来收取，但对寄件人来说则意义重大，按照一般的客观标准很难对这些具有特定意义的物品进行估价，也很难进行保价。一旦这些物品发生毁损灭失，就会对寄件人造成严重的精神损害。如果此时运输公司仅仅以运费或者一张纸的价格为标准承担赔偿责任，这对寄件人来说很明显是不公平的。司法实践中有的按照原告实际损失进行赔偿，有的案件法院酌定赔偿数额。例如，南京中雪胶粘带制造公司和江苏神通物流公司、江苏申通物流公司南京分公司邮寄服务合同纠纷一案中，被告记错了地址导致送达时间延误，造成原告损失34843.91元，法院判决申通南京分公司赔偿损失34843.91元，江苏申通物流公司承担补充责任。在德宏电子有限公司与苏州中通速递有限公司运输合同纠纷一案中，法院认为原告的122656.28元损失超出了被告的合理预期，根据公平原则判决被告赔偿2万元。本书认为，快递损毁灭失既涉及违约问题也涉及侵权问题，属于违约责任与侵权责任的竞合。因此，具有特定意义的物品发生毁损时寄件人可以根据《民法典》侵权责任编提起侵权之诉，请求损害赔偿，但这样的话，寄件人必然要承担更高的举证责任，因此，寄件人可以在寄件时根据自己内心对特殊物品的估价进行保价以保障自己的权益。

2. 高价低保、低价高保的损害赔偿

所谓高价低保，具体来说就是快递公司收取保价费一般是按照保价金额的1%—5%，这就造成一些寄件人在寄件过程中投机取巧，为了支付较低数额的保价费，会向快递公司故意申报比较低的物件价值。还有一些寄件人为了不引人注意，在寄递金银首饰等贵重物品时隐瞒快递的实际价值，按照普通物品进行寄递，故意不选择保价，这些情况下货物发生毁损，快递公司按照签订的保价条款赔偿很明显是无法弥补寄件人的实际损失的，但如果按照快件实际损失进行赔偿，一方面对快递公司显失公平，另一方面也会助长寄件人的不诚信风气，法律也要防范寄件人的道德风险。本书认为这种情况可以参照适用《民法典》第五百八十五条第二款关于违约金的规定对赔偿金额进行调整。如果寄件人在物件损毁灭失时无法证明损毁物的实际价值，法院可以根据公平原则行使自由裁量权确定快递服务企业的损害赔偿额以实现快递服务企业和寄件人利益的均衡。

所谓低价高保，即快件的实际价值较低而消费者选择了高额的保价。一般快递公司会规定，在快递发生毁损时，按照寄件人预先选择的保价额进行赔偿，但在实践中，一些寄件人为了获取快递公司的高额赔偿，会在与快递服务企业签订保价合同时进行虚假申报，支付高额的保价费，从而在物件毁损时向快递公司索要高额的赔偿金。这种情况下，如果快递公司按照保价条款规定的标准将会使快递公司遭受重大损失，不利于经济的正常运行。因此，法院在受理这类纠纷时，应当根据双方的过错和主观心理态度对保价金额进行调整，如果寄件人是恶意索取高额赔偿金，那么法院在进行判决时就不能要求快递服务企业按照保价条款的约定承担责任，赔偿物品的实际价值也不合理，可以根据实际情况减少部分赔偿金额以督促寄件人树立正确的消费观。

第三节　快递业市场的法律规制

一、快递业市场法律规制概述

（一）快递业市场法律规制的概念

快递又称速递或快运，是指快递服务企业按照客户的需求并在承诺的时限内以较快的速度将特定的物品通过特定的交通方式，送达目标客户手中的寄递活动。从本质上来说，快递是一种物流活动，是物流的精细化的分支，但是它并不完全等同于物流，它能够在极短的时间内将物品运达到目标地点并送到目标客户手中，是当代物流业快速发展的必然产物。快递相较于普通物流有以下特征：一是快捷性，更强调时效性，这是快递的核心特征；二是网络性，在信息网络全球化中，资源共享信息共享是时代发展的主流，而快递行业完整的网络体系是其重要的服务标准之一；三是精细性，快递属于门到门的精细化服务，在业务流程上它较物流更为复杂，包括收寄、分拣、运输、投递等若干环节，在每一个环节中，又包含很多细微的工作，充分满足客户和消费者的需求。同时，人们容易将快递服务与邮政服务相混淆。邮政服务和快递服务监督管理部门都属于邮政部门，但从快递服务及邮政服务的社会性质来看，两者有着截然不同的区分。邮政服务是向社会提供公共产品，具有社会公共属性。快递服务完全是应客户需求服务的营利性商业服务，属于私人产品。因此，快递业作为一种新衍生出的服务类行业，具有私人属性，整个行业的经营者完全要参与到市场竞争以及商业化的市场交易中。

在快递业发展和快递市场发展中会存在各种缺陷，如快递价格垄断，众多小微企业面临严峻的生存挑战。快递公司在经营过程中自身安全制度不完善，寄递服务存在安全隐患。服务不规范，损害消费者利益，损害市场秩序。为了纠正市场失灵，保护消费者利益，需要政府的干预，对快递公司的行为进行法律规制。因此，快递业市场法律规制就是基于对快递业市场及其相关市场的整体把握，对快递服务企业及其损害市场秩序和损害消费者利益的市场行为的一系列约束和限制。其目的在于消除快递业市场中的不稳定因素，以保障其平稳向前发展，保护消费者利益。

（二）快递业市场法律规制的特征

1. 规制主体的多主体性

受快递行业涉及领域广泛的影响，其规制的主体以邮政主管部门为主，不仅包括交通、安全、商业、通信和关税等部门，还应包括快递协会、第三方监管机构、快递服务企业等可以对快递业的发展予以助力的其他主体。因此监管主体具有广泛性。

2. 规制内容的多样性

对快递行业的规制，包括对快递服务企业进入快递市场的准入、日常经营活动、退出市场行为等内容的监管。同时因为快递服务企业包括国有、私营和外资等不同种类，其不同性质的规制对象决定了监管内容存在一定程度的差异。另外，由于快递行业涉及多方面的活动领域，如涉及运输、包装和安全生产等，不同的领域又有多个专业部门的监管，快递行业监管内容的多样性同时体现在调整事项的多样性。

3. 监管活动的复合性

快递行业的政府监管具有高度的复合性，不仅包括快递行业准入、退出，而且体现在快递运营的每一个环节。由于快递行业的邮寄、运输、投递过程具有高速流通性的特点，是最不易监管的环节，也是频繁发生问题的环节，虽然实践中增加了实名制邮寄制度，增强了对于快递安全的监管，但是并不能够解决所有问题。快递行业的政府监管不仅体现为对于快递行业的静态监管，还体现为对快递运营过程的动态监管，具有高度的复合性。

（三）快递业法律规制的必要性

1. 保护消费者合法权益的需要

随着人们的消费观念不断发生转变，快递业逐渐和人们的生活息息相关。我国的商人纷纷抓住商机，促使了民营快递的快速发展，但是市场本身所存在的局限性，随之而来不可避免地出现了一些问题。快件遗漏、丢失等问题频频发生，而暴力分拣等现象很严重。据统计，阿里巴巴旗下的淘宝、天猫等购物网站在2016年的销售总额是1207亿元，随之带动的是快递行业的飞速发展。快递服务人员由于繁重的工作，经常会造成快件破损、遗漏等问题。快递从业人员私自拆箱盗取消费者贵重物品的报道也时常见到，消费者个人信息遭到泄露甚至是不法贩卖。例如，2014年12月23日，天津凯韵速达货运代理有限公司违反快递服务标准，将客户使用过的11876份快件详情单销售给废品收购站，严重侵犯了消费者权益。另外，由于寄件人、承运人、收件人的法律地位不明确，导致出现问题相互推诿责任，最终损害消费者的合法利益。

快递业消费者的合法权益难以保障，究其原因，一方面是先验货再签收的制度并未真正落到实处。无论是快递代收点还是快递员，无一不是让收件人先签字收货才能打开包装验货。如果快递员将货物放到快递柜中，就更是等于签收，至于收件人能否拿到货物或者货物是否存在损坏都与快递企业无关。对于收件人来说，当大多数的快递企业均采取如此做法，维权成本过高就会导致消费者大多以“自认倒霉”的心态将事揭过。另一方面是快递服务企业基于对自身利益的维护，会尽量将责任推往他处，尤其是快递单背面的服务格式合同，往往挂在快递公司官网，消费者不会注意到，快递服务人员也不予提示，这就等于无形中使消费者在不知情的情况下被动“接受”了相关的格式条款，即便勾选了也并不知道勾选的内容或者不得不勾选。当大多数的快递公司均采取如此做法，消费者同样无能为力。因此，政府对快递服务进行适度的监管，对快递服务过程、各环节通过标准规范将其固定化和规范化并通过强制力实施。例如，国家邮政局于2019年8月1日在全国范围内开展快递末端服务违规收费清理整顿专项工作，处理快递服务企业违法案件273起，上缴罚款金额127.3万元，有效治理了快递行业末端收费问题，在一定程度上遏制了侵害消费者合法权益问题蔓延。

2. 保障寄递渠道安全和信息安全的需要

2013年山东圆通公司出现了“致命”快递，快递公司收到的鞋子却成了夺命的武器。究其原因，则是湖北省的一家化学公司邮寄的危险化学用品发生泄漏，而导致悲剧的发生。这一切的根源就在于我国对快递所运输的快件的安全性审查不够。有关部门相继出台《禁寄物品指导目录及处理办法（试行）》《禁止寄递物品管理规定》《邮件快件收寄验视规定》，对寄递物品工作进行指导和规范，《禁寄物品指导目录》公布、开箱验视制度实施、寄递实名制、企业安检系统得以提升后，寄递渠道安全问题得到了很好的改善，这正是法律规制的意义。例如，2014年11月30日，成都市西部中通速递有限公司黄田坝分公司因违规收寄危险化学品氯化亚砜在运输过程中发生泄漏，导致重庆中通分拨中心两名装卸人员中毒并出现呕吐症状。事发后，当地邮政管理局会同消防、安监、环保等政府部门对现场进行妥善处置，并对该分公司下达停业整顿30天的行政处罚。同时，快递企业掌握大量消费者的个人信息，实践中为获取财物违规将这些用户信息卖给不法分子，对消费者信息安全造成隐患。只有通过对《消费者权益保护法》《个人信息保护法》等法律法规的执法，国家监管部门的强制力或行业协会的监管，才能保证消费者个人信息的安全。

3. 保障快递业竞争秩序

市场经济是一种自由的经济，快递服务企业均为市场化企业，在市场正常的运行中，各企业避免不了进行竞争。为了获得最大限度的利润，快递服务企业可扩大规模、降低资费、提升服务质量，以期获得更为广阔的消费市场，这都是正当竞争，也有利于整个行业的发展。但目前快递服务企业之间的竞争手段、服务手段也逐渐趋同，创新动力不足，再加上企业获取信息不完全、无法形成良性竞争的局面。这种情况下，需要对快递业进行规制。首先，对快递业市场主体的准入和退出予以规范，使得竞争门槛在无形中得以提升，使市场要素资源更集中于主要品牌。其次，对快递服务企业的竞争行为进行规制，有利于企业提升创新动力，避免限制竞争行为的出现，使行业整体方向不跑偏。最后，规制可以保证快递服务企业之间的竞争保持良好的秩序。纠正其违法行为、规范其市场经营，提高违法成本，保证公共利益不受损，形成良好的竞争秩序。2019 年 12 月 23 日，北京市市场监管局于制定了《北京市快递行业价格行为规则》以规范本辖区内快递行业价格行为，维护快递行业市场价格秩序。

二、我国快递业法律规制的现状及问题

（一）快递行业的市场准入和市场退出制度

1. 快递企业市场准入制度现状

我国关于市场准入制度的规定。我国新修正的《邮政法》规定，我国快递业市场模式采用的是许可制。即要想经营快递的业务，首先要向邮政管理部门提出行政许可的申请，经过邮政管理部门批准之后，由工商部门负责办理登记。对于市场准入的条件，首先快递企业要符合法人条件，与此同时，还应该具有符合经营范围的资本。而具备良好的服务体系和安全保障措施等则是我国快递企业进入市场的必备条件。

2. 市场准入制度存在的问题

（1）注册资本门槛不合理。在新《邮政法》颁布实施以前，为了市场经济的发展，对于快递企业的注册资本没有硬性规定。要想从事快递经营业务，只要具备一定的资金就可以成立各种形式的快递公司，根本不需要经过审批。

由于我国的民营企业是以营利为目的的，因此往往忽视了有关保护消费者切身利益的快件安全等方面的问题。在这种设备不够完善、服务意识不强的情况下，快件丢失、遗漏的问题屡见不鲜，最终损害的还是广大消费者的合法权益。为了解决企业准入门槛过低的问题，新修订后的《邮政法》，以及相继推出的《快递业务经营许可管理办法》《快递市场管理办法》等法规规章分别对各个区域的最低注册资本作出了硬性规定，这一规定在一定程度上规范了快递市场。但是对于一些服务质量较好但资金不足的快递企业来说，难免有些苛刻。据统计，市场上能够达到这一硬性规定的快递企业只有20%，大多数民营快递企业则会因达不到要求而被迫退出市场。可见，快递业市场主体的准入规定还是很严格的，这说明目前我国快递行业在准入上，其价值更倾向于安全层面，用较为严格的准入条件来保证快递行业的经营安全。

（2）准入模式相对落后。目前我国采用的市场准入模式是许可制，即如果民营快递企业要想进入市场，必须经过严格的许可程序，这在一定程度上减少了快递市场的恶性竞争，消费者的信息安全也得到了有力的保障。但是，我国实行许可制也在无形中加大了邮政的裁量权，对于维护社会公平与稳定是不合理的。

（3）缺乏快递行业市场退出机制。我国并没有针对市场退出机制的具体完善的法律规定。而我国快递企业退出市场的形式和理由是多种多样的。如果不能合理地安排其退出市场，势必会引发各种社会矛盾。而使其妥善地退出市场，对于整个快递市场的合理竞争有极大的好处。所以，建立完善的市场退出机制势在必行。

（二）快递业务与邮政专营业务规制范围之争

我国快递业一直以来都是由邮政主管部门统一监管，快递行业既没有自己独立的监管部门，其经营业务也没有同传统的邮政业务相区分。科学地界定快递业市场的规制范围，对于提升快递业市场监管的针对性和高效率具有重要意义。

我国早期的快递行业主要是在外国的冲击下形成的。因此，我国早期的快递经营模式并不完全适合中国的国情，由此引发了规制权之争。邮政系统认为，民营快递企业是以营利为主要目的，对于个人隐私等方面的保护不会重视。因此对于涉及个人隐私权的物品只能由邮政专营，原外经贸部发布的除私人信函以外的信件由外贸部经营这一规定违背了《邮政法》，最后只能由国务院法制局出面进行调解。

1990 年国务院发布《邮政法实施细则》，对邮政专营范围予以一定细化，指明信函是指以套封形式传递的缄封的信息载体，其他具有信件性质的物品是指以符号、图像、音响等方式传递的信息载体。但是该规定所给出的解释并没有很好地诠释出邮政专营业务的边界。而在具体的实践中是以“重量”的方式来划定的。2002—2006 年，国家邮政局先后对邮政专营的范围进行了多次修改，将邮政专营的信件的重量控制得越来越大。但很显然，我国民营快递企业则是要求将邮政专营的范围缩小。对于邮政发布的专营的信件重量范围，我国的民营快递企业始终强烈反对，而是主张专营的信件范围不能只以单纯的重量为标准，还要考虑价格的因素，给消费者更多的选择权。我国的《邮政法》至今都没有解决好这一问题。本书认为，邮政专营实质上属于公共物品，是国家和政府为民众提供的基础性均等的公共服务，可以“资费”为标准。

（三）快递行业安全管理制度

1. 我国对于快递行业安全管理制度的立法

（1）收寄验视制度。《邮政法》第二十五条规定了快递的收寄验视制度，明确指出，对于消费者选择进行快递业务的同时，快递工作人员必须当场进行验视。《快递市场管理办法》指出，快递企业在寄件人填写运单时，要提醒其阅读合同条款，并且在投递邮件时，有义务告知当事人当面验收。《快递暂行条例》指出，在收件人收件时，快递经营人员应该提示其进行检查后签字。

（2）实名制。为了减少利用快递犯罪、出现问题难以追责等问题的发生，我国的立法对于实名制越来越重视。对于收件人和寄件人的信息要确保真实，一些地方还实行寄件人寄件时应该在运单上填写身份证号码等。

（3）禁止寄递物品目录制度。根据我国的《邮政法》，我国对于民营快递业的设立实行的是许可制，并且在其中的第三十七条明确列出了禁止寄递物品目录，包括毒品、危险物品等其他危害社会安全的物品。第二十六条明确提出了对违禁物品的处理办法。

（4）个人信息安全制度。个人信息安全制度日益受到重视。《快递暂行条例》指出，对于用户个人信息安全，各个部门应该加强管理，对于快件运单，应该做到及时销毁，防止犯罪发生。我国《消费者权益保护法》指出，不得私自使用消费者的个人信息，否则将要承担赔偿责任。另外，《电信和互联网用户个人信息保护规定》也强调要建立完善的个人信息安全制度。2021年《个人信息保护法》通过，规定了个人信息保护的原则和分类保护规则。

2. 我国快递行业安全管理制度落实方面的问题

虽然我国相继颁布了一系列法律法规对我国的快递行业作出了规制，但是在复杂的社会环境下，一些法律法规的规定难以得到有效的落实。

（1）收寄验视制度难以落实。法律规定快递工作人员在接收快件的时候一定要根据法律条例和本公司的一些单独要求来履行检验的义务，但实践中还是会有一部分快递员在收取快件时为了提高效率而不仔细检验。也有一部分快递员为了最大化自己的利益而置国家法律和公司规定于不顾，帮助投寄人隐瞒一些真实信息去运送一些非法物品，损害了国家安全和公共利益。

（2）实名制有名无实。随着互联网时代的到来，实名制在生活中的地位越来越重要。但是，在现实生活中要做到真正落实实名制是一个很困难的问题。一方面，快递企业竞争激烈，核对身份信息对快递人员来说是一个很大的负担。而且现如今的快递公司所实行的计件工资制更是令快递人员为了提高效率节省时间而不核实寄件人身份信息。另一方面，消费者本人担心自己隐私泄露而不愿意填写真实的个人信息，再加上消费者本人的法律意识不强，一旦发生纠纷，就将难以追责。

（3）运输违禁物品屡禁不止。近年来，无证运输假烟、运输枪支弹药等违禁物品的现象时有发生。这些都说明禁止寄递物品目录制度难以落实。其中很重要的一个原因就是快递工作人员为了追求工作效率，往往不会真正检查快件是否违法；而分拣时的工作任务更加繁重，很难检查出快件是否为违禁物品。所以危害生命安全的情况屡见不鲜。

（4）个人信息遭到泄露。调查显示，还是有很大一部分网购用户都填写真实信息，而信息泄露的情况也是屡见不鲜，这对消费者的日常生活造成了困扰。这主要是因为运单管理混乱，一些快递人员的从业素质较低，并没有按照法律规定定期销毁客户运单，买卖客户信息谋取非法利益。虽然一些快递公司目前实行“后台实名，前台隐私”的策略，但是从根本上杜绝这种情况的发生是很困难的。

（四）消费者权益受损

1. 格式合同之“保价条款”

我国快递行业立足于自身利益，往往会忽视消费者的利益，主要表现在没有尽到对格式合同的提示义务。比如，快递电子运单在官网或者在手机上需要点击才能看到，消费者往往不点击而勾选，则视为已看过，这些格式条款带有免责声明，如果货物没有保价，一般则只能按照资费的3—5倍来进行赔偿。一般总价不能超过300元（各个快递公司的规定有所不同）。对于一些购买了高价商品的消费者来说，这是很大的一笔损失。另外，由于采用的是格式条款，如果发生消费者权益受损害的情况，商家和快递公司就会极力撇清自己的责任，损失将由消费者承担。

2. 快递丢失、毁损和迟延

《快递服务》国家标准针对延误时限，分别就同城快递、异地快递等各个方面作出明确具体的说明，而且规定了索赔因素分别有哪些。但是，这些规定很难落实，还是会有众多的问题。一些快递员工作任务繁重，我国快递业流水线式工作，机械化专业化水平不高，因此，快件损坏丢失的情况频频发生。更有甚者，一些快递工作人员盗窃有价值的快递包裹，触犯法律。

3. 先验货后签字难以落实

目前，我国的《快递市场管理办法》及《快递服务》国家标准已经对快递的“先验货后签字”有了相应的规则，但是在实践中快递公司为了谋取自身利益，忽视这些规则而不遵照执行。实际上很多快递公司的快递员都是要求买家先签收，而不是先验货再签收。这样就存在很多签收后物品有损坏的情况而消费者得不到赔偿的现状。

三、我国快递业法律规制完善对策

（一）制定完善快递行业法律法规

1. 完善快递行业法律法规

目前我国实施的有关快递方面的法律法规，规定得不够具体，在细节方面重视不够，解决问题的效率过低。因此建议颁布一套相关的配套法规细则，增加具体的程序性规定，以完善快递行业的法律制度。

2. 提高立法的透明度与参与度

我国的邮政管理部门要向社会公众征求意见，尤其是对于邮政专营范围等敏感性问题，要让非邮政快递企业、其他利益相关方和社会公众充分参与。并且要求邮政部门对立法的依据等作出合理的解释说明，防止出现凭借某一部门意志限制或排除正当的市场竞争的情况，力求达到各方利益平衡。

（二）完善快递行业市场准入制度

1. 确立合理的邮政专营范围

对于邮政专营范围这一问题，我们必须引起足够的重视。一方面，如果国家邮政专营的范围过大，不但会导致立法不公，而且不利于提高社会效率，终将会导致出现一系列社会问题。另一方面，由于我国的民营快递企业是以营利为目的，如果废除国家邮政专营，国家的通信安全与个人隐私就得不到保障。因此，对于邮政专营这一问题，我们必须慎重考虑。因此，为了使消费者在个人隐私权受到保护的同时，获得更多的选择权，不能只以重量为标准来确定邮政专营范围。还要结合资费等各种方面，在保证市场活力的同时，也要对市场进行必要的监管。

2. 完善快递行业市场准入模式

我国新的《邮政法》对快递企业的市场准入的资本作了硬性规定，企业要想从事快递业务，首先要有经济实力。但是这些规定并没有立足于我们的基本现状。对于一些信誉好服务好但没有达到国家注册资本要求的企业，在短时间内难以达到《邮政法》规定的要求。在这种情况下，一些中小型快递公司因为难以适应硬性规定而退出市场，这与开放的市场经济的理念是相违背的。所以我国对于企业进入市场的资本要求有些不切实际。

（三）完善快递行业的退出机制

1. 完善退出立法

对于快递企业的退出，我国并没有明确的法律规定。对于一些难以经营的快递企业，并没有一个统一的部门来进行规制，这无形中损害的还是消费者的利益。我国应该完善市场退出的立法规制，制定破产清算程序和要求，做好整顿工作，切实维护消费者的权利。

2. 完善相应的退出监管措施

快递企业要想真正退出市场，必须经过工商管理部门的注销登记。而广大的消费者却很难知道自己所选择的快递企业的真实情况。一些快递企业为了谋取私利，往往在已经没有经营资格的情况下，继续接受快递业务，这给消费者带来的是难以估量的损失，也会引发社会上的信任危机。因此，工商管理部门应该及时公布快递企业的市场退出情况，确保消费者的知情权。同时，也应该加大对退出企业的管理，防止其违法犯罪。

（四）规范快递行业行为

1. 完善快递服务

（1）废除快递行业霸王条款。我国相关法律法规明确规定，快递工作人员有义务对于格式合同作出说明，并且要提示收寄人进行检验。但有些快递企业仍无视这些规定，利用消费者的弱势地位，来推卸自己的责任。因此，我国应该在对这些霸王条款进行调整的同时，应该及时地进行普法宣传，使消费者对自身的权益有全面的了解。

（2）提高快递员服务水平。制定统一的快递工作人员服务标准，加强法制宣传和思想道德建设，完善追责制度，切实维护消费者的合法权益。

（3）保障快递安全。我国《邮政法》等为了保障快递安全，明确规定了在进行快递收寄时要严格检验，严禁收寄危险品。但是现状是，利用快递来运输违禁物品进行犯罪十分常见。因此，保障快递安全是必须要采取的措施。要实施多方位的监控，处理好每一个环节，层层审查。

2. 完善服务纠纷解决机制

设立快递企业备用金制。针对货物延误、丢失、毁损等一系列的问题，如果消费者采取通过法律途径获得赔偿，不仅要花费一定的精力和金钱，而且由于消费者对于法律规定并不是特别清楚，可能会经历一些烦琐的法律程序。而且我国法律规定的快递损失赔偿的金额很低，大多数消费者会由于怕耽误时间而选择不予追究。如果长此以往下去，则会使这种现象难以得到遏制。因此，建议我国要设立完善的快递企业备用金制，并将其作为审查快递企业能否进入市场的标准之一。这样一旦出现问题，消费者的合法权益就会受到合理的保护。

第十章　汽车产品消费者权益保护

第一节　汽车消费欺诈的惩罚性赔偿

消费者由于与经营者在交易信息上的不对称地位而成为市场经济中的弱势群体，作为对消费者的倾斜性保护措施，我国《消费者权益保护法》对于消费者的知情权、经营者的告知义务及违反告知义务构成欺诈的惩罚性救济进行了不同于《民法典》的规定。《消费者权益保护法》第五十五条规定："经营者提供商品或者服务有欺诈行为的，应当按照消费者的要求增加赔偿其受到的损失，增加赔偿的金额为消费者购买商品的价款或者接受服务的费用的三倍；增加赔偿的金额不足五百元的，为五百元。"但在汽车消费纠纷的司法实践中，经营者的告知义务的范围、欺诈的认定以及惩罚性赔偿的适用标准问题一直未予以明确。2013 年最高人民法院发布了第 17 号指导性案例（"张莉诉北京合力华通汽车服务有限公司买卖合同纠纷案"），然而该指导性案例并未明确：哪些情况属于汽车瑕疵，生产商、经销商告知义务的范围和举证责任以及生产商、经销商不履行告知义务是否必然构成欺诈并承担惩罚性赔偿，是否所有的欺诈行为，经销商均以整车价款为基数实行多倍赔偿。之后的其他司法实践中的典型判例也未对这些问题明确阐述。

一、汽车销售商的告知义务的确定

（一）汽车销售商信息告知义务的规范

如何扩大消费者的知情权和明确经销商的信息告知义务，以避免交易过程中的欺诈或误导行为，一直是消费者权益保护法规制的重心。《消费者权益保护法》第三章明确规定了经营者关于可能危及人身财产安全的产品的说明和警示义务（第十八条第一款和第十九条），商品和服务的质量、性能、用途、有效期限等信息的真实、全面告知义务，在被消费者询问情况下对商品或服务的质量和使用方法的告知义务，以及产品明码标价义务（第二十条）、经营者真实名称和标记的告知义务（第二十一条）。对于经营者告知义务的规定采用了列举法，非常具体、详细，但又通过“等”强调经营者真实、全面的告知义务。这样的规定似乎是把有关产品的所有信息包含其中，而一辆家用汽车从上万个零部件到成品，从生产商经过流通链条到经销商和消费者，形成海量的信息，要求经营者将车辆所有的信息全部告知消费者，对经营者来说是不现实的且不利于消费者利益的保护。依据《消费者权益保护法》，全面的告知包括哪些信息仍然不能确定。

汽车经销商与消费者为合同关系，经销商的信息告知义务首先是依据诚实信用原则确立的合同附随义务。依据《民法典》第五百条的规定，合同订立阶段当事人应告知“与合同订立有关的重要事实”。例如，在二手车交易中，经销商应当告知消费者车辆使用情况。合同履行阶段也要依据诚实信用原则确定附随义务和后合同义务。如果经销商提供的是格式合同，依据《民法典》第四百九十六条规定，提供格式条款的一方应当遵循公平原则确定当事人之间的权利和义务，并采取合理的方式提示对方注意免除或者减轻其责任等与对方有重大利害关系的条款，按照对方的要求，对该条款予以说明。《消费者权益保护法》中对经营者提供格式条款的告知义务也进行了规定，包括：商品或者服务的数量和质量、价款或者费用、履行期限和方式、安全注意事项和风险警示、售后服务、民事责任等与消费者有重大利害关系的内容。

因此，汽车经销商的信息告知义务涉及合同订立和履行中“与合同订立有关的重要事实”及“与消费者有重大利害关系的内容”。但是，此种一般性表述仍然比较抽象。

（二）汽车销售商的告知义务的考量

对于经营者的信息告知义务的具体界定，部分学者提出运用“动态体系论”来分析考量，即择取体系所必需的基本要素，又要在各个要素之间建立一种有机的联系，以判断说明义务存在与否。内容主要是：第一，信息需求要素，即考量信息对于合同相对方的重要性，如果妨碍合同目的实现或者虽然不妨碍合同目的实现但具有重要意义的，合同一方具有告知义务。例如，当卖方出售一辆二手车，而买方的缔约目的是购买新车时，应当告知，而卖方出售一辆表面被擦伤的汽车时，汽车擦伤的程度决定了信息需求的强度。第二，信息的可能性，即考量哪一方当事人更容易获取信息，拥有现存信息的及专业知识的一方应该向需要很高成本才能获取信息及专业弱势一方作出说明。如果双方在信息获取成本和专业性上基本一致，则“信息可能性”要素并不能被满足。在消费者的汽车买卖中，毫无疑问汽车销售商更容易获取汽车信息且更具专业性。第三，职责范围，即考量合同双方是否确立合理信赖，如果一方承担了市场上的专业人员的角色，无论当事人在主观上是否愿意承担一项职责，只要可以通过规范解释肯定此点，都能为当事人确立一项职责。职责范围内的事项应当包含告知义务。

目前，对于动态体系论的要素提取和可操作性虽然存在一定争议，本书认为可以参照引入动态体系论的《欧洲合同法原则》的规定，将信息告知义务的因素设定为4种：(1) 该方是否拥有专门技术；(2) 该方获取相关信息所需费用；(3) 对方当事人自己是否可以合理地获取该信息；(4) 该信息对于对方当事人有显而易见的重要性或关乎缔约目的，对合同的订立和履行产生影响。

运用动态体系论对合同信息告知义务进行司法认定意味着法院需要寻找可能对结果产生影响的因素，然后对这些因素进行判断，最后得出内心确信。这种方法相较于法官直接援引诚实信用原则进行裁判更为有利于对合同当事人进行裁判的说理，提高当事人对审判结果的认同感。本书归纳司法实践中的案例进行具体分析。

第一，“宾利车退一赔三案”中，销售商新贵兴公司进行车辆移交检查时发现车辆左前门下有漆面损伤，通过抛光打蜡清除了漆面损伤。这一信息对于消费者来说不具明显重要性，无告知义务。因为此种瑕疵不会对消费者安全造成威胁，其修复甚至无须钣金操作和油漆，打蜡抛光后即可消除瑕疵，对消费者不会造成财产损失和车辆的价值减损。最高人民法院在判决中称之为新车交付前合理的整理行为。

第二，“张莉诉北京合力华通汽车公司案”（最高人民法院第17号指导案例）中，车辆确曾在运输途中造成划伤，维修项目不仅包括右前叶子板喷漆、右前门喷漆、右后叶子板喷漆，还包括右前门钣金、右后叶子板钣金、右前叶子板钣金，甚至更换底大边卡扣、油箱门及前叶子板灯总成。可见，经过维修的车辆无法达到消费者购买新车的缔约目的，属于对消费者有重要意义的信息，应当予以告知。同理，在司法实践中出现的“交付车辆为试驾车、广告车、放置时间较长的车辆、虚假出库的车辆及产地与约定不同的车辆”等情形均属于对消费者有重要意义的事项，销售者有告知义务。

第三，“宾利车退一赔三案”中，销售商对车辆瑕疵进行了修复，更换了窗帘总成，这一配件及工时的价格对消费者的消费心理和财产利益具有一定的影响，应当告知。那么，该维修操作亦记载于车辆维修记录中是否可认为销售商已履行告知义务呢？基于消费者的弱势地位及经营者的专业性和信息的可能性，汽车销售方的告知义务应当是明确告知。虽然消费者可从网络查询，但消费者的非专业性并不能保证其对新车能主动上网查询维修记录。因此，经营者非明确告知的瑕疵信息不认为是履行告知义务。

二、汽车销售商欺诈的认定

（一）汽车销售商欺诈的构成

“张莉诉北京合力华通汽车公司案”认定销售商在售车时隐瞒了车辆瑕疵，有欺诈行为。那么，销售商只要违反瑕疵告知义务必然构成欺诈吗？

有关欺诈的法律规定，《民法典》第五百条规定了在合同订立阶段故意隐瞒与订立合同有关的重要事实或者提供虚假情况造成损失的缔约过失责任，在第一百四十二条、第一百四十六条、第一百四十八条、第一百五十条、第一百五十三条和第一百五十四条规定了采用欺诈手段订立合同的可撤销及撤销后的损害赔偿责任，合同履行阶段违反诚实信用原则产生的附随义务，未履行瑕疵告知义务承担瑕疵担保责任。《消费者权益保护法》五十五条第一款规定了经营者向消费者提供商品和服务存在消费欺诈承担“退一赔三”的惩罚性赔偿责任。除此之外，2015 年国家工商行政管理总局《侵害消费者权益行为处罚办法》第五条，国家发展和改革委员会制定的《禁止价格欺诈行为的规定》第六条也对欺诈进行了规定。

关于欺诈的构成条件，民法上认为包括：一是欺诈人有欺诈的故意；二是欺诈人实施了欺诈行为；三是被欺诈人因欺诈而陷入错误判断；四是被欺诈人基于错误判断而为的意思表示。但是对于欺诈的主观条件，即主观故意，是否适用于消费合同存在一定的争议。有学者认为，为保护“信息上的弱者”，应当缓和欺诈须为故意这一要件，从正面肯定以过失性误导或说明义务违反为理由的合同撤销权。经营者存在过失也可以构成欺诈。从司法实践来看，“张莉诉北京合力华通汽车公司案”（最高法 17 号指导案例）中裁判理由的表述为：该车辆验收单不足以证明张莉对车辆以前维修过有所了解，应认定合力华通公司在售车时隐瞒了车辆存在的瑕疵，有欺诈行为。这种解释表明，张莉未被告知车辆维修过，就可以得出被欺诈的结论。而“宾利车退一赔三案”中的裁判理由为：新贵兴公司虽未将窗帘问题及其修复情况告知杨代宝，但未予告知的信息并不属于影响杨代宝缔约根本目的的重要信息，无证据证明新贵兴公司存在隐瞒相关信息的主观故意。这一解释将主观故意作为认定欺诈的要件，虽未告知但必具备主观故意要件不构成欺诈。

本书认为，消费者欺诈也应当与民法上界定欺诈相同，具备主观故意的条件。首先，《消费者权益保护法》第五十五条的惩罚性赔偿的规定，主要目的是对经营者利用消费者的信息不对称地位，诱使消费者作出错误意思表示的恶意行为进行惩罚。从该条第二款对于缺陷产品的惩罚性赔偿的规定也可以看出，恶意是设定惩罚性赔偿的条件。其次，惩罚性赔偿制度属于民法上的例外制度，旨在制裁和遏制经营者的恶意或故意违法行为，在条件设定上和适用上应当体现利益的平衡和控制：一方面，制度设定应当向弱势的消费者方倾斜，通过惩罚性赔偿遏制经营者利用消费者信息的弱势地位损害其利益的行为；另一方面，不能对经营者进行过重惩罚，违背市场正常运作的规律，最终反而会使得消费者利益受到影响。最后，按国家市场监督管理总局《侵害消费者权益行为处罚办法》第五条、第十六条及《禁止价格欺诈行为的规定》第三条的规定，仅对经营者的单方行为作出要求，消费者是否上当、是否遭受与未受欺诈相比的额外损失，在此不论。这两个行政规章不能作为欺诈认定的片面援引。因为在受害者（消费者）以“群体”的身份出现时，私法的“为自己权利而斗争”的机制就略显单薄了。规章以所有消费者为利益关系载体，保护消费者整体免受欺诈。这是维护群体性的共同利益的规定。然而，在经营者和消费者的特定交易中提供虚假信息、隐瞒真实情况等行为是否构成欺诈，还需依据交易的具体情况判定。

（二）汽车销售商欺诈的举证责任

在民法上，在法律无特别的规定时，一般由主张受欺诈一方当事人举证欺诈的全部要件，即欺诈的故意、欺诈行为、因欺诈而陷入错误判断、基于错误判断而为的意思表示。依据《消费者权益保护法》第二十三条第三款确立的举证责任倒置原则，汽车产品的瑕疵发现于车辆购买后6个月之内，应由汽车销售商对于该瑕疵承担举证责任，其未举证证明该瑕疵与其无关，应承担举证不能的后果。这意味着，消费者只需证明车辆存在瑕疵，便可推定瑕疵是由经营者造成，除非经营者举证瑕疵与己无关。而对于消费合同中消费者被经营者欺诈的举证是否向消费者倾斜，是否适用举证责任倒置却存在不同主张。有的学者认为，依据消费者权益保护法对消费者特殊保护的立法目的及参考发达国家法院的经验，应当采用举证责任转换的司法技术。即不要求消费者举证证明经营者具有“故意”，而是要求经营者就自己不具有“故意”举证。也有学者提出，由消费者首先初步提出与销售商承诺不一致以及对瑕疵未履行告知义务的证据，再进行举证责任的转移，由销售商承担不是故意的举证。其重要理由是消费者的弱势地位，相对来说，经营者更易获得进货等相关信息和具备专业知识，在与消费者的交易中处于信息优势地位。在司法实践中，最高人民法院并未明确在裁判中体现。

三、汽车销售商惩罚性赔偿的适用

（一）汽车消费欺诈的惩罚性赔偿的问题分析

惩罚性赔偿的设定是对恶意损害消费者利益的缔约相对方的惩罚，但是我国《消费者权益权益法》第五十五条对惩罚性赔偿的数额设定是商品或服务价格的3倍。这一规定在适用中存在问题：当商品价格较低时，价格的3倍赔偿不足以惩罚和遏制经营者的损害消费者权益的行为，但商品价格较高时，价格的3倍赔偿往往会对经营者过度惩罚。尤其是汽车这样价格高、技术复杂的商品，如果仅仅是车辆漆面瑕疵的故意隐瞒，与发动机、制动系统等关系车辆安全的瑕疵的故意隐瞒均按照整车的价格的3倍进行惩罚性赔偿，对经营者来说会导致不公平的结果。

首先，过高的惩罚性赔偿会导致消费者和经营者的利益失衡。对于汽车这样的高价格产品，不考虑欺诈的具体情形而一律以价格为基数进行惩罚性赔偿，一方面，会加重经营者负担，也有可能是消费者获不当利益；另一方面，高额的惩罚性赔偿，不仅会加重企业的负担并可能导致企业不堪重负而破产，还会导致经销商通过商品定价机制或其他办法将赔偿代价转移给消费者承担。《消费者权益保护法》以对消费者进行倾斜保护为宗旨，但仍然应遵循平衡协调的经济法原则，良好的市场秩序不是依靠强硬的惩罚就能推动的。

其次，过高的惩罚性赔偿破坏实质公平原则。汽车产品欺诈销售的法律责任是适用惩罚性赔偿，适用的目的是惩罚、遏制经营者的不理性逐利行为，鼓励消费者积极维权的求偿行为，让多倍赔偿成为悬在经营者头上的“达摩克利斯之剑”，但是，经济法的公平原则强调实质公平。因此，应当建立惩罚性赔偿确立在合理的赔偿基数和赔偿比例的制度，使之既能遏制经营者欺诈的心理和行为，也能鼓舞消费者维权和监督的意识。

（二）汽车消费欺诈的惩罚性赔偿基数的确定

对于汽车销售欺诈的惩罚性赔偿基数的确定，在司法实践中，并非一律按照整车价格为基数，往往还会根据欺诈涉及的车辆的瑕疵状况，对于车辆安全性的影响和对消费者的意义来综合确定。在“张莉诉北京合力华通汽车公司案”中，维修项目包括右前叶子板喷漆、右前门喷漆、右后叶子板喷漆、右前门钣金、右后叶子板钣金、右前叶子板钣金，维修中更换底大边卡扣、油箱门及前叶子板灯总成。这些汽车部件的更换和维修实际上使得消费者购买新车的合同目的无法实现。这样的涉及合同目的的欺诈是应以整车为基数确定惩罚性赔偿的。“刘某诉青岛北方建达汽车销售服务有限公司买卖合同纠纷案中”，刘先生发现所购新车的四条轮胎中，三条是朝阳牌轮胎，其中一条是英雄牌轮胎。刘先生认为经营者旧车新卖，属于销售欺诈，被告也辩称所售车辆并无质量瑕疵，只是将其中一条换成英雄牌轮胎，不会影响车辆安全性能，也不会影响用户驾驶体验。法院认为，被告交付的车辆并无质量瑕疵，只在轮胎问题上存在欺诈行为，仅构成局部欺诈，只以轮胎价格为基数计算惩罚性赔偿数额。“游淑容与重庆爱尚汽车销售有限公司买卖合同案”中，约定的车辆原产地为意大利，而最终制造地为美国，爱尚公司为专业车辆销售企业，但对交付车辆的实际情况进行了隐瞒，构成欺诈，最终判决“退一赔三”。对于不涉及汽车质量瑕疵的欺诈，适用惩罚性赔偿还是从消费者购车的合同目的和对其重要意义来考量判定。

本书认为，对于汽车消费欺诈的惩罚性赔偿的适用可以遵循以下三个标准：

第一，销售商的欺诈仅涉及车辆局部质量瑕疵，与汽车整体关联度较小，与整体可分。即瑕疵部分属于单独配置。通常是指汽车上的座椅、导航、音响设备等不影响汽车正常使用的部分。这种情况下，可以直接以欺诈部分的市场价为赔偿基数进行惩罚性赔偿。

第二，销售商的欺诈涉及车辆的质量瑕疵，汽车性能安全关联度大，与汽车性能、质量联系紧密，是汽车核心部分的质量瑕疵或缺陷，如汽车的发动机、制动系统、电气设备、底盘等的质量问题。汽车核心部分的质量与真实情况关乎汽车的安全性能，与消费者的生命健康息息相关，不能简单地以质量瑕疵和缺陷部分的零配件市场价格为赔偿基数，而是应该以整车价格为基数予以惩罚性赔偿。

第三，销售商的欺诈属于车辆质量瑕疵以外的信息欺诈，例如，车辆产地隐瞒、车辆为试驾车、库存车等的隐瞒，此时信息的隐瞒与汽车质量问题无很大关系，需要考虑消费者缔约目的、隐瞒的信息对于消费者的重大意义以及销售商的主观恶性来综合判断，确定惩罚性赔偿的基数。

第二节　汽车产品召回法律制度

一、汽车产品召回基本理论

（一）汽车产品缺陷的认定

我国《产品质量法》对产品缺陷定义是：产品存在危及人身、他人财产安全的不合理的危险；或者产品不符合保障人体健康和人身、财产安全的国家标准、行业标准。《缺陷汽车产品召回管理条例》对于汽车产品缺陷的定义是：“指设计、制造、标识等原因导致的在同一批次、型号或者类别的汽车产品普遍存在的不符合保障人身、财产安全的国家标准、行业标准的情形或其他危及人身、财产安全的不合理危险。”我国对于汽车产品缺陷的认定标准与世界其他国家或地区有所不同。欧共体制定的《产品一般安全指令》采用是“产品的使用期内，具有合理预见下安全性，并且与人身安全、健康保护相一致”的表述。我国台湾地区的《消费者保护法》对产品缺陷之定义为“不符合消费者合理期待之安全性”，根据其第七条之规定，生产者的产品或服务应具有当时的科技或专业水准可合理期待之安全性。美国对产品缺陷的定义就比较科学，如《侵权行为法重述》第402A条把产品缺陷表述为产品存在对消费者、使用者人身或财产有不合理危险的状态。

我国《产品质量法》及《缺陷汽车产品召回管理条例》中有对产品缺陷的定义，由此可分析出我国对缺陷产品的认定标准是国家、行业标准或不合理危险标准。从这个界定可以看出有两个层次，所以叫“二元标准”。首先，技术标准适用判断汽车产品是否存在缺陷。但当技术标准没有制定或无法适用时，就采取不合理危险标准。“不合理危险标准”作为我国另一认定汽车缺陷的标准，存在如何界定不合理危险问题。我国现有法律法规规章标准等并无相关界定方法。可考虑的情况有：生产者在制造一件产品时所考虑的其用途；消费者对购买品的安全性的合理期待；在产品收益不变情况下，考虑到科技水平，当有更好的替代的设计，这种设计比当前的更安全，就应该认定该产品具有不合理危险。另外还存在一个问题：即使这个产品符合了强制性规定，这个产品是否就一定符合产品的安全性要求吗？显然也不一定能排除不合理的危险。因此，现有的二元标准并不确定。例如，汽车出现交通事故时安全气囊并未打开，并不一定属于缺陷产品。

（二）汽车产品召回的定义

我国出现汽车产品召回的概念是在2004年《缺陷汽车产品召回管理规定》（已废止）中，第五条规定，汽车产品召回是“按照有关程序，由缺陷汽车产品生产者选择修理、更换、收回等措施排除其产品可能引起用户人身伤害、财产损失的缺陷的过程”；《缺陷汽车产品召回管理条例》第一章第三条规定：汽车产品召回，是指汽车产品生产者对其已销售的汽车产品采取措施消除缺陷的活动。

结合其他国家和地区来看，《欧盟通用产品安全指令》规定的召回，是指产品提供方对生产及销售出现的危险产品实施回收的必须措施。在日本汽车召回被解释为：汽车制造者发现其生产的汽车产品由于设计或制造的原因，在构造、装置上存在问题时，为了确保汽车的安全性能，防止公害，避免因汽车在设计、制造、装置等方面出现问题而引发交通事故、故障，以及由汽车尾气，噪音等造成的公害问题，对汽车产品进行收回、维修或更换的行为。

从以上各国对汽车产品召回定义可以看出，不论是我国还是国外的法律法规，对产品召回的定义有如下共通之处：一是召回的基本前提是“生产商制造出来的产品存有缺陷”；二是召回本意就是为了避免用户的人身、财产受到缺陷产品可能带来的损害或者防止这种损害的扩大，采取相应的救济措施；三是召回具有多样性，有修理、更换、退货、赔偿等方式。因此，从性质上来说，汽车产品召回就是生产商由于汽车的设计、制造、指示问题使得制造的某一批次产品普遍出现缺陷，即违反产品质量保证义务，但是产品已经投放市场，只能通过将这些缺陷产品召回，统一采取修理、更换、退货等方式消除缺陷。实际是统一承担违约责任。

（三）汽车产品召回的特征

1. 适用客体和对象具有广泛性

汽车产品召回不仅限于家用汽车，还包括经营用客车和货车；不仅包括在我国生产的汽车，还包括在我国销售的汽车；不仅包括普通发动机驱动的汽车，还包括动力电池驱动的新能源汽车。即适用于所有购买缺陷汽车的用户。

2. 汽车产品“缺陷”的普遍性

只有当汽车产品在设计、制造、销售过程中由于工艺水平、创新能力等因素限制，导致产品普遍存在着不合理的危险或者具有潜在危险之可能，从而给人身、财产、自然环境带来损害的情况下，才可能实施汽车的召回。如果是个别汽车产品的缺陷和质量问题，完全可以通过个别的修理、更换、退货等违约责任措施解决，无须整批次产品的召回。

3. 主动性

普通的产品质量瑕疵问题或者产品缺陷问题，需要消费者向销售商主动主张权利，要求其承担责任，采取补救措施，销售商不会主动弥补消费者的损失。然而缺陷汽车的召回，一旦汽车具有应当被召回的缺陷，经其制造商或者进口商发现，制造商、进口商就负有主动将所有相同批次、型号的缺陷汽车产品进行召回的义务。

4. 具一定的预防性和公益性

汽车生产商发现产品有系统性缺陷就有义务召回，无论产品是否已经造成用户人身、财产损害，是否出现性能故障。往往召回的缺陷产品有部分已经造成损害，但也有相当部分产品只是存在潜在危险。但发现缺陷后，应当一并召回。召回是维护不特定消费者和用户的利益和社会公共安全，而非个别消费者和用户的利益。

二、我国汽车产品召回制度的基本内容

（一）启动召回的条件

《汽车产品召回管理条例》第三条规定："本条例所称召回，是指汽车产品生产者对其已售出的汽车产品采取措施消除缺陷的活动。"由此看出，汽车车产产品采取召回措施，其必存在缺陷。汽车产品存在缺陷是召回的一个前提，另外汽车产品召回是为了维护消费者整体利益，它召回的不仅是有缺陷的一辆车，而是同一型号、批次的所有具有潜在缺陷的汽车，符合以上条件的车都需要召回。

1. 有证据证明汽车产品存在普遍性的缺陷

这里包含两层意思：一是有证据证明汽车产品存在缺陷。对于缺陷的发现，往往通过产品用户反映或向有关部门举报。一般来说，一个负责任的生产商，应该对于自己生产的产品质量信息进行关注和了解。一旦有用户反映，就应当启动调查，确认产品是否存在缺陷，缺陷是否为系统性。而另一种情况是针对用户举报但生产商不调查的情况，此时，可由相关行政部门展开调查，对风险进行评估。二是经调查，这种汽车产品缺陷不是个别现象，而是普遍的、大量存在的，属于系统性的，整个批次产品具有普遍性缺陷。如果汽车仅仅出现单个的质量问题，那么用户可以诉诸修理店通过汽车维修的方式解决，而不能通过召回的方式排除质量问题。

2. 缺陷汽车产品已经投放市场

一般来说，只有进入市场流通的汽车才有可能对消费者、使用者的人身、

财产安全构成威胁，才需要生产者进行召回，以消除缺陷，保障用户的人身、财产安全，避免由此产生的不良影响。所以，虽然汽车产品存有缺陷，但如果只是存在于生产者仓库中的汽车而并没有通过商品流通进入市场，就不需要对缺陷汽车产品进行召回，只需要对该批次的汽车产品采取消除缺陷的措施即可，比如维修、销毁等。因此，汽车产品大量的交付至用户手中进行商品流通是汽车召回的另一个前提条件。

（二）召回主体

汽车产品召回涉及的主体不仅包括承担召回责任的制造商，还包括行使监管权的国家市场监督管理总局等监管部门，以及在召回过程中享有各项权利的车主等。

1. 汽车召回的实施者

通常来说，汽车召回的主要实施者是指缺陷汽车的生产者，既然其生产的汽车存在不合理危险，则理应由其承担缺陷汽车召回的责任，其中包括制造商和进口商。在生产销售消费链条中，生产者处于整个消费链条的首端，有的制造者同时又是设计者，通过制造商将汽车投入流通领域并最终进入消费领域，其是缺陷汽车产生的源头；进口商尽管并非缺陷汽车的生产者和设计者，但也是把缺陷汽车引进我国市场的“罪魁祸首”，因此，制造商和进口商开启了危险之源，理所应当要承担缺陷汽车召回的责任。

2. 汽车召回的协助者

缺陷汽车一般很少从生产者手中直接销售到消费者手中，从生产者手中到消费者手中往往会经过销售这一步骤，因此，在实施召回的过程中，规定由销售商、租赁商、修理商来承担缺陷汽车召回的协助者的责任，则是因为这些经营者直接与消费者面对面，并且充当了制造商、进口商与消费者信息沟通的桥梁，当消费者无法直接向制造商或者进口商主张权利时，只能转而向汽车经营者主张，为此经营者应当及时将相关情况反馈给汽车制造商和进口商。至于协助的内容，则应包括按要求建立并保存汽车产品相关信息记录不少于5年，配合相关部门的调查工作以及召回的具体实施工作，比如协助生产者实施缺陷汽车告知和警示等。

3. 汽车召回的监管者

汽车召回的监管者通常是指政府主管部门，负责管理产品质量，监督生产者召回缺陷汽车，当生产者不召回缺陷汽车时强制生产者召回。产品召回对于生产者来说意味着将会产生巨大的人力、物力、财力成本，正因如此，生产商往往不愿意主动去将汽车召回，特别是一些品牌意识淡薄的汽车生产商更是如此，由此决定了国家的监管是重要且必要的。

4. 汽车召回的其他参与者

除上述缺陷汽车召回的主体外，参与汽车召回的还包括用户（包括汽车的消费者和使用者，此处使用用户而不用消费者这一概念是因为汽车缺陷不仅会造成消费者的损害，还有可能造成汽车的使用者的损害）、公布汽车召回信息的新闻媒体、对缺陷汽车进行检验鉴定的汽车质量鉴定机构以及消费者维权团体等。用户作为汽车产品的消费者或使用者不同于其他的主体，他们往往直接支配汽车，他们在召回过程中一般扮演权利主体的角色，比如，用户在得知汽车存有缺陷时，可以向生产者提出要求消除汽车存在的缺陷问题，并且不论经营者采用哪种方式来解决问题，都不得向用户收费；再比如，用户在得知汽车存有缺陷后，可以向国家市场监督管理总局进行投诉，向其反映汽车存有缺陷而生产者推三阻四拒不承担责任等行为，这都是用户在召回过程中享有一系列权利的体现。此外，新闻媒体、鉴定机构以及消费者维权团体等也在汽车召回的过程中发挥了重要作用。

（三）召回方式

产品召回的方式是整个缺陷汽车召回制度的核心，由于缺陷产品的流通范围可能很大，因而汽车产品制造商对所有流通在外的产品实施召回存在一定的困难，同时由于企业自身的诚信、自律的不同，缺陷汽车的召回一般分为主动召回和政府强制召回两种。

1. 主动召回

主动召回又称自愿召回，是指生产商在确认了车辆存在缺陷之后，依法向社会公布有关缺陷产品等信息，并采取主动召回的维修或更换的行为。制造商主动召回的前提是制造商已发现自己的汽车产品存在缺陷，这种做法体现了企业良好的自律性和诚信精神，是对社会负责任的表现，应当受到鼓励。同时，汽车产品的安全不仅关系到买受者的生命财产安全，汽车事故的发生往往伴随着对公共安全以及财产的威胁和破坏，因此汽车产品存在缺陷会导致各种难以预料的损害结果。因此生产商应主动履行召回义务，以维护社会公众的安全。在我国实行汽车召回制度的前几年，生产商能够主动召回缺陷产品的案例很少，因为对汽车产品召回的认知是召回会影响企业信誉，会损害企业经济效益。经过汽车产品召回制度的不断发展，近些年企业主动召回的案例越来越多，因为企业实施缺陷汽车产品召回制度有助于改进汽车产品设计，提高技术水平，提高产品质量，是企业负责任的表现，反而会提升企业信誉。例如，一汽轿车股份有限公司 2004 年 6 月 17 日主动向原质检总局申请召回 2002 年 12 月 26 日至 2004 年 3 月 25 日这一时期生产的 Mazda6 汽车即为典型的主动召回。

2. 强制召回

现实中并不是所有汽车制造商都会积极履行自己对其生产的缺陷汽车实施召回的职责。因此，对于生产商不配合国家主管部门调查，隐瞒相应证据和数据坚决拒绝召回的行为，主管部门应给予生产商处以罚款等处罚，并强令其召回。《汽车产品召回管理条例》第十五条规定："生产者既不按照通知实施召回又不在本条第二款规定期限内提出异议的，或经国务院质量监督部门依照本条第二款规定组织论证、技术检测、鉴定确认汽车产品存在缺陷的，国务院质量监督部门应当责令生产者实施召回；生产者应当立即停止生产、销售、进口缺陷汽车，并实施召回。"

强制召回严格意义上分为两个阶段，首先是指令性召回阶段，这实际是强制召回的一个过渡阶段，是指国家主管部门初步认定某一批次汽车存在缺陷后，主动建议生产商进行召回。制造商此时为了避免若强制召回可能会损毁企业形象，给企业发展带来巨额损失的情况下，积极采取主动召回。其次是强制召回的实际阶段。这是指主管部门通过行使法律赋予的权利，对生产商采取强制措施，实施召回，以期消除缺陷汽车可能给社会带来的危害。不过主管部门要在掌握足够证据的前提下，依据相关法律规定的有关条件和程序实施强制召回。

（四）召回程序

缺陷汽车召回一般分为三个程序，无论是主动召回还是责令召回，笼统讲就是关于汽车产品缺陷的报告、调查和确认。

首先是缺陷信息报告，主要来自三个主体：生产商、车辆使用者和主管部门的报告。其中生产商在发现汽车产品存在缺陷后，可以通过书面形式向主管部门报告。消费者在发现汽车产品存在缺陷后，可以及时向生产商报告或主管部门投诉。而主管部门则可以凭借其设定好的信息系统所呈现的建议及分析出来报告，告知生产商产品存在的缺陷信息，并要求生产商展开调查。

其次是缺陷信息的调查，如果生产商在得知自己产品存在缺陷后，通过调查确认该缺陷的存在，应主动召回。如果生产商否认自己产品存在缺陷，却又无法提供有力证据证明其产品不存在缺陷，主管部门则通过对收到的信息进行分析整理后从专家库中抽调部分专家组成专家委员会，进一步系统分析信息数据，通过实地调查等方式来论证汽车产品是否存在缺陷。除此之外，生产商也可以委托国家已认定的汽车质量检验机构对其产品认定检验。

最后是缺陷信息的确认并实施召回，经主管部门根据汽车质量检验机构或专家成员意见后，确认产品是否存在缺陷，并通知生产商实施主动召回，如果生产商拒绝召回，则启动强制召回程序。汽车制造商将召回情况上报主管部门，当产品召回率达到90%，便可认为召回结束。

（五）拒不召回的处罚

对于缺陷汽车的召回，正是由于我国的处罚力度不够，助长了一些生产商的气焰，他们开始变本加厉地追求利润的最大化，而忽视自己的不法行为。我国在2004年制定的《缺陷汽车产品召回管理规定》对缺陷汽车的生产者的最高处罚额规定为3万元，这对于财大气粗的生产商来说不值一提，起不到根本的威慑惩罚作用，社会各界要求进一步加大惩处力度的呼声逐渐增大，2013年出台的《缺陷汽车产品召回管理条例》明确规定："对于生产者未按照规定停止生产、销售或进口缺陷汽车产品，隐瞒缺陷情况或拒不召回的，处缺陷汽车产品货值金额1%以上10%以下的罚款，罚金最高额提升至1亿元，有违法所得的并处没收违法所得。"这样明显可以加大对商家的威慑作用，促进生产商及时召回缺陷的汽车产品。

三、从相关案例看我国汽车产品召回制度实施困境

（一）我国汽车产品召回案例

案例一：2003年，大众汽车开始在全球范围内推广DSG双离合自动变速

器，但自2008年开始先后在北美、国内大规模召回装备DSG的车辆。2012年3月以来，原国家质检总局一直对大众DSG变速器动力中断故障问题进行跟踪调查。在开展缺陷调查和多次约谈督促下，大众公司才将DSG变速器质量担保期延长到10年或者16万公里。但随后大众公司在台湾地区宣布召回DSG故障车辆。同时，国家质检总局重点对动力中断问题开展了缺陷调查，先后征集故障信息1万余条，回访用户3000多名，开展现场调查12次，并对掌握的DSG故障件进行缺陷工程分析，组织专家论证7次，基本认定DSG变速器存在缺陷，导致动力中断，会产生安全隐患。2013年2月27日，质检总局再次约见大众公司，要求大众公司采取召回措施，尽快解决DSG故障问题。3月16日，质检总局依法通知大众公司就DSG变速器动力中断故障问题实施召回。

案例二：2012年3月，一汽大众推出新款速腾，最大变化是后悬架由之前的多连杆结构更换为非独立悬架，在2014年4月，有车主反映其购买的速腾后悬架发生断裂，并且有车主开始进行维权，要求一汽大众进行召回，并更换后悬架。一汽大众发表声明，声明中表示速腾后悬架断裂事件属于个案，并非设计和制造过程中出现的批量问题，不久，原国家质检总局发布公告，将对速腾后悬架断裂事件进行调查，并先后组织70余位专家和工程师，历时1年，组织专家和生产者进行技术交流21次，开展了47项143次缺陷工程分析试验，认定装配耦合杆式后轴的新速腾汽车存在纵臂断裂导致的安全隐患，构成缺陷。一汽大众公司开始实施召回，其召回计划中消除缺陷的解决方法是在后悬架在后轴纵臂上安装金属衬板。但消费者和很多专家认为此解决方案不能消除缺陷，厂家也表示增加垫片之后并不会防止纵梁断裂事件发生，虽然从结构上看这有补强的作用，但真正断裂也只能是使车辆继续行驶很短的距离。真正的解决方法，必然是更换采用多连杆结构的后悬架。

这些事件反映出我国缺陷汽车召回制度实施中的问题，使得我国缺陷汽车召回制度不能得到很好的落实，除了有社会责任感的车企主动召回外，一般在车主、车企发现汽车存有缺陷后车企都是通过简单的维修等方式来解决而并不是通过大规模的召回以避免汽车缺陷给更多的人带来不幸。

（二）我国汽车产品召回实施困境

1. 缺陷认定标准缺乏可操作性

美国对于缺陷认定是通过“消费者有权期待的安全标准”和“风险效用

平衡标准”来认定汽车是否存在缺陷的。我国产品缺陷认定标准主要体现在《产品质量法》。我国采用了“二元标准”即不合理危险标准和行业强制性标准。虽然强制性标准可迅速鉴定产品是否存在缺陷，但强制性标准是在当时国家技术水平下的产物，而科技发展日新月异，不可能覆盖产品的全部安全性能指标，无法对符合强制性标准而存在不合理危险的产品进行定性。另外，不合理危险如何认定？

我国《缺陷汽车产品召回管理条例》对于缺陷汽车的认定标准采取的也是选择性适用两种标准的规定。强制性标准在一段时间内处于相对稳定状态，无法跟上缺陷产品的发展，正是这样才使这种缺陷“合法化”，无法对此类缺陷汽车产品实施召回，也就无法保护消费者的合法权益，这就违背了立法宗旨，使缺陷汽车召回成为一纸空文。目前我国的汽车产品召回标准缺乏对安全性能、环境保护等方面的标准，而且标准更新速度慢，无法跟上汽车产业的发展，而且相关标准多为推荐性标准，强制力不足。

2. 缺乏独立的缺陷鉴定机构

产品缺陷的认定直接关系到产品是否需要被召回。美国有将近30家第三方独立汽车缺陷检测机构，为汽车缺陷检测提供保障。而我国虽然也有机构对缺陷汽车进行鉴定，但我国的汽车鉴定机构与汽车生产企业有着千丝万缕的关系，部分鉴定机构是在汽车生产企业技术中心的基础上建立，这就难以实现鉴定机构的独立、公正。同时，汽车缺陷认定是一个复杂、专业的过程，需要专业的技术、人员、设备来完成，而我国在这些方面明显存在不足，鉴定结果也很难与发达国家结论相一致。汽车缺陷鉴定机构不仅具有技术属性，还具有法律属性，属于法律仲裁机构，必须保持中立性和权威性。

以上两个案例都反映了我国对于缺陷的认定标准缺乏可操作性以及缺乏独立鉴定机构的问题，没有明确的缺陷认定标准，没有独立的第三方认定机构，就会导致生产商理直气壮地不实施召回，不承认产品存在缺陷。最后原质检总局开展长期调查，认定存在缺陷后，才迫不得已开展召回。

3. 法律责任方面，我国汽车召回制度不严格、处罚过轻

在召回事件中各方存在的法律责任规定不严格或没有提及，违法成本较低，相对于这些九牛一毛的处罚，生产商往往更多考虑的是召回成本会成为

更大负担，对厂商的威慑始终不够。在民事责任方面，我国《侵权责任法》明确规定：产品投入流通后发现存在缺陷的，生产者、销售者应当及时采取召回等补救措施。明知产品存在缺陷仍然生产、销售，造成他人死亡或者健康严重损害的，被侵权人有权请求相应的惩罚性赔偿。但相关法律法规并没有对惩罚性赔偿的数额作出明确规定，导致司法机关在适用法律规范时，很难依据清晰标准作出惩罚性赔偿的判决。在行政责任方面，《缺陷汽车产品召回管理条例》第二十五条仅规定对从事缺陷汽车产品召回监督管理工作的人员，违反本规定条例的依法给予处分。至于处以何种处分却未明确规定。政府部门考虑更多的是厂商利益、GDP 增长等，而没有把消费者利益放在首位，同时由于政府主管部门过多，很多对汽车厂商的制裁都变成了无人负责。行政责任承担仍较轻。在刑事责任方面，并未有明确规定，《缺陷汽车产品召回管理条例》第二十六条规定：违反本条例规定，构成犯罪的，依法追究刑事责任。而什么行为构成犯罪并没有明确规定。实践中就不便于追究严重侵犯消费者合法权益的生产商的刑事责任。

4. *召回程序方面*

美国于 1995 年建立了简易召回程序：当制造商发现产品存在缺陷，但尚未造成严重危害的，主动向主管部门报告并积极实施召回的可适用简易程序。从立法角度来看，创立产品召回制度是为了维护公共利益，提高经济效益，保护消费者的权益。但对企业来讲则是一种负担和义务。企业进行产品召回往往需要消耗大量时间、人力和物力。同时，一般召回程序烦琐复杂，会降低产品召回速度，不能及时消除产品对消费者的危害。而简易召回程序刚好可以克服这些弊端，简化对产品缺陷的认定，省略缺陷产品调查等环节。如果主管部门主动提出召回并制定了有效的召回计划，主管部门可以简化召回程序，不做缺陷产品的危害评估报告，这样既保护了消费者合法权益，也快速降低了产品危害，节省召回成本，维护了企业形象。

从国外缺陷产品召回的实践来看，简易程序被普遍采用并发挥着重要作用，因此在缺陷产品召回中设置简易程序有着必要性。我国的召回程序只是粗线条的规定，对制度实施的相关保障性规定则显得较差。因此，可以适当实施简易召回程序，鼓励企业自主召回缺陷产品。

四、我国汽车产品召回制度完善建议

（一）提升立法层次

立法是构建法律体系的根本所在，构建缺陷汽车的召回制度的法律体系，就要对缺陷汽车召回制度进行更高层次的立法。缺陷汽车产品的召回将公共性放在首位，体现了政府在汽车召回立法中以人为本的意愿。缺陷汽车召回在立法时，应当考虑自愿与强制相结合的原则，取长补短，以便高效地开展缺陷汽车产品召回工作。当发现汽车产品存在缺陷时，企业应当主动召回缺陷产品，当部分不法企业隐瞒产品缺陷，法律则必须发挥强制力，责令企业召回缺陷产品，防止缺陷产品的损害发生。缺陷产品召回制度对时效性要求较高，在发现某一汽车产品存在缺陷时，缺陷汽车企业应当及时发布召回信息，并向政府主管部门报告，迅速制定并实施缺陷汽车产品召回计划。

（二）明确缺陷认定标准，完善汽车安全标准

汽车是否存在缺陷主要是考察汽车是否存在危及人身和财产安全的不合理危险。认定缺陷的标准可以借鉴美国产品缺陷认定标准，即“消费者有权期待的安全标准”和“风险效用平衡标准”来认定汽车是否存在缺陷。

如果汽车无法达到人们有权期待的安全，就应认为存在缺陷。如果人们有权期待的安全标准无法认定缺陷，可以适用风险平衡标准来认定是否存在缺陷。

完善缺陷汽车安全标准，可以促进汽车产业的发展，提升汽车产品的质量，同时也能为政府主管部门在加强汽车产品召回的行政管理工作中提供科学决策。完善的产品安全标准体系应包括产品质量安全管理标准、产品缺陷认定标准以及缺陷处理标准。

对于质量安全管理标准。我国可以在ISO9000质量体系认证的基础上，完善标准内容，使用标准化手段控制产品质量。细化对产品设计、制造、质量控制、零部件、销售等各个环节的要求。对于产品缺陷认定标准，则应该

在汽车产品认定标准、缺陷危险等级划分方面作出规定。对于缺陷处理标准则规定产品缺陷处理标准、处置措施、效果评估标准等内容。

（三）建立独立的、公正的缺陷鉴定机构

缺陷汽车的召回只要有权威、具备高新技术检测能力的第三方检测机构作出的报告才能为厂商召回、质监部门的监管提供可靠的鉴定报告。要单独设立检测机构，由国家提供资金、人才、技术的支持，使检测机构脱离商业化的性质。很多发达国家都是由政府支持建立实验室，美国的 NHTSA 机构在下面分别设立数个国家级的实验室，统一对疑似存在安全缺陷的车辆整体部件及零配件进行模拟测试和数据分析。本书认为，我们在借鉴外国经验的同时要结合我国的具体情况，建立汽车缺陷工程的实验室，提升我国在汽车召回监督管理方面的技术能力，为政府部门、企业、消费者提供公证、权威的汽车产品检测机构。

第三节 家用汽车“三包”法律制度

一、家用汽车“三包”法律制度概述

（一）家用汽车产品的界定

“三包”制度是我国特有的保护消费者权益的一项制度。对于汽车产品来说，其内容主要规定在 2013 年颁布的《家用汽车产品修理、更换、退货责任规定》中。汽车是由动力驱动，具有四个或四个以上车轮的非轨道承载的车辆。而汽车“三包”涉及的主要是家用汽车产品。家用汽车是在《家用汽车产品修理、更换、退货责任规定》中新规定的概念，家用汽车产品是指消费者为满足生活消费的需要而购买和使用的车辆，这里的车辆是指乘用车，乘用车是指相关国家标准规定的除专用乘用车之外的乘用车。即如果用于出租或者以其他营运为目的的乘用车是被排除在家用汽车“三包”责任之外的。由此可见，汽车“三包”中的家用汽车范围以汽车种类与购买目的双重标准进行考量，并要求两个条件同时满足。

但是，家用汽车属于《家用汽车产品修理、更换、退货责任规定》中创造的概念，与国家汽车分类标准并不一致。按照国家标准，汽车分为乘用车与商用车两类，同时乘用车又包括普通乘用车、活顶乘用车、高级乘用车、小型乘用车、敞篷车、舱背乘用车、旅行车、多用途乘用车、短头乘用车、越野乘用车及专用乘用车。这种“新分类方法”将私人购买作为代步工具的车辆，称之为乘用车，并将公务及商业经营的运输车辆称为商用车。国家标准是按照用途划分的。如何界定家用汽车？自然人购买乘用车用于生活代步旅游，也用于公务，是否属于“三包”范围的家用汽车？

《家用汽车产品修理、更换、退货责任规定》颁布是为了保护汽车使用者的安全与权益，以敦促汽车生产者、销售者、修理者履行汽车售出后的法律义务，注重所售汽车质量，进而保障汽车消费者的安全。消费者在购买汽车后，因为何种目的使用了汽车并不需要立法对之加以限定，否则“三包”制度保护的范围过于狭窄。可采用消极界定法，只要购买汽车并非以汽车作为营利手段呈现出一种组织化且持续的活动，如汽车经销商，那么就应当界定为适用汽车“三包”的主体。

（二）家用汽车“三包”的特征

1. “三包”责任属民事责任

“三包”属于瑕疵担保责任，目的是保护消费者的合法权益，在担保期限内，当产品出现质量问题时，由生产经营者免费为消费者解决。

2. 消费者主动主张权利

消费者可以按照国家行政部门对产品生产经营者划定的责任主张权利，这与产品召回是有很大不同的。产品召回需要生产经营者发现问题后主动告知消费者，并且主动回收解决问题。

3. “三包”规定解决的是产品质量问题

在“三包”期限内，只要满足三个要求：一是产品出现国家法律、行业标准规定的质量问题；二是这些问题不是消费者的原因造成的；三是产品在质量保证期间内。满足这三个要求，产品生产经营者都需要按照“三包”规定承担修理、更换、退货的产品担保责任。

二、我国汽车产品“三包”制度的主要内容

（一）“三包”条件——产品质量问题

《家用汽车产品修理、更换、退货责任规定》中提到，家用汽车产品出现产品“质量问题”，消费者凭“三包”凭证由修理者免费修理；因汽车产品严重安全性能故障累计修理两次，仍未能排除或又出现新的严重安全性能故障，购买者可以选择整车更换或退车。因此，我国汽车“三包”的适用条件为汽车出现质量问题和严重的安全性能故障。

质量问题和严重的安全性能故障都不是法律概念，其法律表述应该是瑕疵和缺陷。瑕疵有广义和狭义之分，依照《民法典》，合同债务人履行合同不符合质量约定，应当承担瑕疵担保责任，瑕疵应当为所有不符合合同质量约定的问题。依照《产品质量法》第四十条规定，广义的“瑕疵”的种类有三类：制造瑕疵、设计瑕疵、警示瑕疵。广义的瑕疵包括与经营者通过说明书、实物、样品及产品通常的性能表现不一致的所有质量问题，其中包括缺陷问题。狭义的瑕疵为排除缺陷的其他质量问题。而产品缺陷，依据《产品质量法》第四十六条规定，是产品存在危及人身、他人财产安全的不合理的危险；产品有保障人体健康和人身、财产安全的国家标准、行业标准的，是指不符合该标准。此规定的实质性内涵应为缺陷是指产品存在缺乏安全性，存在不合理危险的质量问题，对应《家用汽车产品修理、更换、退货责任规定》中规定的汽车产品严重安全性能故障。因此，适用汽车“三包”责任的条件为广义上的瑕疵问题，不过狭义的瑕疵问题和缺陷问题的修理、更换、退货的时间、里程要求不同。而瑕疵的认定标准有：主观说、客观说以及折中说。本书主要介绍折中说，折中说认为：判断汽车是否存在缺陷，应该以主观说为主，客观说为辅。具体有以下四个情形：

一是汽车具有灭失或者降低价值的危险。此处的价值指的是交易价值，任何可能影响交易价值的情形，都应该被认为是汽车存在瑕疵。即使汽车存在的瑕疵不影响其使用，消费者也有权选择行使“三包”权利。如虽汽车性能良好，但外观有瑕疵：或与买卖合同中约定的构造、配置有所不同，都可能影响汽车的交易价格，应该认定汽车存在瑕疵。

二是汽车具有灭失或者减少通常效用的可能。如果汽车的使用价值因汽车的瑕疵受到影响，那么就应该认定该汽车存在瑕疵，包括汽车完全不能使用、汽车应有的性能受到影响不能被最大化的使用。

三是汽车不具有合同中约定的品质。判断汽车是否存在瑕疵，应该以主观性标准为主，以客观性标准为辅。如果汽车具备通常效用，交易价值上也无瑕疵，但不具备出卖人保证的品质，也可认定汽车存在瑕疵。并非所有买受人在缔结汽车买卖合同时，都约定汽车应具有的特殊品质，出卖人的保证也非均可进入合同。如出卖人保证汽车可供残疾人使用，或有儿童乘坐时专门的安全保障性能，事后证明汽车并不存在此种功能，可以认定汽车存在瑕疵。

四是汽车存在不合理的危险，即侵权责任中的缺陷。缺陷是广义上瑕疵的一个类型，汽车存在缺陷时，有对消费者造成损害的潜在危险性，其危害程度较汽车存在瑕疵的情况下大。如果汽车缺陷尚未导致引起消费者人身财产危险的，消费者可以依据“三包”法排除危险，如果该缺陷已经导致了消费者的损害，则消费者可以依据侵权责任维护自身利益。

我国还对判断汽车严重的安全性能故障即缺陷问题进行了详细的规范。依据《家用汽车产品严重安全性能故障判断指南》，出现了安全装置失效或者是存在起火的危险，使得该汽车无法继续安全使用。主要包括以下几个方面：(1) 制动失效：包括车辆在行驶时突然制动停止以及车辆在行驶时无法制动停止两种，因为制动功能突然失效，驾驶员无法操作车辆。(2) 转向失效：汽车在行驶的过程中无法转方向或转向失灵。(3) 动力失控：由于动力系统的原因使得汽车在行驶的过程中持续加速或者减速。(4) 安全装置失效：汽车上有一些安全装置，如安全气囊、安全带等，没有起到应有的保护作用。(5) 车辆火灾：因为汽车的汽油等泄漏或者是发热等导致汽车起火。(6) 视野丧失：汽车在行驶过程中由于发动机舱盖突然抬起挡住驾驶员前方视野。(7) 车辆姿态失控：汽车在行驶过程中由于悬架，轮胎等原因导致车辆失控。

（二）“三包”的形式

《家用汽车产品修理、更换、退货责任规定》中依据汽车不同组成部件规定了不同的“三包”形式。包括汽车总成、汽车系统和易损零部件的“三包”责任。

第一，汽车易损零部件：一辆汽车的零部件虽然不是汽车的重要组成部分，但却是最容易损耗的部分，我国法律规定汽车的易损零部件应该在质量保证期内可以更换，但是质量保证期的长短由生产者决定。

对于汽车易损零部件立法方面的规定，本书认为，由销售者自己规定它的质量保证期是不合理的，虽然易损零部件不是一辆车的主要部分，但是有些零部件的毁损也会造成很大的损害，比如，汽车的轮胎，驾驶员在行驶途中，轮胎的瑕疵也会造成驾驶员的人身安全，零部件虽小，但是对于驾驶员的安全的考虑，再小的瑕疵也不能放过。销售者自己决定零部件的质量保证期，就是给了消费者逃避责任的理由。因此本书建议“三包”法应该一视同仁，明确规定汽车易损零部件的“三包”期限。

第二，汽车总成：一辆汽车的总成是汽车的关键部分，它主要包括发动机以及变速器。关于汽车总成的“三包”责任形式，包括以下两种：

一是由销售者无偿更换发动机和变速器。在销售者给消费者开出购车发票之日起60日内，或者是汽车的行驶里程在3000公里内的，如果汽车的发动机以及变速器出现故障，则销售者应该负包换责任。但是前提是汽车如果更换后可以恢复正常使用。

二是由销售者应该整车更换或者是直接退货。如果发动机以及变速器已经更换了两次，仍然不能完善汽车的缺陷，消费者可以要求销售者退货。但有个前提是汽车在“三包”的有效期限内，即购车之日起两年内或者是行车里程不超过50000公里。

对于汽车总成的立法方面的规定，本书认为，规定了更换次数不累加计算，但是在现有的技术条件下，汽车的发动机以及变速器在前文中所提到的50000公里之内发生问题，以及经过两次修理尚未完善的情况是很少发生的，这样的规定无疑是降低了整车退换的可能性，不能很好地维护消费者的权利。因此，本书建议，应当延长汽车发动机、变速器的主要零部件的保证期。

第三，汽车系统：汽车的各个部分不是独立的，而是连接在一起形成一个系统，如转向系统、制动系统、悬架系统、前后桥以及车身等。对于汽车系统的“三包”责任如下：

一是整车更换或者是退货。汽车的转向系统和制动系统失效，以及发生车身开裂。汽油泄漏等严重情形时，消费者可以要求直接退货或者是整车更换。但是需要在销售者给消费者开出购车发票之日起60日内，或者是汽车的行驶里程在3000公里内。

二是汽车系统的同一个主要零件更换两次以后仍不能解决问题，可以要求整车更换或者是退货，但前提依然是汽车在“三包”的有效期限内，即购车之日起两年内或者是行车里程不超过50000公里。由于汽车系统是一个集合体，且对汽车安全影响较大，所以对于车系统的“三包”责任，直接采取整车更换或者退货。

对于汽车系统方面的立法规定，本书认为，规定了在销售者给消费者开出购车发票之日起60日内，或者是汽车的行驶里程在3000公里内出现威胁驾驶员人身安全的缺陷时适用整车更换或者退车。这里的危及驾驶员的人身安全的情况包括车身开裂、制动转向系统失效等，但是在消费者刚购车时，往往需要一段时间去适应，这段时间消费者使用汽车的次数并不是很多，所以也不会很快就发现汽车系统方面的瑕疵，所以这样的规定形同虚设，有给汽车的销售者规避责任的嫌疑，对于消费者的维护力度远远不够，因此本书建议，还应延长汽车这方面的“三包”期限。

（三）免除“三包”责任的情形

第一，企事业单位、政府机关的公务用车。汽车“三包”中的汽车只能是家庭用车，所以我国并未将公务用车纳入“三包”的立法行列，这也许是因家庭用车的消费者是普通民事主体，这样的消费者与汽车的生产者和销售者之间强弱差距较大，而作为这样的弱势消费群体的合法权益更应该受到法律的保护。而公务用车的消费者是政府机关等一些特殊的民事主体，他们的维权力度比较大，所以不在“三包”行列。

第二，以出租运营为目的的汽车：用于租赁等商业用途的汽车。《家用汽车产品修理、更换、退货责任规定》中有相关规定，买受人的家用汽车在“三包”的期限内如果用于了出租等以商业运营为目的的行为，不在“三包”的范围之内。

第三，消费者没有根据要求养护汽车：消费者未按《汽车保养手册》的要求养护汽车，属于消费者自己的过失。

第四，消费者擅自改装汽车：和第三点同理，销售者自然可以免责，同时法律也有明确的规定，驾驶者不得擅自改装汽车。

第五，消费者明知汽车产品有瑕疵而购买：消费者明知有瑕疵，自然也会按照有瑕疵的价格而便宜购买，同样的消费者就应该承担相应的后果。

第六，容易损耗的零部件已经超出保质期。

第七，消费者无法拿出购车发票和“三包”凭证的，这一点提醒消费者应该在汽车买卖中妥善保管相应的合同材料以备不时之需。

第八，由于不可抗力的原因造成汽车损坏的，所造成的损失，消费者可以通过购买机动车辆保险来请求赔偿，弥补损失。

三、我国家用汽车产品“三包”制度的借鉴与完善

（一）“三包”制度模式

世界主要国家和地区对于汽车产品保护的立法模式中，美国实行单独立法模式，即美国除相关民事立法外，还设立了专门立法以保护汽车消费者。美国有单独法律保护汽车产品消费者利益，被称之为《柠檬法》。在美国，每个州的《柠檬法》有所不同，但是总体思想是一样的，规定“柠檬车”的退换货条件以及汽车消费者的维权途径。汽车生产商、销售商以及零售商向消费者销售了“柠檬车”，也要对消费者负赔偿责任，从而来保护处于弱势的消费者。我国专门规定《家用汽车产品修理、更换、退货责任规定》，属于《消费者权益保护法》的特别法，两者共同构成对汽车消费者予以保护的法律体系。因此，我国应当属于美国模式。美国各州的柠檬法与我国汽车“三包”框架大体相同。但是我国包修期限的规定过短，比很多企业在“三包”规定之前规定的修理期还短，使得“三包”规定的包修期限称为地板条款而失去意义，对此我国在立法上应该予以完善。根据柠檬法的规定：如一辆车的易损零部件等非重要的地方出现问题，修理3次而未能修好，这辆车就是“柠檬车”，至于其他的汽车重要的系统，只有一次修理的机会。汽车在一定的时间内或者在一段里程内多次发生故障也是属于“柠檬车”的范围。

（二）第三方鉴定机构

在汽车“三包”责任实施的过程中容易发生一些争议，对于是否具备“三包”条件双方存在争议，此时往往销售者与消费者各抒己见，导致“三

包”问题的处理僵持。消费者明显处于弱势，往往无法保证在汽车出现问题时及时得到“三包”服务或得不到“三包”服务。例如，2019 年消费者 A 在西安利之星奔驰 4S 店维权案件。A 购买一辆奔驰 CLS300，新车刚开出 4S 店，就发现车辆发动机故障灯报警，4S 店先告知该车辆需要系统升级，但升级后故障并未解除，4S 店又告知是发动机漏油，需要消费者 A 授权后拆开发动机做检测以便查找漏点。此后，该奔驰车在 4S 店内停了 15 天。消费者 A 和 4S 店交涉了 3 次，从退款到换车最后改为补偿。随后，4S 店却再一次推翻之前的解决办法，拒绝退款，也不能换车，表示按照《家用汽车产品修理、更换、退货责任规定》的有关规定，4S 店只能更换发动机。并称如要换车，必须要换两次发动机才满足换车的条件。对此，可借鉴日本做法，建立独立的第三方鉴定机构，从专业角度作出技术判断，消费者要求经营者承担“三包”责任便有了依据。同时，专门的机构对消费者与销售者出现争议时可进行调解，日本就成立了专门的“汽车产品责任咨询中心”

（三）销售者负责产品的“三包”

“销售者负责产品的‘三包’”是“三包”制度的总原则，但是在我国现在的市场条件下，一辆汽车的销售涉及多方利益主体，有消费者、生产者、销售者以及经营者，销售模式以及环节较为复杂，各方对利益的分配差距也较大，继续贯彻该原则，具体实施起来有较大的麻烦，所以这种“一刀切”的实施办法显然已经落伍了。生产者、销售者、维修者均可成为“三包”责任的承担主体。

第四节　缺陷汽车产品责任

一、缺陷汽车产品责任概述

（一）汽车产品概念的界定

对于汽车概念的界定，由于各个国家的经济发展形势大不相同，对汽车的使用要求也不相同，在国际上并无统一的一个界定概念。我国对于汽车产品概念的认定是从自身国情出发，结合国内的经济发展状况和汽车行业的现状充分考虑，并随着汽车行业的发展速度不断完善和补充相关法律。

依照《汽车和挂车类型的术语和定义》中第二条第一款的内容以及《缺陷汽车产品召回管理条例》中对于汽车产品的相关规定，可以得出汽车的几个特性：依靠动力驱动或被牵引；用于载运人员、货物或其他用途；四个或四个以上车轮；非轨道承载的道路车辆。《汽车召回管理规定中涉及的名词解释》虽然已经失效，但是其排除了农用运输车，相应地缩小了汽车产品的范围，但与汽车行业的发展与时俱进，对于汽车产品的理解具有一定借鉴意义。据此，笔者可以这样对汽车产品进行理解：汽车产品就是有四个或四个以上车轮，依靠动力驱动或者被牵引，除农用运输车以外的用于载运人员或货物的道路车辆的总称。

汽车产品与一般的产品不同，具有其独特的自身属性，应与一般产品区别对待。虽然汽车产品给人们带来了巨大便利，但其自身也具备着一定的危险性，其在设计、制造环节存在的缺陷都十分严重，一旦发生事故，将造成巨大的损害，一般产品不能望其项背。为了能够更好地保护消费者的人身和财产安全，对于汽车产品的相关研究就显得尤为重要。另外，由于汽车质量而引发的纠纷相较于一般产品因质量引发的纠纷而言，在举证方面更为复杂。双方对构成侵权行为的要件事实所负的举证责任是明确的，而对于产品存在缺陷的举证方面却并未明晰，汽车产品缺陷的举证较为困难，任何一方当事人独立承担多少都有失公平，法官在分配举证责任时则考虑更多的是公平因素，而双方承担举证责任的过程也比一般产品的举证困难和复杂。

（二）汽车产品缺陷的类型

因产品缺陷引发的侵权案件屡见不鲜，各国对产品的缺陷也开始高度重视，纷纷以不同的法律条文对其作出了界定。在此方面，我国法律对产品缺陷也作出了有关的规定，如《产品质量法》的第四十六条。因此，可以将产品缺陷认为是由于设计制造缺陷而存在危及人身财产安全的不合理危险状态或不符合安全相关标准的情形。我国立法并未明确规定汽车产品缺陷的类型，参考国外对于产品缺陷的分类，可以将汽车产品缺陷分为以下三类：

1. 产品的设计缺陷

所有工业产品在生产前都要经历设计的过程，汽车产品也不例外。所谓设计就是把一种理念或设想通过有形的方式表达出来的过程，在工业上，设计就是将产品理念通过有形的方式表达为可复制的样品的过程。由于产品设计的不合理造成的产品缺陷就是设计缺陷，且此种缺陷可以通过修正设计理念有效降低或消除。一方面由于设计是主观性很强的活动，所以设计缺陷没有比较对象，另一方面由于设计是某一批产品的基础，若设计存在缺陷，该批产品必定存在缺陷。设计的这两个特点导致设计缺陷具有主观性强、危害性大的特性。而这样的特性所造成的危险往往在以后的制造、销售环节难以消除，是危害性较大、影响范围较广的缺陷。

2. 产品的制造缺陷

产品经过设计环节后必须经过制造环节才能产生，汽车的制造过程十分复杂，任何一环出问题都可能导致汽车成为缺陷产品。在制造汽车时，使用的材料不合格或管理不善都会使汽车存在缺陷，这就是所谓的制造缺陷。由于汽车的各个部分零件都有相关标准，所以制造缺陷较易判断。相对于产品设计缺陷而言，此类产品缺陷引发的问题较小，在补救和解决上也较为容易，所造成的危害小且易于消除，因此时常被制造者所忽略，在生产加工过程中没有高度重视，极易出现问题。

3. 产品的警示缺陷

产品警示就是生产者为避免使用者使用产品时因产品自身的危险或缺乏必要的安全知识和专业知识造成损失，应在产品投入市场时，对产品使用的注意事项和潜在危险作出相应的提醒。而警示缺陷是，生产者对产品的危险和使用时的注意事项未作详细充分的说明，而导致产品的使用者遭受损害，这是由于产品供应商一方的不作为所造成的，应该尽到的说明提示义务而没有做到，就要承担侵权责任。

（三）产品责任概述

产品责任，其实就是生产者或销售者因为产品存在缺陷，而给消费者或是消费者以外的第三人的人身或财产造成损害承担的赔偿责任。产品责任为侵权责任。构成主要有以下三个要件：一是产品存在缺陷。产品存在着缺陷，是产品责任的重要且首要的构成要件。二是给产品的消费者或其他第三人造成人身或财产的损害。因产品的缺陷给消费者或消费者以外的第三人造成人身或固有财产的损害，是损害后果。三是损害的发生与产品缺陷之间有着因果关系。必须是产品的缺陷造成损害的发生，而不是其他的种种原因，例如消费者或第三人未按照使用说明对产品使用不当而发生损害，就没有产品责任的问题存在，这是使用者自身的过错导致，并非生产者或销售者的责任，生产者或销售者也不需对此承担产品责任。

由此，产品责任是消费者和生产者、销售者之间的调节器，调整其在人身或财产方面的关系，是一种民事责任。可以加强经营者在生产或销售环节的责任，不断提高责任意识，完善产品质量，增加消费者对产品质量的信任程度，更加以法律形式保障着消费者的合法权益，同时，更加负责任的经营者，不仅是法律规定的坚决遵守者，也是消费者购买产品的信赖保证，形成和谐的市场交易秩序。

二、汽车产品缺陷认定标准分析

（一）欧美汽车缺陷认定标准分析

对于产品缺陷许多国家的法律都作出了明确规定，虽然及时和有效，但是由于各国国情和其他各方面的差异较大，对这一概念该用怎么样的标准和在实践中该如何衡量，却也没有具体的规定。英美法系以消费者权益保护的角度逐渐发展出消费者期待标准、“风险—效用”平衡标准和“两分法”标准。

1. 消费者期望标准

消费者期望标准认为，当产品达不到消费者对产品的期望时就认为产品存在缺陷。这一标准源于美国法院对一件牙齿核桃案件的判决，以核桃卡住牙齿的损害超出了消费者的期望作为判决理由，美国《侵权法重述二》对消费者期望标准作出了明确的规定，站在消费者权益保护的角度上，重点突出了对消费者权益的保护。而对于法官来说，适用该标准，可以使其在认定产品缺陷的具体案件中只需要考虑生产者广告宣传、产品的特点和性能、一般消费者的常识水平等因素，极大地提高了诉讼效率。但主观性太强，太过于依赖法官对消费者期望的判定，不同的法官对此会有相应不同的理解和认定，主观色彩较浓，在一定程度上缺乏客观和理性。同时，科学技术迅速发展，人们认知水平有限，对于某些像高新技术产品的了解很少，就更难确定相应的期望标准，也无法判断消费者预期水平。

2. 风险—效用平衡标准

风险—效用平衡标准是从经济和效益的角度发展而来的，具有十分明显的客观性。消费者期望标准是立法者站在消费者的立场上对消费者权益的偏向性保护，而风险—效用平衡标准的产生则是出于社会效益的考虑。根据社会效益原则，以较大的代价去规避较小的损失被认为是浪费社会资源，因此风险—效用平衡标准通过对生产者为规避危险所进行的投入与因采取措施所得到的效益进行比较，若成本大于效益，则该产品不会因未采用规避危险的技术而被判为缺陷产品，若成本小于效益，则会被判为缺陷产品。资本市场的本性是逐利的而非公益性的，即使生产商肩负着一定的社会责任，但也改变不了他们逐利的本性，若生产商在生产产品时为消除消费者使用时的危险而投入巨大的成本，这些成本在将来的市场中不能转化为相等甚至是更多的利益时，要求生产者在生产该产品时必须采用能够避免危险的技术就是不合理的苛求。因此不论是从社会效益方面还是从生产者基本利益方面考虑，风险—效用平衡标准都具有相当的合理性。但是，在消费者市场中，仅以具有经济效益合理性的标准作为产品是否为缺陷产品的标准也具有一定争议，特别是在汽车市场中，生产者更是应承担起较重的社会责任，因为汽车不同于一般产品，一旦汽车出现问题，驾驶者或者其他人便很有可能受伤甚至死亡。如果汽车产品存在可能致人受伤或死亡的危险，而生产者出于经济效益的考虑对此视而不见，则该汽车产品不能轻易被认定为合格产品。例如，美国有一个经典案例即“格莱肖诉福特案”，因改造汽车生产线的成本远远高于支付可能造成的死亡和伤害的赔偿成本，福特公司选择不改造汽车生产线。这其中就反映出两点，一是福特公司在人的生命与经济利益之间选择了经济利益，二是其忽略了其本应承担的社会责任。因此，风险—效用平衡标准既在具有合理性的同时，也具有一定的局限性。

3. 两分法标准

两分法的实质其实就是把消费者期望标准和风险效用平衡标准相结合而来的，是一种更加全面和灵活的认定产品缺陷的方法，根据具体的产品纠纷案情以及自身的实际情况，在两种判定标准中可以选择其一作为缺陷的判定标准。对于原告可以选择一种认定标准，并通过其认为最方便快捷的方式证明产品存在设计缺陷，此时生产者就无法免责，也节约了效率；对于法院在判断产品缺陷案例的具体适用上可以根据缺陷的不同种类灵活选择地适用消费者期望标准或风险效用平衡标准，使得判定标准更加准确的适用于案件，防止判定的错误也能给予双方公正。但是采取这两种选择标准，又同时进行成本利益的分析判断时，仅考虑消费者权益，与需谨慎考虑的司法公正态度相违背。

笔者认为，上述欧美国家的三种缺陷认定方法各有利弊，消费者期望标准过于主观性，风险效用标准更侧重于生产者经济利益的保护，而两分法则是扩大了消费者权益的保护，因此我国在缺陷汽车认定标准方面的借鉴需要充分结合我国汽车发展行业的现状，制定出适合我国的认定标准。

（二）我国汽车缺陷认定标准分析

《产品质量法》第四十六条对于我国汽车缺陷的认定标准进行了规定，明确规定缺陷的情形是两个方面。法律对于缺陷的定义具体、详细，对于我国缺陷认定方面也具有强大的指导意义，也由此可以看出我国缺陷认定标准有两个：不合理危险标准和强制性标准。

1. 不合理危险

不合理危险标准其实就是以消费者或第三人的人身或财产是否存在着危险出发进行判定，若是存在不合理危险，该产品为缺陷产品，反之，若是不存在，则为合格产品。这个标准的适用是相当灵活的，在具体案件中，法官要行使自由裁量权，能够进行准确的判断和分析，这也就要求法官具有较高的判断能力和分析素养，从这一点来说，对该标准的适用也进行了一定程度的限制。另外，虽然我国产品缺陷认定适用的是双重标准，但是在实际生活中，很少适用不合理危险标准，大多数产品都有国家标准或行业标准，直接根据法律的规定就适用强制性标准，无须考虑不合理危险标准。甚至在具体的司法实践过程中，对于缺陷产品的认定也侧重于客观的判定，即依赖于明确规定的国家标准或行业标准。综合而言，法律所规定的双重标准，实则只适用了强制性标准，而不合理危险标准则名不符其实。

2. 强制性标准

产品不符合国家标准或行业标准，就认为存在缺陷。在各行各业中，有必要制定一个统一的标准规范生产，保证产品质量，保障消费者合法权益。笔者认为，强制性标准的制定，有效地弥补了不合理危险标准的不足，在适用上也变得更为简便，只要消费者证明该产品不达标，那么就能得出该产品存在缺陷的结论，这在具体的案件处理中也是优先选择的，提高了诉讼效率，也防止了因法官的自由裁量权而引起的司法不公正。

根据以上分析可以得出一个结论，认为符合强制性标准就是合格产品，这是片面的，虽然说我国的大多数产品都有自己的行业标准或国家标准，但仍然有部分产品是没有自己的技术标准，此时如果只依赖于技术标准是无从判定产品是否存在缺陷的，有些符合技术标准的产品仍然存在着危及人身和财产的缺陷，因此不能因为不合理危险标准在司法实践中的适用少之又少，就忽略了不合理危险标准的适用，在具体断定产品存在缺陷与否时只适用强制性标准，这不仅是对我国法律的背离，也使得我国在产品缺陷认定标准上显得比较单一。因此，在产品缺陷的认定方面我国应该进一步突破强制性标准的限制，加大对不合理危险标准的重视力度。

三、缺陷汽车产品责任的归责原则

（一）欧美缺陷汽车产品责任的归责原则

归责原则，其实就是对因汽车存在缺陷所造成的法律后果应当承担法律责任所遵循的原则，法官据此来确定责任的归属。

1. 美国缺陷汽车产品责任的归责原则

产品责任法的归责原则在美国历史进程上经历了三个重要的阶段，分别是最初的源于合同关系的“无合同无责任”原则、过失原则和无过错责任原则。合同关系原则对当时的美国责任追究方面具有积极的作用，但是随着经济的快速发展，单纯依靠合同关系已经无法满足，对于无直接合同关系的当事人或合同关系以外的第三人来说其合法权益得不到法律的救济，过失责任原则就很好地弥补了担保责任原则无法适应经济发展需求的不足。过失原则的产生对维护消费者权益而言无疑是福音，但过失原则也成为生产者逃避责任的避风港。最后，美国为了适应经济社会的和谐发展，提出了无过错责任原则，但无过错原则对于生产者来说是非常严重的，无论其主观上是否存在过错，客观上造成损害，就要付出赔偿金额，不利于调动生产者的生产积极性和经济的发展。美国《第三次侵权法重述：产品责任》中，对于生产者可以控制的产品的制造缺陷，生产者承担严格的无过错责任原则；对于设计缺陷和警示性缺陷，生产者无法把控，责任就由生产者、销售者承担。这样的完善，有效结合了三种归责原则的利弊，对缺陷的归责作出了具体的区分对待。

2. 欧盟国家缺陷汽车产品责任的归责原则

《欧共体产品责任指令》的第一条就对无过错责任原则进行了阐述，只要造成损伤的缺陷存在，就要承担责任，是产品严格责任的立法基础。

英国的《消费者保护法》不仅明确确立了产品缺陷致害责任承担应适用的无过错责任原则，而且明确规定了产品的概念和范围、产品缺陷的概念和认定，责任主体的种类、免责事由、诉讼时效等，以法律的形式建立起一个严格的无过错责任体系。

德国的新《产品责任法》通过之前适用过错责任原则，通过之后适用严格责任，在具体的产品缺陷案件中都将其作为一致的指导原则，占据着独一无二的地位。

法国关于产品缺陷侵权责任方面没有具体的立法，不过依据法国民法典判决的大多数案件可以看出来，法国在《指令》通过以前，若存在合同关系，案件处理则适用的是无过错原则，而不存在合同关系的案件，适用的则是过错推定原则，这种规定不仅包含了双方存在合同关系的情况，也肯定了不存在合同关系的情形，消费者均可举证证明生产者的过错以此来维护自己的合法权益。在《指令》通过以后，法国民法典修改了这部分内容，不再需要通过合同关系来约束双方当事人的权利义务，也更有利于受害人的保护。

欧洲各国的产品缺陷的归责原则在欧盟的影响下逐渐完善，体现出无过错责任原则的趋势。

（二）我国缺陷汽车产品责任的归责原则分析

产品责任是产品质量民事责任的一种，性质上属于侵权责任已被各国所承认，其发展过程经历了违反合同的违约责任以及过错、严格责任的侵权责任等阶段，在其早期由于经济自由主义观念的盛行，合同责任是主要归责原则；但随着国家干预主义的加强，为了保护消费者利益，实行过错责任原则；又随着经济发展和消费者运动的深入，逐步确定了严格责任。我国订立《产品质量法》时，顺应了这样的理念，为体现对消费者利益的保护，也将产品责任的归责原则设定为生产者无过错责任，但对于销售者是否为过错责任仍有争议。仍是过错责任，只有无法指明生产者时，才承担无过错责任。

我国现行法律对于产品责任归责原则的规定如下：生产者适用无过错责任归责原则。依据《产品质量法》第四十一条规定，因产品存在缺陷造成人身、缺陷产品以外的其他财产（以下简称他人财产）损害的，生产者应当承担赔偿责任。可以看出，生产者作为承担主体时适用无过错责任原则，即只考虑客观所造成的损害，主观上有无过错，都应承担责任。生产者作为产品的制造者，控制着产品的整个生成过程，决定着产品的合格与否，既可以生产出减少或降低损害的合格产品，又能生产出为了高收益高利润铤而走险的缺陷产品，从这个方面来看生产者占据着绝对的主动地位，而消费者明显属于弱势群体，无过错责任对生产者的适用是对其控制力有力的限制。不仅如此，生产者的经济实力相较于消费者而言更强，采取无过错责任虽然向生产者施加了更大的压力，但是由此可以促使生产者提高产品质量，保障消费者免受损害。无过错责任要求生产者投入更多的资本在产品的质量提高方面，有利保护着消费者的权益。

对于销售者归责原则，《产品质量法》第四十二条规定“销售者因其过错，造成他人人身、财产损害的，其应当承担赔偿责任，销售者不能指明缺陷产品的生产者也不能指明缺陷产品的供货者的，销售者应承担赔偿责任。”对此，有人认为，在实际中消费者一般会将销售者和生产者一起作为被告提起诉讼，也有法官在诉讼中把生产者与销售者列为共同被告，并判决销售者与生产者承担连带责任，这就意味着将销售者和生产者并列，统一适用严格责任。本书认为，这种理解体现国家对消费者保护的过度追求，但忽视了对消费者责任负担的公平。对《产品质量法》第四十二条应理解为销售者适用过错责任，过错推定责任。这样有区别的规定，不同的主体适用不同的归责原则，有利于明确区分各个主体的责任，也有利于消费者权益的保护，对生产者采取无过错责任，符合国际上产品责任归责的无过错责任的趋势。

四、缺陷汽车产品责任的责任主体分析

缺陷汽车产品的责任主体，也就是要对因汽车缺陷造成的人身或财产损失承担责任的主体，就责任主体的范围不同，以下将从国外和国内两个方面来进行陈述。

（一）国外缺陷汽车产品责任的责任主体分析

1. 美国关于缺陷汽车产品责任的责任主体

美国《统一产品责任示范法》在此方面的规定较为全面和广泛，不仅确定了生产者和销售者责任主体的地位，还具体限定了生产者和销售者的人员范围，就是在生产、制造和销售等环节参与工作的相关人员。对于生产者，规定包括生产、制造环节的相关人员和负责产品的批发、零售等业务但实际并不是生产者却宣称自己为生产者的实体。而对于销售者，则规定了包括经销者、批发商、产品的行纪人和出租人等一切从事产品销售的自然人和法人，只要购买商品，使用或销售等都不影响其销售者地位的认定。无论是生产者还是销售者，均用法律的形式进行了规定，涵盖内容之广泛，涉及较全面。

2. 欧共体对于缺陷汽车产品责任的责任主体

欧共体在此方面的规定，较之于美国而言并没有那么广泛，对于生产者的规定也详细并多于销售者的规定。其规定制造人、进口商和供应商都是生产者，并且规定只有在无法确定生产者的情况下才可向销售者问责。不得不说，欧共体在缺陷产品责任主体方面并未投入太多的重视，对责任主体的相关规定也含糊不清，不够明确，未能准确确定责任主体的承担范围，归责条件等，无法完善相关的法律。

国外对于缺陷汽车产品责任主体的相关规定有利有弊，规定过于详尽，扩大了责任主体的承担范围，增加了其相应的产品压力和责任，而规定过于简单，则缩小了责任主体的承担范围，无法向消费者交代，也难确立法律的权威性，各国在结合本国实际经济情况的同时，也可适当借鉴他国法律建议，以此来更加完善。

（二）我国缺陷汽车产品责任的责任主体分配

我国《侵权责任法》第四十一条和第四十二条关于缺陷产品责任主体的规定，对于缺陷汽车产品责任主体的研究有着重要意义。汽车相较于其他产品而言非常特殊，既带来巨大便利，也存在潜在危险，加之又处在科技高速发展的时代，汽车若是存在缺陷后果是难以估计的，因此对汽车缺陷的责任承担主体的认定显得尤为重要。

法律明确规定了缺陷汽车的责任主体，即为汽车产品的生产者和销售者。生产者，就是从事设计，制造和加工工作的人员，但是不包括原材料或零部件的生产者和进口商。笔者认为，汽车的生产工作极其复杂，除了设计和制造外，还涉及各种零部件的加工。原材料、零部件看似不起眼，但是对于汽车的整体性能来说是至关重要的。我国由于技术创新等方面的问题，在汽车生产环节没有独立的零部件加工能力，因此，我国汽车许多都是进口而来，依靠国外的零部件加工技术，相应的，在汽车产生缺陷的环节中，除了生产者和销售者，原材料的生产者和进口商也可能负有一定的责任，法律却并未规定其为责任主体，是缩小了责任主体的范围，减轻了原材料生产者和进口商的责任，使得汽车产品若是存在此方面的缺陷，消费者没有法律依据来行使自己的权利，追究行为人的责任。汽车缺陷使我国消费者受到损害，而无法向海外原材料生产者或进口商维权而放弃了自己合法权益的案件不少，也足以反映出我国法律关于责任主体规定方面的不足，也有待于完善。汽车产品的销售者，只包含零售商，但《侵权责任法》第四十二条提及的“供货者”却未列入销售者范围。然而，直接销售者与供货者在产品责任领域中同属销售行为，却因销售对象不同而异其责任，显与公平原则有违，故应将供货者纳入销售者的范畴。

五、缺陷汽车产品责任的损害赔偿范围和举证责任

（一）损害赔偿范围

汽车产品责任作为一种侵权责任，它的损害范围同样也包括人身、财产两方面。我国对于汽车产品存在缺陷引发的损害范围大致有以下法律规定我

国产品侵权责任制度关于损害概念的发展，经历了几个阶段。1986 年原《民法通则》第一百二十二条首次对损害进行了规定，包括他人财产、人身损害。《产品质量法》规定产品侵权责任损害的范围是人身及他人财产损害，该范围不包括缺陷产品本身。2009 年原《侵权责任法》第四十一条扩大了损害的范围，将缺陷产品自损也纳入侵权责任的救济范围，《民法典》一千二百零二条继续沿用这一条款，这是一种权利扩张，这种扩张引发了争议。

我国学者对《产品质量法》和《民法典》缺陷汽车产品的损害范围存在争议，我国《侵权责任法》将产品自损也纳入了赔偿范围，这否定了《产品质量法》中“损害范围包括人身及财产损害”，同时，这种规定是对损害范围的扩张。部分学者认为这种扩张会模糊汽车产品责任与瑕疵担保合同责任之间的界限，毕竟汽车产品的自损算是销售者承担违约任的赔偿范围。严格产品侵权责任损害概念的扩张会造成合同法领域被侵权法领域的霸占，导致合同法中的意思自治被侵权责任法取代。侵权责任法是国家一种倾斜性配置，更注重对消费者的保护，但将“产品自损”也纳入损害范围，这种权利的扩张不利于司法上的适用。

（二）举证责任分配

在举证责任分配上，依据民事诉讼证据规则，作为消费者证明：汽车存在缺陷，自己遭受了人身或财产损害，且这种缺陷与后果之间存在因果联系，即完成了举证，免责事由由生产者承担举证责任。生产者对于《产品质量法》所规定的免责事由进行举证，免责事由有：未将汽车产品投入市场；汽车产品投入市场，引起损害的缺陷尚不存在；汽车产品投入市场时的科学技术水平尚不足以发现缺陷存在。但在司法实践中，法官往往对举证责任的分配进行一定程度的转嫁。在汽车自燃案件中，汽车尚在质保期就发生自燃，法官认为汽车很明显存在缺陷，如果再让消费者对汽车产品存在缺陷和损害发生举证，显然不利于对消费者的保护，毕竟生产者和消费者之间存在信息不对称，这时只要原告证明汽车产品具有缺陷的可能性很大，就完成了举证，然后由生产者对汽车产品不存在缺陷举证即可。

举证责任“转嫁”简单来说就是将消费者举证责任转嫁给经营者或生产者，这在汽车自燃案件中常见，在严格责任原则下，一般由消费者对汽车产品存在缺陷、造成了损害后果及这两者之间的因果联系进行举证。但在实际中，由于生产者和消费者所掌握的汽车信息不对等，法院为了保护消费者利益，就由生产者对消费者应当举证的部分进行举证。这种做法在一定情况下，有利于消费者，但也存在转嫁的过度。例如“汽车自燃案件”，有的法院认为汽车自燃是车的质量不过关；有的认为虽然没有关于汽车缺陷的直接证据，但没有任何外来因素，正常汽车突然自燃即可认为其存在缺陷，生产者对免责事由举证，这都是将汽车存在瑕疵与汽车存在缺陷相混淆，造成了举证责任转嫁的过度。

第十一章　航空消费者权益保护

第一节　航空安全与航空消费者权益的平衡

一、以航空安全为由拒载案例

近年来，经济快速发展、人们物质生活水平不断提高，在出行时大家也越来越倾向于选择飞机这种方便、快捷的交通运输方式，随之而来的，便是航空承运人与旅客双方之间矛盾的激增和纠纷案件的增多，争议较大的几起案例都是航空公司以维护航空安全为由拒载旅客甚至将旅客列入黑名单，导致旅客无法购买该航空公司机票出行。

范后军曾在厦门航空公司福州分公司从事安全员工作。2004 年，厦航福州分公司在其生病期间将其劳动关系解除，2005 年初，厦航以书面形式发函给各航空公司相关营业厅和机票代理处，要求拒绝向范后军出售机票，将其列入旅客黑名单。2005 年 4 月 30 日，范首次登机遭拒，2006 年 3 月 20 日，范与厦航达成调解，约定厦航补偿范 19 万余元，但范需离开福州，并在有子女之前不得乘坐厦航航班。2009 年 9 月，已经有了子女的范在登机时再次遭拒。

2008 年 6 月 10 日凌晨，演员王姬 13 岁的智障儿子在外婆的陪同下，由美国洛杉矶搭乘国航 CA904 航班前往北京时，被认定为不安因素而被驱逐下飞机。12 日，国航发表公开信称，“孩子始终处于高度紧张状态，不能入座，并在楼梯上来回跑动……当时的情况影响到飞行安全，长距离飞行可能危及孩子的自身安全……当天机长所采取的行动不仅是对孩子安全负责，也是对其他旅客负责，机长决定是有法律依据的。”对此，中国智力残疾人及亲友协会发表声明，“王姬之子多次乘机往返于洛杉矶和北京，此行还有外婆陪同。一个13岁智障儿童，无论怎样情绪不稳，都不可能严重危害飞行安全，机组人员耐心一些会有解决办法”。

以上案例发生后引起了人们的广泛关注。航空公司对拒载给出的抗辩理由均是航空安全，甚至对于范后军被航空公司列入黑名单，民航局认可了这一做法，认为符合国际民航组织的相关规定，国际上也有航空器经营人自己设“黑名单”的惯例。但是，关于此类案件的争论仍在继续。航空安全是否优先于消费者权益？为了航空安全是否可置消费者权益于不顾？两者是否存在冲突？航空公司对航空安全的判断是否具有较强的主观性？如何法律上对两者如何进行规制和平衡？这些都让我们不得不深思。

二、航空安全和航空消费者权益保护的法理分析

（一）航空消费者权益保护的法理分析

消费者权益的专门保护，从经济上来说，主要存在以下因素：首先，随着经济的快速发展，社会分工越来越细，导致生产者与经营者以及消费者的角色分离，这种分离体现在社会角色的差异上、也体现在利益关系上出现了对立性。而经营者在市场上处于垄断与强势地位，消费者在交易过程中处于劣势地位，经营者利用优势地位对消费者权益的危害已经成为社会中普遍存在的问题之一。如果不对这种情况进行必要规制势必会阻碍经济的发展，对社会的稳定不利。其次，经营者往往拥有强大的经济实力，掌握着某些消费品的专营权，或者彼此之间达成联合的协议或默契，共同一致地对付消费者。而消费者则是孤立、分散的个体，无论在何种情况下，都难以与生产经营者相抗衡。经营者与消费者之间的这种民事法律关系不可能是真正平等的。在多数情况下，消费合同都是由销售方单方决定的，消费者要么全盘接受，要么全盘拒绝，无协商余地。消费者实际上处于从属地位。最后，市场中信息分布不均衡，消费者与经营者相比在信息的掌握程度上处于一种劣势地位，尤其是对商品自身品质优劣以及商品价格合理性，更无法对商品所具有的功能及存在的危险进行判断。消费者对产品或者服务的认识都不得不依赖于生

产者或者经营者所提供的各种信息。消费者已经在实质上处于一种被支配地位。因此，为在商品交易过程中处于劣势地位的消费者给予专门的倾斜性保护成为必然。

从法律上来说，强调社会利益和社会调和，对个人自由和个人权利加以限制的社会本位思想得到了广泛的传播并被普遍接受。它是对所有权绝对、主体平等、契约自由以及过错责任等原则的个人本位扩展和延伸，是实现实质正义的过程。各国将立法政策将传统的"个人权利本位"提高到"社会责任本位"成为主流，对处于弱势地位的消费者进行专门倾斜性保护即体现了社会本位的思想。

航空运输消费者作为消费者的一个群体，其消费者问题的产生除了普遍性以外，还有自己的特殊性。一方面，自身固有的投入高、资金循环周期长等特性使得民航领域具有垄断行业的性质，航空公司的优势地位更为明显；另一方面，民航领域的高科技特性也使得消费者对其处于绝对无知的弱势地位。因此，航空运输消费者问题更为突出。

（二）航空安全立法的法理分析

航空安全是公共安全，是公共利益的体现，无论是范后军列入黑名单案还是王姬儿子被拒载案，航空公司的理由均是考虑到飞行安全和其他旅客的公共利益，从而对某一消费者的个人权益进行限制。公共利益是指不特定多数人的利益，包括个人利益和社会利益在内，是促进社会生存发展必要的合理秩序。当消费者个人权益与公共利益相冲突时，如果消费者个人权益不受到限制，那么公共利益此时就有可能受到损害。

航空运输有其自身特殊性。虽然航空运输的安全性要远远高于公路交通等其他运输方式，但是运输工具和作业地点的特殊性决定了航空运输同时也具有高风险的特点。飞行安全是航空运输中维护公共安全最重要的考虑因素，也是航空运输服务中最重要的组成部分，任何一个小的安全隐患都有可能造成旅客生命和财产的巨大损失。飞行安全事故发生后所采取的对旅客生命和财产安全所采取的事后救济也往往生效甚微。航空运输的高风险性要求航空承运人在航空运输过程中特别是旅客登机前必须"谨小慎微"的尽最大努力排除可能对飞行安全尤其是飞行器构成的包括"潜在威胁"在内的所有威胁，并且将事先预防工作放在维护飞行安全工作的首要位置。尤其是近年来，公共安全受到日益严重的威胁，特别是从1977年的马来西亚劫机事件到1996年埃塞俄比亚劫机事件，从“9·11”事件到马航MH370事件，这层出不穷的恐怖劫机事件，无一不让人们对于危害公共安全行为的警惕性已经到达一个前所未有的高度。因此，在法律并未明确禁止且尚未有比拒载更好的方式来维护航空安全的情况下，航空承运人通过牺牲特定旅客出行权益来杜绝可能会发生的威胁这种方式，实际上也就成为维护航空安全最有效的或者说是最“无奈”的选择。因此，航空运输的特殊性要求赋予航空运输企业较之公路等其他承运人更为宽泛的拒载权。我国航空立法中，从航空安全检查、机场运行安全、运输中飞行安全以及安全保卫规则等方面对航空安全都进行了规定，分别制定了《民用航空法》《民用航空安全检查规则》《民用机场运行安全管理规定》《民用航空安全保卫条例》《公共航空旅客运输飞行中安全保卫规则》等法律法规。在这些法律法规中，维护安全都无疑是其立法初衷和基本理念。

三、航空安全与消费者权益保护的平衡

（一）航空安全与消费者权益保护平衡的法理分析

航空安全这一公共利益与具体的、特定的消费者个人利益发生冲突时，应当优先维护航空公共安全，这也符合我国的传统观念，一直被推崇，大多数人觉得为航空安全而牺牲消费者权益理所当然。但是，以上两个案例主要争议的并非对于航空安全的优先考虑，而是对于航空安全的判断的主观性过强，对于航空安全的过分强调，从而导致了对特定消费者权益的完全忽视。因此，我们应在航空安全和消费者权益保护之间寻找一种合理的平衡，而不是强调航空安全或者消费者权益保护某一个方面，它们并不是非此即彼的关系。

从法理上来说，公共安全与个人权益发生冲突，个人权益让位于公共安全，但这并不是说个人权益受到的限制没有界限。因此，个人权益受到的限制应该有一定的合理性，应当遵从一定的原则：其一，法律保留原则，即对基本人权的限制必须基于明确的法律规定，即限制的权利保留给国会行使，而不能由行政机关或其他组织任意为之。在法律保留原则下，当人

权与公共安全发生冲突时，只有法律明确规定该情况下人权应该受到限制，此时人权才让位于公共安全。这样便可以防止行政机关、社会组织对人权的行使作出不正当、不合理的干预，防止其利用公共安全以侵犯公民人权的情况，避免了限制人权的滥用。依照这一原则，以保护公共安全为目的将公民列入“黑名单”的行为，本身就是对公民人格权的侵犯，要让公民容忍这种侵权行为，必须基于法律的明确规定，也就是公民被列入“黑名单”是被法律要求为之。其二，利益衡量原则，也就是引入实质的价值判断来权衡比较应该更看重哪一方的利益，“考虑哪一方能够获胜”。在利益衡量原则下，我们所应该做的是正确的衡量两者之间的价值，通过实质性的价值判断，确定最终获胜的一方，获胜的一方将获得法律的支持，而另一方就会受到法律的相应限制。其三，比例原则，即对人权所采取的限制手段应当与要到达的目的保持合理的比例关系，不得失衡，过度与否依利益衡量的方法来判断。当人权与公共安全发生冲突，为了达到维护公共安全的目的不可避免的要对人权进行限制，但是对人权所采取的限制手段应当要与维护公共安全这个目的保持合理的比例关系，而不能一味地为了保护公共安全而无视人权。

因此，如果纯粹为追求航空安全而牺牲消费者的其他权益，这是不可取的。为保证航空安全，立法者在制定有关法律法规中的相关制度和措施时不能越界，不能超过一定限度；为保证航空安全，需要消费者配合时也要考虑到不能侵犯消费者其他的权益，要严格按照法律程序和手段来执行。

（二）航空安全与消费者权益保护平衡的立法

我国在航空安全立法上有许多法规、规章，但其价值取向总体偏重考虑航空安全而忽视消费者权益的保护，例如，对我国最为诟病的航班延误，航空局在2004年6月颁布的《航班延误经济补偿指导意见》里面指出，由于航空公司自身的原因导致的航班延误才给予适当补偿，这给航空公司以非航空公司的原因——天气恶劣等出于航空安全考虑导致延误提供了一个很好的借口，毕竟对于怎么样算是航空飞行的恶劣条件，如何才符合安全飞行的标准，消费者完全是一个门外汉。对于航空安检，《民用航空安全检查规则》就明确规定，旅客在通过安全门被警报的应重复检查，使用探测仪或手工检查，仍有疑点的带到安检室从严检查。考虑到航空安全也涉及自身的安全，很多消费者对这些规定和要求往往选择沉默而保全大局。

航空安全与消费者权益保护的冲突和利益衡量在航空黑名单的设立上非常突出，我国旅客“黑名单”制度的法律规定尚属空白，由各航空公司自行掌握，不可避免地造成了对于航空消费者利益的损害。美国和加拿大是国际上为数不多的以立法的形式肯定“黑名单”制度的国家，通过制定“禁飞名单”，赋予航空承运人以拒载权。通过对其相关立法进行分析，结合法律保留原则、利益衡量原则和比例原则，对我国的黑名单制度的立法提出以下建议：

1. 明确制定主体

黑名单如果由航空公司自行制定，必然会导致拒载权利的滥用、公正的缺失。在美国，其制定部门或者负责部门为美国联邦调查局、美国联邦航空管理局以及美国交通安全局。在加拿大，“禁飞名单”的主管部门是加拿大联邦交通署。结合我国的现状，主要负责飞行安全的民航总局可以充当旅客“黑名单”的制定者。民航总局可以根据国家安全部门和各航空公司的建议，制定旅客“黑名单”，经审核确定后输入各航空公司系统，实现名单信息内部共享。

2. 明确设立标准

旅客“黑名单”的设立标准就是在何种情况下将何种对象列入“黑名单”。例如，加拿大就将与恐怖组织有关联的人、被法庭判定向航空领域实施过犯罪并有可能威胁他人生命的人以及被判定有可能攻击飞机的人等三类人列入了“禁飞名单”。而我国在制定“黑名单”标准时也可以采用这种列举的模式。具体而言，我国旅客“黑名单”的标准可考虑以下几种情况：其一，被国家安全部门列为恐怖分子以及与恐怖分子有关的人员。恐怖分子本来就以破坏航空器、威胁航空安全为目的，其当然会被列入旅客“黑名单”。其二，曾有一次或一次以上危害航空安全的犯罪行为的人员、曾有过一次或一次以上暴力犯罪或其他性质恶劣的犯罪行为的人员。此种人员在一定的期限内将被列入“黑名单”，限制的具体时间可依其最后被判处的刑罚严重程度而定。其三，有着一次以上不良行为或者有不良行为且造成后果较为严重的人员。其中不良行为包括：罢机、罢乘、扰乱机场正常秩序、打骂工作人员、不遵守飞行中的安全规则、扰乱机上秩序等。

3. 规范进入、退出和评估黑名单的程序，确保公正公平的实现和旅客权益的保护

程序公正是实现实体公正的有效途径，因此，对于黑名单的设立、退出、审核都应当有严格的程序性规范。主要需要做到：其一，对旅客行为评估过程中，承担证据搜集、评估论证、提出参考名单等职责；其二，对旅客有告知义务。应该将有关拒载的规定，如拒载的法律依据、条件和期限以及旅客相关救济权利等注意事项清晰明白的告知给旅客。告知的方式应当以书面的方式告知。其三，保证旅客的抗辩权、要求听证权；其四，明确退出黑名单的基本程序。

4. 建立旅客的隐私保护机制

"黑名单"实际上是对旅客的一种负面评价，如果对这些旅客的相关信息不加保护甚至大肆宣传，可能会给旅客贴上危险人物的标签，使其承受巨大的心理压力。就如厦航黑名单案件中的当事人范后军，其因为被厦门航空公司拒载，列入其黑名单，社会上很多不了解情况的人都将其视为异类看待，甚至称其为"范拉登"，其正常的工作生活受到了巨大的影响。航空总局、航空公司以及相关人员都不得随意侵犯旅客的隐私权。对于黑名单应该坚持不公开原则，针对名单信息建立内部保密制度，避免将黑名单相关人员的姓名、单位、联系方式等隐私信息泄露。

5. 完善旅客救济途径

当旅被告知列入"黑名单"时，有权向民航总局申请就自己被纳入黑名单的情况进行查询，了解自己被纳入黑名单的原因、期限以及相关的法律依据。当旅客认为自己被列入黑名单存在异议时，可向民用航空局申请复议。仍不能解决相关问题时，旅客可提起诉讼，向司法机关寻求救济。

第二节　航班延误的旅客权益保障

我国自改革开放以来，民用航空运输业一直保持高速发展，国内和国际的航空运输需求量不断上涨。就航空旅客运输而言，到2019年，旅客运输量

达6.6亿人次。与此同时，航班正常率下降。航班延误问题也成为消费者投诉案件中的主要问题，占航班问题的一半左右。更有甚者，由于航班延误后的处置不当而导致了旅客与航空公司的激烈冲突，甚至发展为极端性群体性冲突事件。为此，交通运输部于2016年5月通过《航班正常管理规定》（以下简称《管理规定》），旨在提高航班正常率，有效处置航班延误，维护消费者合法权益。

一、航班延误的界定

对于航班延误，国内外航空立法均无界定。民航空局于2016年制定了《航班正常管理规定》，对航班延误进行界定，是指航班实际到港挡轮挡时间晚于计划到港时间超过15分钟的情况。在学理上，航班延误的界定有“合同约定期限”论和“合理期限”论。前者是承运人晚于航班时刻表或客票的载明时间将旅客送达目的地。后者是承运人晚于旅客选择空运这种快速运输方式所合理期望的期限送达目的地。显然《航班正常管理规定》中对于航班延误的界定采“合理期限”说。笔者认为，界定航班延误需明确三个基本问题：

首先，航班延误的判断标准是到港时间。既然依据国际公约和我国的法律法规，界定航班延误的目的在于对受损旅客进行救济，那么航班延误的判断应以到港时间为准。因为如果出发港发生延误，飞机没有在规定的时间内起飞，但是通过提高飞行速度，使飞机能够在原定的时间内到港，并不会对旅客的出行目的造成影响，不会对旅客利益造成损害，不能认定为航班延误。《航班正常管理规定》中提出的“航班出港延误”“机上延误”等概念，本质上均为航班晚发，对于航班延误的界定不具私法意义。其次，到港时间为合同约定时间。到港时间可分为计划到港时间和实际到港时间，实际到港时间晚于计划到港时间合理期限就构成航班延误。依据《民法典》合同编规定，承运人应在约定期间或者合理期间内将旅客安全运输到约定地点，因此，合同约定时间或合理期间便是计划到港时间。那么，计划到港时间（合同约定的时间）是运输凭证标注时间还是航班时刻表标注时间？换言之，航班时刻表的时间信息或运输凭证的内容是否为运输合同的条款而对航空公司产生效力？从航班时刻表的性质分析，航空公司的航班时刻经由民航局审核后发布，其意图和目的是吸引旅客或托运人向自己发出要约，因此，航班时刻表时间信息仅仅构成要约邀请，不属于合同约定的到港时间。而运输凭证中的内容应当属于合同内容。其依据为国际航空运输协会制定、各国航空公司普遍采纳的《旅客、行李运输总条件》的规定，客票是承运人和旅客之间存在运输合同关系的初步证据，客票中的合同条件是运输总条件的部分条款。最后，实际到港时间晚于预期到港时间后多久构成航班延误？按照合理期限论，应当以满足一般航空旅客对航班飞行所需要的合理期待为判断标准，但合理期限的判断因航程、时间、航线等因素而不同，在民事裁判中很难适用。《航班正常管理规定》出于行政管理需要确立了出港延误和到港延误的准确时间标准，是航班实际到港挡轮挡时间晚于计划到港时间超过15分钟的情况（大多数旅客对于15分钟内的晚发和晚到可以接受）。合理期待以时间来判断具有可操作性，虽然对民事裁判来说并不适用，但可作为重要考量因素。

二、航班延误后承运人对旅客的告知和协助义务

旅客与航空公司之间为私法关系，延误后如何处置双方可进行约定，对于纠纷也可采私法救济。但是，航空旅客为弱势的消费者，各航空公司只是提供了格式条款，即航空运输总条件中规定相关内容。极少有旅客中关注航空运输总条件的规定，且无法改变。因此，只有通过强制性规范落实航班延误后航空公司的告知义务和协助、关怀、帮助义务，统一延误后的处置标准，才能保护旅客消费者利益，最大限度把延误带来的损害和负面影响降到最低。欧盟、美国国内法及我国等国际国内法均有明确规定。

（一）延误信息告知义务

一方面，合同履行中承运人对旅客存在信息告知义务；另一方面，旅客与承运人存在信息不对称，航空承运人应当为旅客提供延误真实信息，以保障航空消费者的知情权，而旅客只有在知晓航班延误原因等信息后才能按照实际情况做出相应退票、换乘等选择。我国在《民用航空法》中未规定航班延误承运人的信息告知义务，《航班正常管理规定》借鉴了欧盟261/2004号条例的规定，对出港延误和机上延误，大面积航班延误都详细规定了延误信息发布和告知义务，但在实施过程中，仍存在问题，延误后不及时，不准确，不全面发布和告知仍是消费者投诉的主要问题。

首先，延误信息告知义务规定得不全面。《航班正常管理规定》规定出港延误时，航空承运人应当在掌握航班状态发生变化之后的30分钟内发布延误信息原因和动态。包含了告知主体、延误时间和动态信息，但对于保障旅客知情权仍不足够。旅客往往并未单独告知而是广播、公告方式，可能会存在旅客接收不到信息的情况，或者并未告知航班延误后旅客的退票、改签的权利，因此错过了改签。相比较而言，欧盟261/2004号条例中的规定，在细节上安排的更为周到。条例第14条规定了承运人应当在值机柜台以清晰可见的提示方式告知旅客有权索要关于赔偿金和帮助内容的权利书，还应对旅客单独出具书面通知，告知旅客赔偿内容和国家投诉机构的联系方式。这一规定帮助旅客明确在航班延误后如何采取措施保护自己的权益。我国应当对于对延误信息告知的方式、权益维护等方面可参照欧盟应当作出更为具体规定。其次，延误信息告知义务履行不当。航班延误的信息告知涉及承运人、机场、航空销售代理人以及空管部门四方主体，但民航业内部的信息共享机制运行不畅，沟通效率低，承运人对旅客权利保护意识较低，违反规定成本较低。现实情况就会出现旅客在不同时间询问，得到的信息前后不一致，给旅客留下敷衍的印象。

（二）协助义务

协助义务也是承运人的附随义务，相对应旅客的获得关怀和帮助的权利。主要内容包括经旅客同意协助办理航班退票或者签转手续、协助旅客安排住宿，提供相应的餐饮服务以及其他服务。《航班正常管理规定》有明确规定，还增加了对机上延误的协助义务的规定。但是这一规定引起消费者的不满，存在争议，即对于承运人原因造成航班出港延误或取消，旅客的餐食和住宿费用由承运人承担，但是天气、空中交通管制以及旅客等非承运人原因引起的延误，旅客的餐食和住宿费用由旅客自理。

这一争议在欧美同样存在。美国交通运输部认为导致航班延误的因素大多超出航空公司掌控范围，乘客对此应有所认知，承运人的义务只是免费为旅客改签或全额退票，但没有义务为滞留乘客提供免费食宿。欧盟261/2004条例的规定与之相反：如果延误达到4小时或以上，旅客有权要求承运人免费提供与等候时间相适应的餐食和茶点以及免费的电话、电报、传真或者电子邮件服务。如果航班可预见的最早起飞时间是在之前宣布的起飞时间一天之后，那么旅客可以要求承运人免费提供住宿以及往返于住地与机场之间的交通运输，不考虑造成延误的原因。但这一规定出台饱受航空承运人诟病，认为没有赋予承运人在合理延误时的豁免权，是极不公平的。而且，这样的做法无法使航班延误的概率减少，而且航空公司会将因此而增加的成本分摊到每个旅客的机票价格上，最终增加旅客的负担。我国显然并未采用欧盟261/2004条例的做法，提供任何原因航班延误的免费的旅客食宿。但笔者认为，我国目前为因不可抗力而导致的航班延误的旅客提供一定时间限制的免费食宿是可行的。

首先，有利于合同目的实现。依据《民法典》第五百零九条规定，合同履行中的附随义务依据合同性质、目的和交易习惯产生。航空运输合同的目的就是使旅客安全地，在合理期限内尽快到达最终目的地。航班延误发生后，只要旅客没有退票，合同关系依然生效，承运人应当履行协助义务。在不可归责于合同双方时统一安排食宿，承担食宿费用更有利于旅客合同目的实现。其次，不可抗力而致航班延误由承运人承担食宿费用其成本可控。不可抗力造成延误必然导致合同履行费用的增加，而延误原因不可归责于双方，此费用如由旅客承担，必然会有旅客对于承运人安排的食宿标准定价或其他方面产生疑问从而不仅易产生群体纠纷和负面评价，对承运人也会产生费用负担；如果此费用由承运人承担，可以通过和酒店的长期合作协议降低成本，且可借鉴欧盟261/2014条例规定，对时间进行限制，延误需达到一定时间以上旅客有权要求承运人免费提供餐食和住宿。承运人还可购买航班延误保险以分散风。再次，有利于消费者利益保护，符合现代立法趋势。保护旅客消费者利益应当为航班延误处置立法的宗旨。我国民航业早已不是弱小工业，技术水平也已得到大幅度提升，不再需要法律与政策的倾斜。

三、航班延误处置承运人对旅客的损害赔偿

（一）时间损失赔偿

《民用航空法》第一百二十六条仅规定了对于承运人原因的航班延误承运人应当对旅客进行损害赔偿。对于损失的范围并未明确。但航空承运人与旅客之间存在航空运输合同关系，发生航班延误属于承运人违约，依合同法

理论，旅客可主张的损害赔偿范围一般限定于直接财产损害，比如交通费用损失等，不包括精神损害。那么，承运人原因的航班延误对所有旅客造成时间上的消耗、出行事务时间缩短和不便是否予以赔偿？

在《华沙公约》和《蒙特利尔公约》中，对于航班延误的损失范围并未明确规定，美国国内法给予旅客充分赔偿，20 世纪 70 年代起，美国法院除开始支持精神损害赔偿，认为公约中损失的包括了精神损害，在案例中支持了“不方便”“精神损害”赔偿请求。欧盟 261/2004 条例第 7 条规定了航班取消后以时间和航程挂钩的标准化补偿损失措施。并且在案例中将航班延误同等适用，认为因航班延误而对所有旅客带来了不便，可以表现为时间的损失，因此可以用标准化金额弥补乘客时间损失。这并不妨碍旅客就其个人其他损失请求损害赔偿。在我国有学者认为，损害赔偿不能脱离航空运输合同关系的调整，只有旅客的实际经济损失才能作为航班延误损害赔偿。也有学者认为，依《民法典》第三条将时间利益可归入保护的民事利益范围，可将时间损失归为航班延误对一般人格权的侵害。笔者认为，时间损失无法包括在航班延误的赔偿范围内。首先，时间损失赔偿无法理基础。一般认为，违约损害赔偿范围不能超出财产损失范围，请求超出财产损害的精神损害须构成侵权。一般人格权为自然人基于人格自由、人格尊严产生的人格权益。时间利益难以认定为一般人格权；其次，旅客在合同关系中处于弱势一方，其权益应当予以保护，但是不能超出合同关系法律框架，依据合同自由原则，是否补偿由各承运人航空运输总条件规定即可。

（二）经济补偿

时间损失不在损害赔偿范围，但航班延误后确实给旅客造成时间损失和带来不便。承运人如对旅客进行补偿，对于消费者权益的保护以及承运人服务水平的提高有利。2004 年，航空局发布了《航班延误经济补偿指导意见》，对于承运人原因航班延误后航空公司对旅客的经济补偿提出指导意见，依据航程和时间规定了补偿金额。这一指导意见不具有强制力和拘束力，由各承运人参考落实。2016 年《航班正常管理规定》也涉及经济补偿，一是航空公司对于是否补偿、补偿条件、标准和方式有选择权；二是若给予补偿，应当在国内承运人的运输总条件明确补偿条件、标准和方式等相关内容。从这一规定可看出，《航班正常管理规定》实际上将旅客与航空承运人的关系回归合同关系，回归私法自治，是否补偿由各公司航空运输总条件规定。

目前，从《航班正常管理规定》生效后各大航空承运人对各自的运输总条件的修订情况来看，大多数航空承运人仍有补偿，标准不一，也有少数承运人表示，无论何种原因造成航班延误或取消，均不提供经济补偿。这一规定在社会公众中也引起一定争议，消费者认为应当统一补偿标准。笔者认为，是否对航班延误进行补偿、补偿条件等航空公司应规定在运输总条件中。航空运输总条件属于各承运人提供的合同格式条款，航空承运人有义务向旅客提示相关内容，旅客只要购票前对补偿内容充分了解，就可以“用脚投票”来最大限度保护自己的利益。

综上所述，完善航班延误后的处置法律制度对于解决航空承运人与旅客间纠纷，平衡两者利益至关重要。我国航班延误处置法律制度在航班延误的界定、承运人的告知、协助义务以及承运人损害赔偿方面需要完善。通过提高立法层级，落实消费者权益保护的立法宗旨，使航班延误处置法律制度体系化，和谐的航空运输秩序可期。

第三节　机票超售的旅客权益保护

一、机票超售的概述

“机票超售”是航空公司的一种经营方式，是航空公司实际销售的机票数超过了该航班本身的客观座位数。于是，就有可能出现手持机票的旅客到机场办理登机手续却因航班超售满员而被拒绝登机，从而导致旅客航程延误的情况。

机票超售，发源于老牌航空大国——美国。20 世纪 40 年代末，美国民航旅客运输中常出现购票乘客临登机前因退票、改签而造成航班座位虚耗，影响利润。一次由于售票系统的操作人员的失误，造成对外销售的机票数超过了航班的座位数，结果这一意外之举却使得航空公司的营业收入增加。到目前为止，机票超售已经是国际民用航空旅客运输业的行业惯例。原因在于机票超售并不一定意味着已购票的旅客无法乘机，事实的情况是由于通常会有旅客改签、退票和误机等情况，超售的航班在绝大多数情况下都能保证实际乘机的旅客正常出行。当实际值机旅客数等于或小于客机座位数，航空公司尽管超售了机票却不会出现拒绝旅客登机的结果，减少了座位虚耗，航班运营成本非但没有增加，反而可能获得了更大的营业增收。以美国为例，国内航空运输旅客未现身率平均达到出发前最终订座量的10%—15%，因此，超售座位数10%—15%的机票，一般不会出现座位虚耗和乘客不得不拒载的情况。这是航空公司从成本收益考量的最佳选择。

但是，超售存在风险，一旦乘机的旅客大于航班座位数而发生实超，则必然会拒绝部分旅客的登机，从而产生纠纷。2017年4月9日，美联航由芝加哥飞往路易威尔的3411班机因机票超量预售，且向旅客提出提供酒店住宿和800美元代金券补偿却依然没有旅客自愿推迟行程下机，于是通过抽签决定下机的乘客。一名“被中签”的亚裔医生因急需前往目的地给病人做手术而不愿配合，工作人员便将这名老人强行拖下飞机，并导致流血受伤。国内关于航班超售的纠纷和争议也有很多相关案例。2006年7月21日，肖某购买了被告南方航空公司当日飞往广州的CZ3112号航班机票。办理登机手续时被告知机票为超售票，CZ3112号航班已满员，肖某无法乘坐该航班。而后，肖某提起诉讼，主张南方航空公司向乘客隐瞒超售事实，事后又未及时妥善安排致旅客的行程延误，因此应当向肖某赔礼道歉予以惩罚性赔偿。法院于2007年4月25日作出判决，认为机票超售虽然是航空运输业经营的惯例，但应在售票时提前充分而全面地告知旅客。南方航空公司未尽到其告知义务，应对其行为承担相应的违约责任，即判决航空公司向肖某赔付违约赔偿金。这是我国机票超售第一案。

有关因机票超售并造成旅客航程延误和受损的案件，大多涉及以下法律问题：第一，航空运输业开展超售业务是否有法理依据；第二，航空公司未在合同订立时就超售情事向旅客进行提示和说明是否构成欺诈，乘客是否有权要求惩罚性赔偿；第三，机票超售导致乘客航程延误时如何正确处理才能保护消费者合法权益。

二、航班超售的法理分析

航班超售之所以成为航空运输业的行业惯例主要基于航空公司规避航班

虚耗带来的风险和损失的需要。因为航空旅客运输相较于铁路、公路旅客运输而言具有更大的灵活性与自由性，持票旅客可以在起飞前不办理登机手续，退改签更为自由，这就不可避免会产生空座现象。适当超售会避免此损失，但当所有持票旅客都需要乘坐航班是问题也会接踵而至。

（一）航班超售延误是否构成欺诈

从消费者关于超售的投诉中不难发现不少旅客无法理解航空公司机票超售的行为，因此在遇到超售被拒载导致航程延误时往往认为航空超售是一种欺诈行为，从而依据《消费者权益保护法》第五十五条规定要求航空公司进行惩罚性赔偿。对此可以进行以下分析：消费欺诈行为的构成与民法中规定的欺诈的构成要件是相一致的。包括：一是经营者有欺诈的故意；二是经营者实施欺诈的行为，包括积极欺诈和消极欺诈。积极欺诈表现为故意告知相对方虚假信息，消极欺诈表现为有告知正式信息的义务而故意隐瞒；三是该欺诈行为与消费者的错误认识有因果关系；四是基于错误的认识，消费者同经营者建立了消费关系。因此，对于航空公司的机票超售判断：首先，航空公司与旅客之间成立航空旅客运输合同关系，基于诚实信用的原则，航空公司对旅客应有告知、协助等附随义务。航班机票的超售行为应当是影响消费者是否购买该航班机票的重要信息，应属于如实告知义务的信息范围之内。如果航空公司对旅客未告知超售情形，或者在消费者询问是否超售时予以否认，那无疑构成欺诈。其次，司法实践中，航空公司往往通过在官网发布自己单方面制定的《旅客须知》《预定须知》《运输总条件》等相关文件来对超售的程序与补偿标准进行规范，从而作为其履行告知义务的抗辩。然而运输条件等文件作为旅客和航空公司之间消费者合同的中的格式条款，航空公司对此应有特别的、充分的提示和说明义务，因为在信息不对称的情况下，出于合同正义的需要，通过对格式条款提供一方施加提示、说明义务才能维护格式条款的契约本质，维护消费者利益。显然，我国航空运输旅客对航班超售普遍缺乏认识，机票上也只是标明“航空运输条件是航空运输合同的组成部分”字样，售票时几乎没有航空公司明确提请消费旅客注意“航空运输总条件”的内容，因此，仅在官网发布《运输总条件》等相关文件此种告知方式，欠缺普及性和明确性，几乎无法让旅客了解。因此，如航空公司通过航空运输总条件表明机票的超售是难以认定主观上航空公司存在隐瞒的故意，最多认定提出格式条款但对消费者未尽到提醒义务。

基于以上分析，在超售的问题上，难以认定航空公司存在隐瞒机票超售事实的故意，因此并不满足欺诈的构成要件，但可能只是在告知方式上并未对超售进行“特别的、充分的提醒、告知和说明”。

（二）航班超售延误是否构成违约

旅客因航班超售而无法登机时，航空公司是否构成违约呢？按照我国《民法典》第八百一十四条的规定，客运合同自承运人向旅客出具客票时成立，但是当事人另有约定或者另有交易习惯的除外。目前机票绝大多数都是采用电子客票的形式，旅客与航空公司之间的航空旅客运输合同在电子客票出票的时候即告成立，但是并未选定座位，只有值机时才能选定座位，因此产生了出票时合同是否生效的疑问。有学者认为。航空旅客运输合同出票时成立，值机时生效，而法院判决大多坚持出票时合同成立并同时生效。笔者坚持后一种认识。因而旅客在因超售导致航程延误时，旅客与航空公司之间的航空旅客运输合同是有效成立的。航空旅客运输合同中航空公司方面的主要合同义务就是根据合同载明的时间运输旅客。由于航班超售的原因，导致持有机票的旅客不能搭乘合同约定的时间和班次的航班，是对合同义务的违反，即违反了合同规定的履行时间。具体而言可以分为以下两种情况：第一，很多情况下航空公司会安排旅客搭乘后续航班前往目的地，在这种情况下，属于延迟履行；第二，如果航空公司未能按照客票上所载明的时间和班次运输旅客，也没有安排旅客改乘其他航班，则构成合同的根本违约。因此，对于机票超售导致旅客无法登机时航空公司的处理就是运输合同违约后的违约责任承担问题。

那么，怎样看待“航班超售”？笔者认为即便构成违约仍是有必要的经营行为。如果不允许航空公司超售机票，造成航班座位的虚耗，航空公司将面临燃油等高昂运营成本的支出，也势必会采取提高票价、限制旅客自由改签等措施，从而对消费者不利。而航空公司通过航班超售主动冒违约的风险，只要依据合同自由原则，航班超售后进行适当处理，并对消费者有足够的补偿金额，就会最大限度保护旅客消费者的合法权益。

三、航班超售的处理及旅客权益保护

（一）欧美关于超售拒载的处理规则

欧盟关于航班超售处理规则的依据主要是2005年《关于航班拒载、取消或延误时对旅客补偿和帮助的一般规定》（欧盟261/2004条例），而美国运输部于1978年颁布了有关超售和拒载的具体规则，即14CFR part250——《美国联邦行政法典》第14集第250节。两者关于处理航班超售的处理规则基本一致。

1. 航空公司履行告知义务

航班超售告知义务是指在合同订立之前和订立过程中，航空公司应当将航班超售以及处理规则如实告知对方，从而保证旅客的知情权。如前所述，作为合同格式条款，航空公司对超售以及处理规则的告知义务的履行应当是就此条款对旅客作出特别的、充分的说明，从而让旅客明确可能有航班超售的现象。欧盟261/2004条例明确规定了承运人的告知义务，规定承运人需要在值机柜台贴出告示，告知旅客超售等信息以及在超售拒载以及航班取消或者延误超过两个小时的情况下，可以向值机柜台或者登机口要求获得补偿以及帮助。在航班因超售而拒载或者是取消的情况下，承运人需要向每一位受到影响的旅客提供关于欧盟261/2004条例所规定的补偿的书面说明。美国规定，承运人应在机场的值机柜台张贴“航班超售通知”，并且要将该“通知”印在机票上，或者附随于机票的另一纸上。

2. 航班超售的基本处置

欧盟和美国关于航班超售的基本处置规则大体一致：（1）必须优先寻找愿意放弃本次航班的自愿者，并向该自愿者提供赔偿，在美国超售规则下该赔偿额是由双方协商来确定。这样的规定使得航空公司可以以最低的代价实现自愿拒载登机。这一点不同于欧盟261/2004条例的法定性赔偿；（2）如果自愿者人数不足，承运人才可以根据优先登机规则强制拒载乘客，并给予赔偿。

3. 优先登机规则

自愿者不足时采优先登机规则。根据美国超售规则，在一定条件下，航空公司具有自行制定优先登机规则的权利。其中，该规定中的条件可理解为：一是要符合最小拒载原则，也就是要尽可能地避免旅客被强行拒载的情形；二是要是一般旅客理解该规则；三是不得存在不合理或不适当的偏好或利益，不得对某些特定旅客造成不公正合理的歧视或损害。在此条件下承运人有权决定优先登机的顺序。优先登机的因素包括但不限制于：乘客办理登记的时间、乘客在到达登机口前是否有分配座位、乘客购票价格、是否是常旅客身份、乘客是否残障或者是未成年人。欧盟 261/2004 条例并未对登机优先权的适用的原则及参考因素予以规定，仅规定了特殊旅客的优先登机权。

4. 对未能登机的旅客的救济

航空公司未与旅客达成一致意见，适用优先登机规则，就必然会导致部分旅客不能登机的情形。这种情形下，航空公司通常安排部分旅客签转其他航班，并进行损害赔偿。对于签转其他航班，属于合同的替代履行，因此，应依据诚实信用原则，尽快安排时间、距离就近的航班让旅客成行，包括在后一航班中为旅客升舱亦应是免费的，不能因服务标准提高而免除其他的法律责任。对于未能登机的旅客的损害赔偿，欧盟和美国的赔偿标准普遍较高。美国以延误时间为标准确立赔偿金额，若运输至最终目的地比预定到达时间晚 1—2 小时，按票价的 200% 进行补偿；若晚于原来航班的计划到达 2 小时及以上，按票价的 400% 进行补偿。欧盟 261/2004 条例的规定更为严谨，第 7 条对于航班非自愿拒载情况下，承运人应当以航程距离作为确定赔偿金的依据：（1）1500 公里（含 1500 公里）以下的航班赔偿 250 欧元；（2）欧共体内超过 1500 公里的航班以及其他航程在 1500 至 3500 公里之间的航班赔偿 400 欧元；（3）其他不属于（1）、（2）的航班赔偿 600 欧元。承运人向旅客提供了其他替代航班情况下，满足以下情况则赔偿金额减半：（1）1500 公里（含 1500 公里）以内的航班与原航班到达时间相比延误 2 小时以内；（2）欧共体内超 1500 公里的航班以及其他航程在 1500 至 3500 公里的航班，与原航班到达时间相比延误 3 小时以内；（3）其他不属于（1）、（2）的航班与原航班到达时间相比延误 4 小时以内。

（二）我国关于航班超售的处理规则

我国民用航空局曾在 1981 年 4 月 10 日颁布了一项《关于禁止超售客票

占用乘务员座位的通知》，禁止实行航班超售。近年来航班超售虽然成为航空公司新兴的经营方式，允许航班超售存在，但仍然缺乏航班超售处理规则的法律、法规和规章。目前的处理规则主要包括一些主要航空公司在对航班超售问题进行探索和调查的基础上制订的本公司的《航班超售处理规定》以及2014由中国民用航空局消费者事务中心参考欧盟261/2004条例以及美国超售规则等国外超售相关法律规范编写的行业标准《公共航空运输航班超售处置规范》。

1.《公共航空运输航班超售处置规范》的主要内容

（1）告知义务。在《超售处置规范》中，关于承运人的超售告知义务的规定为：承运人应将航班座位超定、超售实施办法在网站，售票场所以及办理乘机手续柜台等处予以公告。（2）超售基本处置规则。在超售处置的基本要求与美国超售规则基本一致，按照以下顺序来处置超售：①出现超售情况后首先采取升舱位或者非自愿降舱的方式利用可利用座位；②要求承运人首先寻找放弃登机的自愿者；③如果无法征集到足够的自愿者，则应当根据优先乘机规则拒绝旅客登机。（3）优先登机规则。效仿美国超售规则对于优先登机规则的规定，并没有直接规定优先登机规则的细则，而是将优先登机规则的制定权交给航空公司，只对优先登机规则的参考因素进行了建议，乘客优先登机的因素包括但不限于以下几点：①旅客办理登机手续的时间；②旅客在到达登机口前是否已经被承运人安排了座位；③旅客所支付的票价；④旅客的常旅客身份。（4）超售赔偿条款。在超售赔偿条款上与欧美超售条款大相径庭，《超售处置规范》规定超售可以采取现金或者是赠送里程等方式进行补偿，《超收处置规范》并没有规定超售的具体补偿标准，也没有设立赔偿额的上限或者是下限。而是将超售补偿的制定交给航空公司自身，对于航空公司制定超售补偿条款作了原则性的建议即要求航空公司根据旅客所购价格水平、航线距离、改乘后续航班等待及到达时间来制定补偿标准。

2. 各航空公司超售处理的具体规则

各航空公司关于航班超售的具体规则均有内部规定。关于告知义务和基本处置规则与《公共航空运输航班超售处置规范》基本一致。优先登机规则和超售赔偿根据航空公司不同有细微差别。

四、我国航班超售处理规则的立法完善

目前阶段，在我国的法律体系中并没有关于超售的明文规定，《公共航空运输航班超售处置规范》是目前为止国内第一个直接针对航空超售问题而制定的文件，但该行业标准为推荐性行业标准，根据《标准化法》的规定，对于推荐性标准国家不作强制规定通常鼓励企业自愿采用。航空公司对是否执行《超售处置规范》的规定有自主决定权，对国内各个航空公司不具有强制执行力。而且关于超售赔偿的标准和优先登机规则并不明确。因此，航空公司对此反响并不积极。而各航空公司对于超售的补偿规定为“根据旅客原定航班及被延误时间按照相关规定给予合理的补偿”等言语模糊的表述，为航空公司留下了充足的解释空间。旅客作为消费者的弱势性决定了很难与航空公司进行真正平等协商。于是才会出现消费者大闹机场等不理智维权现象。这对于旅客利益的保护极为不利。由此，提出如下建议：第一，以法律、法规形式对超售及处理规则作出规定或作为强制性国家标准推行全国航空公司适用。法律、法规对于航空公司而言具有强制性约束力，通过法律或者规章的明文规定能够使得超售的相关规定更加透明公开，处理规则统一明确，能够减少机票超售带来的消极因素。第二，形成保护旅客权益的系统性立法。在立法中可以学习欧盟的立法经验，将超售问题与航班延误等影响旅客权益的相关问题共同立法，形成对于旅客权益的系统性立法。

参考文献

［1］刘万兆，赵曼，陈尔东．消费者行为学［M］．北京：中国经济出版社，2018.

［2］荣晓华．消费者行为学［M］．沈阳：东北财经大学出版社，2018.

［3］陈刚．消费者行为学［M］．天津：天津大学出版社，2018.

［4］杨涛，王芳．体育消费者行为学［M］．西安：陕西师范大学出版总社，2018.

［5］周峰，黄仕晖，张长峰，丁光亮．图片装饰线索对消费者的影响［M］．沈阳：东北财经大学出版社，2018.

［6］（英）罗伯特·伊斯特，（新西兰）马尔科姆·赖特，（法）马克·范于埃勒．消费者行为 基于数据的营销决策：第 2 版［M］．钟科，译．上海：格致出版社，2018.

［7］徐萍．消费心理学教程［M］．上海：上海财经大学出版社，2018.

［8］王晗蔚．世俗理性主义：消费者决策的个体差异［M］．北京：中国财富出版社，2018.

［9］泽沛达，倪以理，王磊智，等．麦肯锡季刊·“双击”中国消费者［M］．上海：上海交通大学出版社，2018.

［10］于军胜．择偶心理促进消费者接受高度创新产品影响机制研究［M］．上海：上海财经大学出版社，2018.

［11］李志飞．旅游消费者行为［M］．武汉：华中科技大学出版社，2019.

［12］安泽．消费者行为心理学［M］．苏州：古吴轩出版社，2019.

［13］（美）格雷格·L. 威特，（美）德里克·E. 贝尔德．新生代消费者要什么［M］．杭州：浙江大学出版社，2019.

［14］张治星．消费者性格心理学［M］．北京：台海出版社，2019.

[15] 龚恒超. 消费者权益保护教育通识教程 [M]. 南昌: 江西高校出版社, 2019.

[16] 张中科. 消费者移动口碑传播机理研究 [M]. 北京: 知识产权出版社, 2019.

[17] 沈红波, 曹军. 信用卡风险和消费者行为研究 [M]. 上海: 复旦大学出版社, 2019.

[18] 陈姝. 消费者感知产品创新研究 [M]. 西安: 西安交通大学出版社, 2019.

[19] 李祖兰. 规范视角下企业和消费者慈善捐赠行为研究 [M]. 武汉: 武汉大学出版社, 2019.

[20] 甄艺凯. 消费者信息不完美的价格理论研究 [M]. 北京: 冶金工业出版社, 2019.

[21] 陆静怡. 消费者的决策 [M]. 上海: 上海教育出版社, 2020.

[22] 李捷. 消费者行为学 [M]. 北京: 北京理工大学出版社, 2020.

[23] (美) 肖经建. 消费者经济福利 [M]. 陈福中, 译. 沈阳: 东北财经大学出版社, 2020.

[24] 冉陆荣, 李宝库. 消费者行为学 [M]. 北京: 北京理工大学出版社, 2020.

[25] 单铭磊. 旅游消费者行为学 [M]. 北京: 企业管理出版社, 2020.

[26] 刘莉琼. 网络消费者评论挖掘研究 [M]. 武汉: 武汉大学出版社, 2020.

[27] 姜海燕, 骆叶. 光电抗衰消费者手册 [M]. 沈阳: 辽宁科学技术出版社, 2020.

[28] 才源源. 消费者情绪与品牌管理研究 [M]. 上海: 上海大学出版社, 2020.

[29] 宋宏磊. 消费者电子服务使用行为研究 [M]. 北京: 企业管理出版社, 2020.

[30] 郭恺强. 面向在线评论的消费者网上行为实证研究 [M]. 上海: 同济大学出版社, 2020.

[31] 李昌麒、许明月. 消费者保护法 [M]. 北京: 法律出版社, 2021.

[32] 乔新生. 消费者权益保护法总论 [M]. 北京: 中国检察出版社,

2018.

[33] 吴景明．消费者权益保护法［M］．北京：中国政法大学出版社，2021.

[34] 陆青．论消费者保护法上的告知义务——兼评最高人民法院第17号指导性案例［J］．清华法学，2014（7）.

[35] 王勇．“消费者”的认定若干法律问题分析［J］．学理论，2021（8）.

[36] 王雷．惩罚性赔偿的证明难题及缓解［J］．国家检察官学院学报，2020（8）.

[37] 刘远景．消费者权益行政保护现状分析［J］．法学杂志，2012（10）.

[38] 王雨静．构建消费者权益保护社会监督体系的探索与实践［J］．法律适用，2014（1）.

[39] 姚敏．中国消费仲裁的问题与进路——基于美国消费仲裁的启示［J］．河北法学，2018（12）.

[40] 郭潆，张鸣胜．航空安全与航空消费者权益保护平衡的法理思考［J］．中国民航飞行学院学报，2012（1）.

[41] 冀天骄．论汽车消费者权益保护［J］．福建质量管理，2020（7）.

[42] 薛克鹏．经济法的实施模式及其创新［J］．天津法学，2018（12）.

[43] 栾静．论快递服务合同中作为利益第三人的收件人之权利与义务［J］．青年科学（教师版），2013（4）.

[44] 张颖慧．汽车“三包”保护制度涵摄范围之修正［J］．东北大学学报（社会科学版），2015（11）.

[45] 李伟平．机票超售中国的经营者义务与消费者权益保护［J］．北京化工大学学报（社会科学版），2016（9）.

[46] 苏号朋，唐慧俊．快递服务中消费者权益保护［J］．东方法学，2012（12）.

[47] 冉克平．论汽车经销商的缔约欺诈及惩罚性赔偿［J］．广东社会科学，2020（3）.

[48] 张小斐．我国航空旅客权益保护法律制度研究［D］．南京：南京

航空航天大学，2018.

[49] 李金艳．消费者权益保护与传统民法变革 [D]．哈尔滨：黑龙江大学，2009.

[50] 王熙茹．我国消费者权益保护组织研究 [D]．兰州：兰州商学院，2012.

[51] 郭百哲．消费者权益保护法的理念及制度完善 [D]．哈尔滨：黑龙江大学，2008.

[52] 丘毅．论消费者结社权 [D]．长沙：中南大学，2009.

[53] 高完成．产品责任制度研究 [D]．重庆：西南政法大学，2020.

[54] 王钰琦．我国快递行业政府监管法律问题研究 [D]．长春：长春理工大学，2020.

[55] 王馨笛．电子商务经营者的个人信息保护 [D]．沈阳：辽宁师范大学，2020.

[56] 李腾飞．论我国食品安全法中的消费者权益保护制度 [D]．长春：长春理工大学，2020.

[57] 孙姝亚．消费纠纷行政调解研究 [D]．重庆：西南阿政法大学，2018.

[58] 陈琼．我国缺陷汽车召回法律制度研究——以江淮新能源汽车召回事件为例 [D]．南昌：南昌大学，2019.

[59] 李祁萌．快递公司丢失物品损害赔偿责任分析 [D]．哈尔滨：黑龙江大学，2014.

[60] 何明亚．论快递服务合同收件人权利 [D]．重庆：西南政法大学，2014.

[61] 姚敏．消费者集体救济的方法和路径研究 [D]．北京：对外经济贸易大学，2019.